10 Wirtschaftsinformatik neu

Für die Gymnasien in Bayern
10. Klasse (WWG)

Bearbeitet von
Burkart Ciolek
Stefan Pohle
Tobias Tyll
Johannes Wintermeier

C.C.Buchner

Wirtschaftsinformatik neu

Gymnasium Bayern
Band 10

Bearbeitet von Burkart Ciolek, Stefan Pohle, Tobias Tyll und Johannes Wintermeier

Zu diesem Lehrwerk sind erhältlich:

- Digitales Lehrermaterial click & teach Einzellizenz, Bestell-Nr. 821131
- Digitales Lehrermaterial click & teach Box (Karte mit Freischaltcode), ISBN 978-3-661-**82113**-9

Weitere Materialien finden Sie unter www.ccbuchner.de.

Dieser Titel ist auch als digitale Ausgabe **click & study** unter www.ccbuchner.de erhältlich.

1. Auflage, 1. Druck 2023
Alle Drucke dieser Auflage sind, weil untereinander unverändert, nebeneinander benutzbar.

Redaktion: Katharina Nieratschker, Kai Peetz
Layout und Satz: Wildner+Designer GmbH, Fürth
Illustrationen: Wildner+Designer GmbH, Fürth
Druck und Bindung: Firmengruppe Appl, aprinta Druck, Wemding

www.ccbuchner.de

ISBN 978-3-661-**82110**-8

Liebe Schülerinnen und Schüler,

im letzten Schuljahr haben Sie bereits einen Einblick in das Fach Wirtschaftsinformatik bekommen. Sie kennen bereits die grundlegende Arbeitsweise von digitalen Geräten wie Smartphones und Computern und können die Funktionsweise von IT-Systemen nachvollziehen. Mithilfe Ihrer Kompetenzen in den Bereichen Datenschutz, Datensicherheit und der sicheren Datenübertragung können Sie sich schon sicher im Internet bewegen.

Darauf aufbauend untersuchen Sie zu Beginn dieses Schulbuchs auch die Verwendung von Informationstechnologie bei der Vernetzung von Abläufen im Unternehmen. Denn nicht nur Ihr privater Alltag ist geprägt von digitalen Geräten und Informationstechnologien, sondern auch die Unternehmen müssen auf die zunehmende Digitalisierung und damit einhergehende Anforderungen an Datenschutz, technischer Ausstattung und Integration in bestehende Unternehmensabläufe reagieren.

Im Anschluss gibt das Kapitel Algorithmik, als Ergänzung zum Hardware-Bereich in der letzten Jahrgangsstufe, einen praxisnahen Einblick in die Umsetzung von Software-Projekten im Unternehmen. Mit einer visuellen Programmiersprache erleben Sie damit, wie schnell eine Robotersteuerung umgesetzt werden kann, aber auch welche Schwierigkeiten bei komplexen Abläufen entstehen können.

Mit den Kompetenzen aus diesen Bereichen können Sie zum Abschluss dieses Buches einen Blick in die Zukunft werfen. Technologische Neuerungen in Politik, Wirtschaft und der Finanzwelt wie Künstliche Intelligenz, Augmented Reality, Chatbots oder Blockchain-Technologie können auf den ersten Blick einschüchternd wirken. Gleichzeitig gibt es viele gute Gründe für deren Einführung. Mithilfe von Recherchen aktueller Entwicklungen können Sie am Ende die Chancen und Risiken informationstechnischer Entwicklungen abschätzen und frühzeitig darauf reagieren.

Wir haben in diesem Buch viele realistische Beispiele eingebunden, die Sie zum Lernen motivieren sollen. Der Profilbereich am Ende dieses Schulbuchs bietet Ihnen zusätzlich viele Anregungen für Projekte in den oben beschriebenen Lehrplanbereichen. Damit können Sie ihre erworbenen Fähigkeiten noch einmal in praktischen Aufgaben anwenden.

Viel Spaß wünschen Ihnen
das Autorenteam und der Verlag

Doppelauftaktseite

Jedes Kapitel beginnt mit einer **Doppelauftaktseite**. Das Material und die meisten offenen Aufgaben ermöglichen Ihnen eine erste Annäherung an die Inhalte des neuen Kapitels. Auch hilft es Ihnen dabei, herauszufinden, was Sie über das Thema schon wissen.

Der Titel des **Großkapitels/Lernbereichs** hilft Ihnen bei der Orientierung.

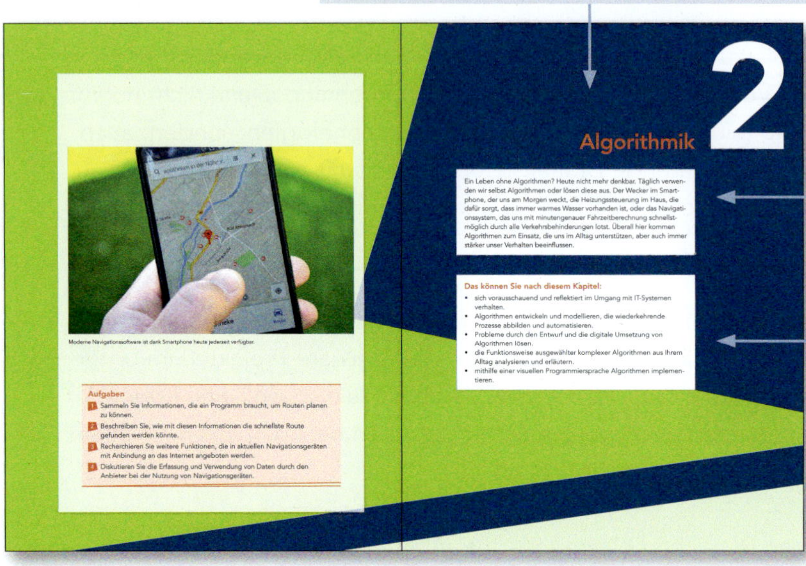

Ein **Einleitungstext** führt Sie zum Thema hin und gibt einen ersten Überblick.

Was Sie nach dem Kapitel **können**, erfahren Sie hier.

Basisseite

Auf jeder **Basisseite** finden Sie zu Beginn einen **Kasten**, der den Zusammenhang zwischen dem Thema und Ihrem Alltag darstellt. Anschließend folgen verschiedenste Materialien (Texte, Diagramme, Karikaturen, …), die Sie für die Bearbeitung der Aufgaben benötigen. **Randspaltenerläuterungen** helfen Ihnen, schwierige Begriffe zu verstehen. Außerdem geben sie nützliche Hinweise.

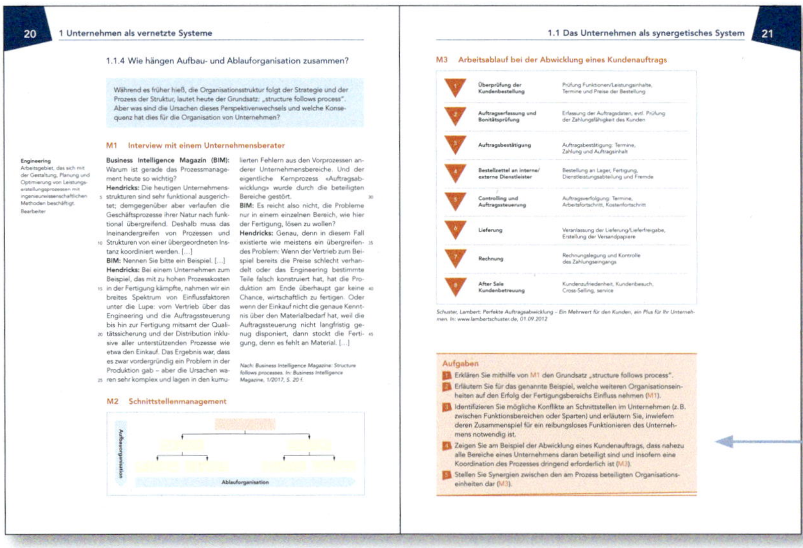

Kürzungen und Ergänzungen in Texten sind mit eckigen Klammern gekennzeichnet.

Die gebündelten **Aufgaben** mit Materialverweisen am Ende der Seite helfen Ihnen beim selbstständigen Lernen.

Fachwissen

Am Ende eines jeden Kapitels folgt eine Zusammenfassung des **Fachwissens**. So haben Sie die wichtigsten Inhalte des Kapitels auf einen Blick vor sich. Die **Kapitelverweise** helfen Ihnen zudem dabei, das Fachwissen den jeweiligen Inhalten auf den Basisseiten zuzuordnen und so einen Gesamtzusammenhang herzustellen.

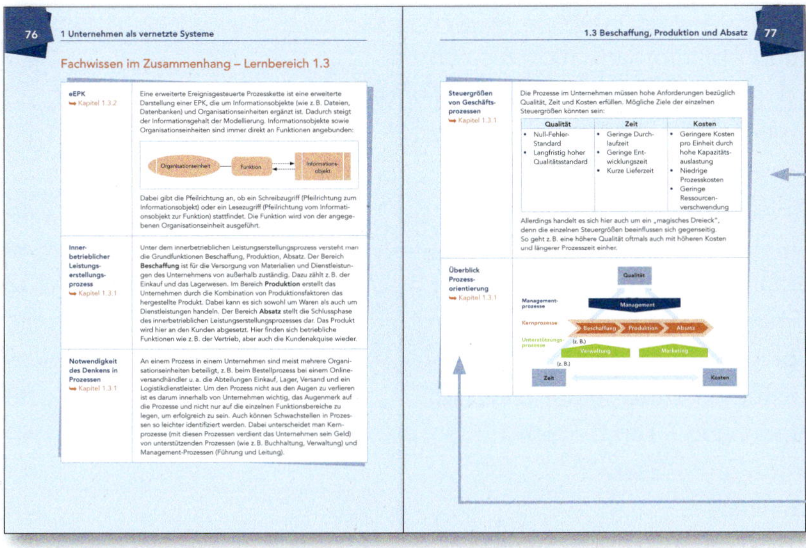
76 1 Unternehmen als vernetzte Systeme

Fachwissen im Zusammenhang – Lernbereich 1.3

ePK ➥ Kapitel 1.3.2	Eine erweiterte Ereignisgesteuerte Prozesskette ist eine erweiterte Darstellung einer EPK, die um Informationsobjekte (wie z. B. Dateien, Datenbanken) und Organisationseinheiten ergänzt ist. Dadurch steigt der Informationsgehalt der Modellierung. Informationsobjekte sowie Organisationseinheiten sind immer direkt an Funktionen angebunden: [Diagramm: Organisationseinheit – Funktion – Informationsobjekt] Dabei gibt die Pfeilrichtung an, ob ein Schreibzugriff (Pfeilrichtung zum Informationsobjekt) oder ein Lesezugriff (Pfeilrichtung vom Informationsobjekt zur Funktion) stattfindet. Die Funktion wird von der angegebenen Organisationseinheit ausgeführt.
Innerbetrieblicher Leistungserstellungsprozess ➥ Kapitel 1.3.1	Unter dem innerbetrieblichen Leistungserstellungsprozess versteht man die Grundfunktionen Beschaffung, Produktion, Absatz. Der Bereich **Beschaffung** ist für die Versorgung von Materialien und Dienstleistungen des Unternehmens von außerhalb zuständig. Dazu zählt z. B. der Einkauf und das Lagerwesen. Im Bereich **Produktion** erstellt das Unternehmen durch die Kombination von Produktionsfaktoren das hergestellte Produkt. Dabei kann es sich sowohl um Waren als auch um Dienstleistungen handeln. Der Bereich **Absatz** stellt die Schlussphase des innerbetrieblichen Leistungserstellungsprozesses dar. Das Produkt wird hier an den Kunden abgesetzt. Hier finden sich betriebliche Funktionen wie z. B. der Vertrieb, aber auch die Kundenakquise wieder.
Notwendigkeit des Denkens in Prozessen ➥ Kapitel 1.3.1	An einem Prozess in einem Unternehmen sind meist mehrere Organisationseinheiten beteiligt, z. B. beim Bestellprozess bei einem Onlineversandhändler u. a. die Abteilungen Einkauf, Lager, Versand und ein Logistikdienstleister. Um den Prozess nicht aus den Augen zu verlieren ist es darum innerhalb von Unternehmen wichtig, das Augenmerk auf die Prozesse und nicht nur auf die einzelnen Funktionsbereiche zu legen, um erfolgreich zu sein. Auch können Schwachstellen in Prozessen so leichter identifiziert werden. Dabei unterscheidet man Kernprozesse (mit diesen Prozessen verdient das Unternehmen sein Geld) von unterstützenden Prozessen (wie z. B. Buchhaltung, Verwaltung) und Management-Prozessen (Führung und Leitung).

1.3 Beschaffung, Produktion und Absatz 77

Steuergrößen von Geschäftsprozessen ➥ Kapitel 1.3.1	Die Prozesse im Unternehmen müssen hohe Anforderungen bezüglich Qualität, Zeit und Kosten erfüllen. Mögliche Ziele der einzelnen Steuergrößen könnten sein: (siehe Tabelle unten) Allerdings handelt es sich hier auch um ein „magisches Dreieck", denn die einzelnen Steuergrößen beeinflussen sich gegenseitig. So geht z. B. eine höhere Qualität oftmals auch mit höheren Kosten und längerer Prozesszeit einher.
Überblick Prozessorientierung ➥ Kapitel 1.3.1	[Diagramm]

Qualität	Zeit	Kosten
• Null-Fehler-Standard • Langfristig hoher Qualitätsstandard	• Geringe Durchlaufzeit • Geringe Entwicklungszeit • Kurze Lieferzeit	• Geringere Kosten pro Einheit durch hohe Kapazitätsauslastung • Niedrige Prozesskosten • Geringe Ressourcenverschwendung

Die **Zusammenfassung** ermöglicht es Ihnen, die wichtigsten Inhalte gezielt nachzulesen.

Die Bezeichnung des konkreten **Fachwissens** sowie das **Kapitel**, in dem Sie die Inhalte nachlesen können, finden Sie in der linken Spalte.

Zukunftstrends entwickeln und bewerten

In diesem Kapitel erarbeiten Sie selbstständig neue Kompetenzen. Die Methode „Wie kann Zukunft gestaltet werden" leitet Sie durch das Kapitel. Die Inhalte dieses Kapitels dienen lediglich als Impulsgeber und laden zur weiterführenden Recherche ein.

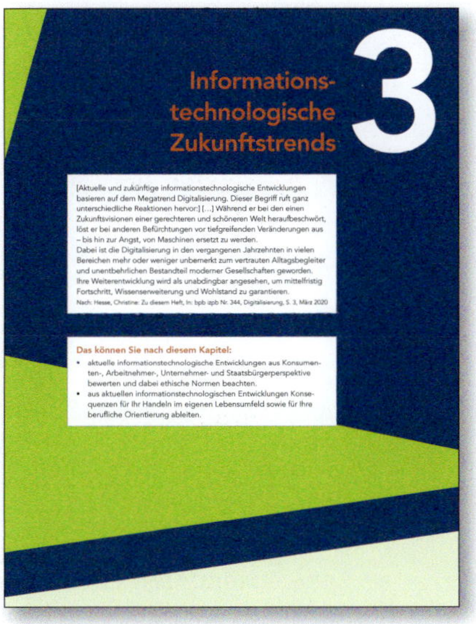
Informationstechnologische Zukunftstrends 3

[Aktuelle und zukünftige informationstechnologische Entwicklungen basieren auf dem Megatrend Digitalisierung. Dieser Begriff ruft ganz unterschiedliche Reaktionen hervor:] […] Während er bei den einen Zukunftsvisionen einer gerechteren und schöneren Welt heraufbeschwört, löst er bei anderen Befürchtungen vor tiefgreifenden Veränderungen aus – bis hin zur Angst, von Maschinen ersetzt zu werden.
Dabei ist die Digitalisierung in den vergangenen Jahrzehnten in vielen Bereichen mehr oder weniger unbemerkt zum vertrauten Alltagsbegleiter und unentbehrlichen Bestandteil moderner Gesellschaften geworden. Ihre Weiterentwicklung wird als unabdingbar angesehen, um mittelfristig Fortschritt, Wissenserweiterung und Wohlstand zu garantieren.
Nach: Hesse, Christine: Zu diesem Heft, In: bpb izpb Nr. 344, Digitalisierung, S. 3, März 2020

Das können Sie nach diesem Kapitel:
- aktuelle informationstechnologische Entwicklungen aus Konsumenten-, Arbeitnehmer-, Unternehmer- und Staatsbürgerperspektive bewerten und dabei ethische Normen beachten.
- aus aktuellen informationstechnologischen Entwicklungen Konsequenzen für Ihr Handeln im eigenen Lebensumfeld sowie für Ihre berufliche Orientierung ableiten.

Profilbereich

Dieses Kapitel greift die Lerninhalte der vorangegangenen Kapitel wieder auf. Sie haben die Möglichkeit hier die verschiedenen Themenbereiche auf aktivierende und kreative Art und Weise zu vertiefen und anzuwenden.

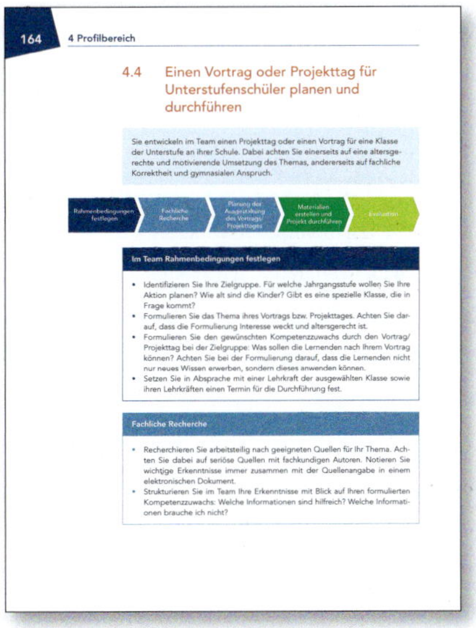
164 4 Profilbereich

4.4 Einen Vortrag oder Projekttag für Unterstufenschüler planen und durchführen

Sie entwickeln im Team einen Projekttag oder einen Vortrag für eine Klasse der Unterstufe an ihrer Schule. Dabei achten Sie einerseits auf eine altersgerechte und motivierende Umsetzung des Themas, andererseits auf fachliche Korrektheit und gymnasialen Anspruch.

Im Team Rahmenbedingungen festlegen
- Identifizieren Sie Ihre Zielgruppe. Für welche Jahrgangsstufe wollen Sie Ihre Aktion planen? Wie alt sind die Kinder? Gibt es eine spezielle Klasse, die in Frage kommt?
- Formulieren Sie das Thema ihres Vortrags bzw. Projekttages. Achten Sie darauf, dass die Formulierung Interesse weckt und altersgerecht ist.
- Formulieren Sie den gewünschten Kompetenzzuwachs durch den Vortrag/Projekttag bei der Zielgruppe: Was sollen die Lernenden nach Ihrem Vortrag können? Achten Sie bei der Formulierung darauf, dass die Lernenden nicht nur neues Wissen erwerben, sondern dieses anwenden können.
- Setzen Sie in Absprache mit einer Lehrkraft der ausgewählten Klasse sowie ihren Lehrkräften einen Termin für die Durchführung fest.

Fachliche Recherche
- Recherchieren Sie arbeitsteilig nach geeigneten Quellen für Ihr Thema. Achten Sie dabei auf seriöse Quellen mit fachkundigen Autoren. Notieren Sie wichtige Erkenntnisse immer zusammen mit der Quellenangabe in einem elektronischen Dokument.
- Strukturieren Sie im Team Ihre Erkenntnisse mit Blick auf Ihren formulierten Kompetenzzuwachs: Welche Informationen sind hilfreich? Welche Informationen brauche ich nicht?

Über **QR-Codes** könnt ihr in verschiedenen Kapiteln Zusatzmaterial direkt über das Smartphone aufrufen. Diese können außerdem über die Eingabe der Mediencodes im Suchfeld auf www.ccbuchner.de aufgerufen werden.

Hinweis: Wenn keine expliziten Quellenverweise angegeben sind, sind die vorliegenden Texte und Materialien von den Autoren selbst verfasst worden. Aufgrund der besseren Lesbarkeit wird im Folgenden darauf verzichtet, immer alle Geschlechter (weiblich, männlich, divers) anzusprechen, auch wenn selbstverständlich alle drei zu jedem Zeitpunkt gemeint sind.

Im Buch verwendete Fremdquellen

Mediencode 82110-01

Aufgaben

1. Interpretieren Sie das Bild im Hinblick auf die aktuelle Entwicklung in einer zunehmend digitalisierten Gesellschaft. Stellen Sie Vorteile dieser Entwicklung dar.
2. Übertragen Sie die Situation auf Unternehmen und erläutern Sie dort mögliche Vorteile.
3. Begründen Sie, inwiefern die wechselseitige Vernetzung von Unternehmen eine organisatorische Herausforderung darstellt.

1

Unternehmen als vernetzte Systeme

1.1 Das Unternehmen als synergetisches System

Das griechische Wort „synergía“ – Zusammenarbeit – stellt den Ursprung der heute so oft gebrauchten Begriffe „Synergien“ oder „Synergieeffekte“ dar. [...] Ebenso, wie sich in der Chemie oder Biologie die Wirkung verschiedener Substanzen bei einem gemeinsamen Einsatz gegenseitig verstärken kann, so geht man auch in der Ökonomie davon aus, dass die geschickt koordinierte Zusammenarbeit zwischen verschiedenen Wirtschaftssubjekten, Unternehmen oder Unternehmensteilen, deren jeweilige Produktivität oder Effizienz in positiver Weise forciert. Dabei kann es sich um reine Kooperationsbeziehungen handeln: Eine Zusammenarbeit mit ausgewählten Lieferanten um gegenseitigen Nutzen für die Supplier [Zulieferer] und den Produktionsbetrieb zu generieren und verschiedene Prozesse zu beschleunigen. [...] Doch auch die räumliche Zusammenlegung verschiedener Bereiche, [oder] der Zusammenschluss von Unternehmensteilen [...] generiert in vielen Fällen positive Synergien, zu denen neben beschleunigten und vereinfachten Prozessen auch Kostensenkungen gehören.

Gründerlexikon: Synergien nutzen: Die Basis erfolgreicher Kooperation!
In www.gruenderlexikon.de (Abruf am 12.07.2021)

Das können Sie nach diesem Kapitel:

- den Aufbau von Unternehmen anhand von Organigrammen analysieren und auf zentrale Strukturen reduzieren.
- einfache Prozesse im Unternehmen mittels ereignisgesteuerter Prozessketten nachvollziehen.
- einfache Prozesse im Hinblick auf die wechselseitige Verschränkung von Aufbau- und Ablauforganisation analysieren sowie den Mehrwert informationstechnologischer Unterstützung aufzeigen.

1.1.1 Wie ist ein Unternehmen grundlegend aufgebaut?

Im Jahr 2020 gab es in Deutschland etwa 3,02 Mio. Unternehmen. Es stellt sich die Frage, ob es trotz dieser Vielfalt grundlegende organisatorische Einheiten gibt, die sich in den meisten Unternehmen wiederfinden und so die Orientierung erleichtern. Wie ist also ein Unternehmen idealtypischer Weise aufgebaut?

Organigramm
Das Organigramm zeigt den Aufbau, die Struktur und die Aufgabenverteilung eines Unternehmens. Das Organigramm verschafft wie eine Landkarte Übersicht und Orientierung.
Fleig, Jürgen: Darstellung, Funktionen und Beispiele von Organigrammen In: www.business-wissen.de (Abruf am 12.07.2021)

M1 Organigramm eines mittelständischen Fleischproduzenten

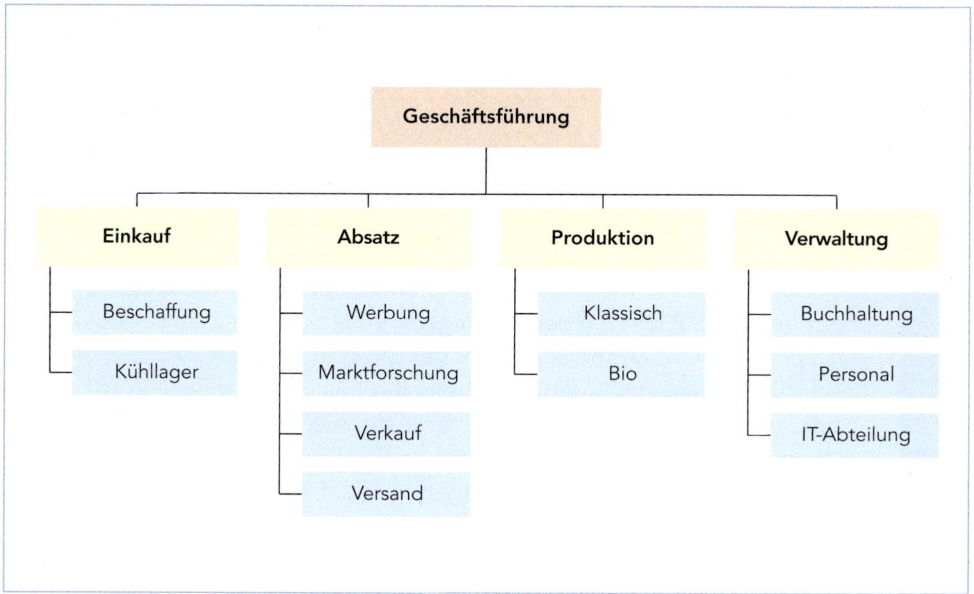

Bearbeiter

M2 Aufbauorganisation einer Fluid Engineering AG

An der Spitze des Unternehmens steht ein CEO (Chief Executive Officer), der als Geschäftsführer das Unternehmen leitet. Unterstützt wird er durch ein eigenes Sekretariat. Ihm untergeordnet sind die zentralen Geschäftsfelder des Konzerns. Diese agieren als weitgehend eigenständige Geschäftseinheiten. Dies sind die Bereiche Pumps Equipment (Pumpenfertigung), Rotating Equipment Service (Wartung von Pumpen Turbinen, etc.), Chemtech (Verfahrenstechnik) sowie Applicator Systems (Mischverfahren). Als übergeordnete Dienstleister für diese Bereiche gibt es drei eigenständige, ausgelagerte Abteilungen. Eine Finanzabteilung (Corporate Finance), eine Abteilung zur Unternehmensfortentwicklung (Corporate Development) sowie die Abtei-

Pumpen im Industriebereich

Aufbauorganisation
Unter der Aufbauorganisation versteht man eine hierarchische Struktur des Unternehmens. Bei der Aufbauorganisation liegt das Hauptaugenmerk auf der Aufgabenteilung.
Microtech: Aufbauorganisation. In: www.microtech.de (Abruf am 12.07.2021)

lung Markets & Technology, die sich mit der Analyse der Märkte sowie zukünftigen technologischen Entwicklungen beschäftigt.

Basierend auf: Winter, Jörn: Übungen zur Organisationslehre. In: www.docplayer.org (Abruf am 12.07.2021) und Sulzer AG: Geschäftsbericht 2020: In: www.report.sulzer.com (Abruf am 12.07.2021)

M3 Beispiel: Organigramm eines Bauunternehmens

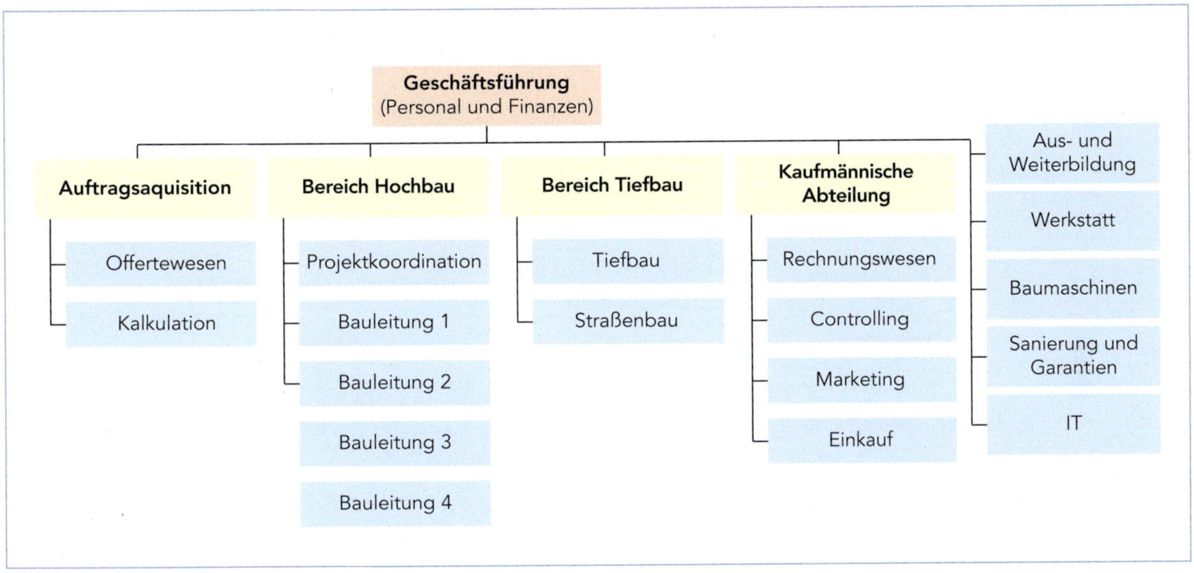

Bearbeiter

M4 Beispiel: Aufbauorganisation eines Logistik-Dienstleisters

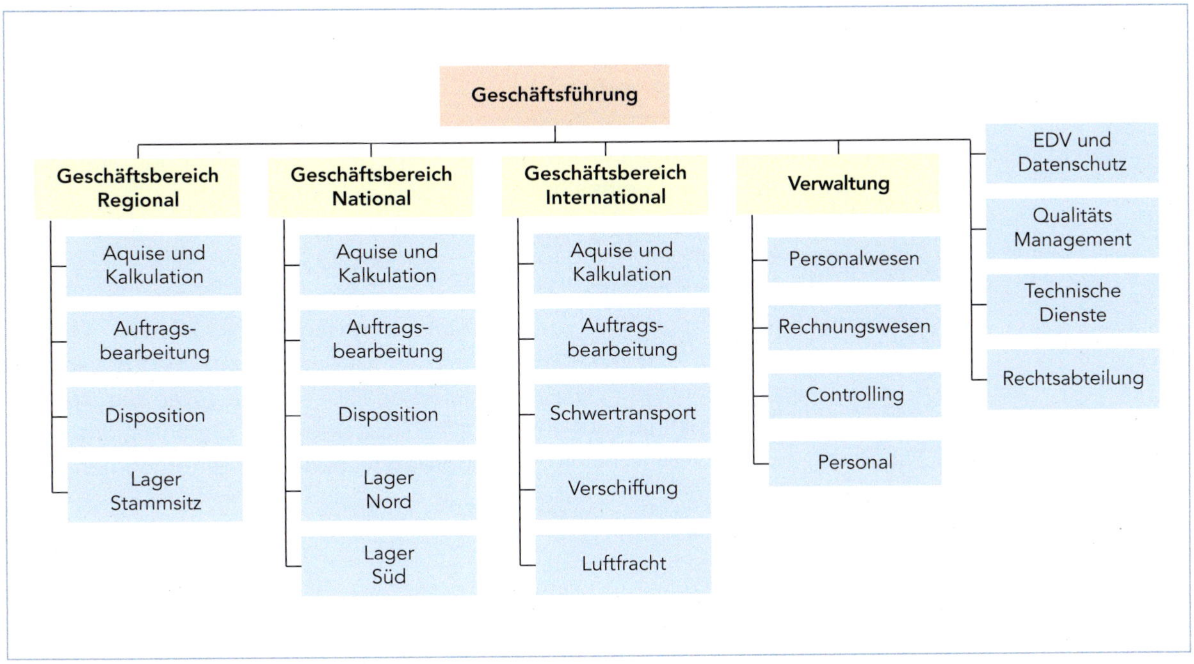

Bearbeiter

M5 Grundtypen des Unternehmensaufbaus

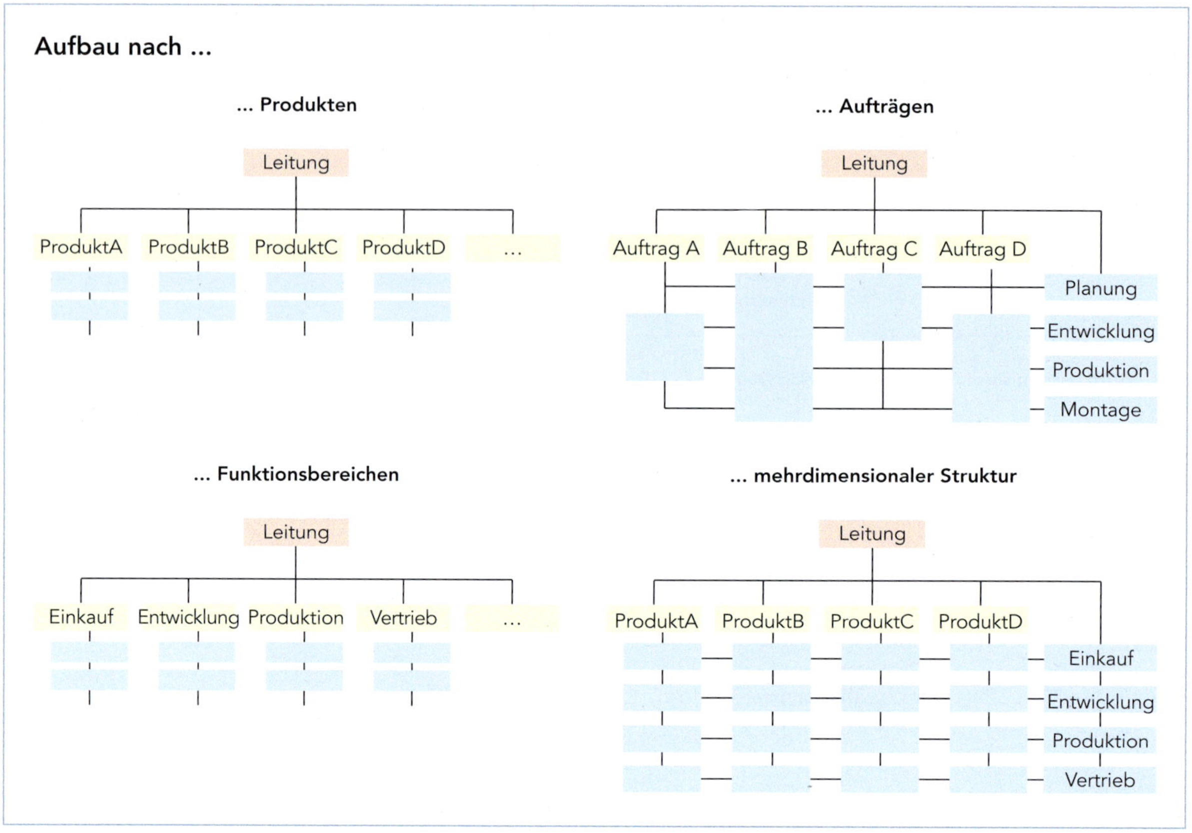

Bearbeiter

M6 So erstellen Sie ein Organigramm

Ein Organigramm („Organisation" + „Diagramm") bildet die interne Struktur eines Unternehmens oder einer Organisation grafisch ab. Anhand eines übersichtlichen Schaubilds werden Hierarchien, Positionen, Abteilungen, Aufgaben und Führungsverantwortlichkeiten dargestellt und in Beziehung gesetzt.
Einfache visuelle Mittel wie Kästchen, Pfeile und Linien – manchmal ergänzt durch Fotos oder Kontaktinformationen der Mitarbeiter*innen – veranschaulichen die internen Verbindungen und Zusammenhänge im Unternehmen.

- Wer spielt welche Rolle im Unternehmen?
- Wer ist wessen Vorgesetzter oder Mitarbeiter*in?
- Wie sind die Abteilungen aufgebaut und strukturiert?
- Wie verlaufen die internen Kommunikationswege?

Einfach gesagt verschafft ein Organigramm Überblick und macht wichtige Spielregeln, Prozesse sowie die strategische Ausrichtung für Organisationen, Behörden, Vereine und Unternehmen sichtbar.

© personio: So erstellen Sie ein Organigramm. In: www.personio.de (Abruf am 01.12.2021)

Aufgaben

1 Beschreiben Sie den Aufbau des Fleischproduzenten (M1).

2 Recherchieren Sie im Internet nach den grundlegenden Funktionsbereichen, die in den meisten Unternehmen zu finden sind.

3 Begründen Sie die Notwendigkeit einer Aufbauorganisation für ein Unternehmen.

4 Recherchieren Sie mithilfe des Internets nach Unternehmen aus Ihrer Region und prüfen Sie, ob diese eine ähnliche funktionale Gliederung wie die des Produzenten aus M1 aufweisen.

5 Erstellen Sie das Organigramm der Fluid Engineering AG. Nutzen Sie hierfür z. B. die SmartArts in einem Office-Programm oder die App im QR-Code (M2).

6 Erläutern Sie die Sinnhaftigkeit von ausgelagerten Abteilungen (M2).

7 Vergleichen Sie die Aufbauorganisation der beiden Unternehmen (M1, M2) und erläutern Sie mögliche Gründe für die jeweilige Vorteilhaftigkeit der gewählten Organisationsstruktur.

8 Analysieren Sie den Aufbau des Bauunternehmens aus M3 und finden Sie mögliche Gründe für die Abweichungen vom idealtypischen funktionalen Schema.

9 Analysieren Sie den Aufbau des Logistik-Dienstleisters und erläutern Sie, welche unterschiedlichen Gliederungskriterien dabei zum Einsatz kommen (M4).

10 Erläutern Sie, inwiefern die Aussagekraft von Organigrammen über das jeweilige Unternehmen trotz ihrer Übersichtlichkeit dennoch beschränkt ist.

11 a) Ordnen Sie die in diesem Kapitel dargestellten Unternehmen je einem der vier Grundtypen begründet zu (M5).

b) Erläutern Sie mögliche Gründe für die Abweichung von Modell und Wirklichkeit (M5).

12 Recherchieren Sie im Internet nach Beispielen für die nicht abgedeckten Grundtypen der Aufbauorganisation (M5).

13 Erstellen Sie für ein klein- oder mittelständisches Unternehmen Ihrer Region ein Organigramm (M6). Besuchen Sie dafür den jeweiligen Betrieb und erfassen Sie dessen Struktur. Informieren Sie sich bei der Geschäftsleitung, weshalb die jeweilige Aufbauorganisation gewählt wurde. Stellen Sie anschließend Ihr Beispiel vor der Klasse vor.

Kostenloses Online-Tool zum Erstellen von Diagrammen

Mediencode 82110-02

1.1.2 Wie wird ein Auftrag im Unternehmen abgearbeitet?

„Heute bestellt – morgen geliefert." Mit diesem Slogan bewirbt ein Onlinehandel von Büro- und Designermöbeln das Sortiment. Im Zeitalter des E-Commerce eigentlich eine Selbstverständlichkeit. Aber was muss im Unternehmen alles geschehen, ehe die fertige Bestellung bei den Kundinnen und Kunden ankommt?

M1 Abwicklung eines Kundenauftrags eines Möbelhauses

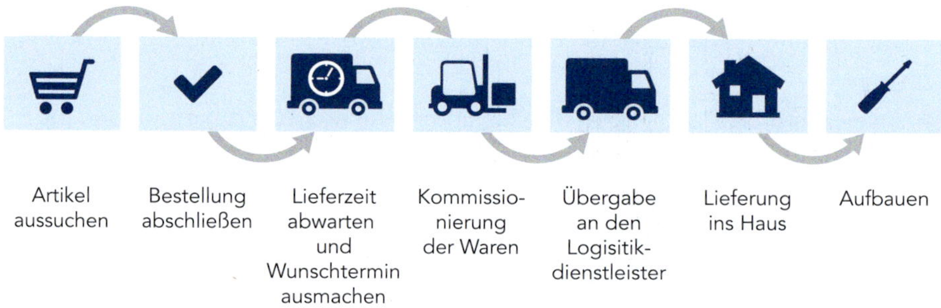

M2 Wie funktioniert der Warenausgang?

[B]eim Warenausgang [...] werden Waren aus dem Lager bereitgestellt, Qualität sowie Identität [...] kontrolliert und die erforderlichen Dokumente [z. B. Lieferschein, Zoll- und Frachtpapiere] erstellt. [...] Diese Aufgabe ist im einfachsten Fall durch verschiedene Sammlungen der Packstücke auf Bereitstellflächen im Warenausgang gelöst [...]. Im ersten Prozessschritt werden die Versandeinheiten sortiert und im zweiten Schritt als Einzelkartons oder Sammelkartons verpackt. Nach dem Ausdrucken der Zielpapiere findet eine finale Überprüfung auf Vollständigkeit statt. Für den Fall eines Fehlbestands besteht an dieser Stelle die abschließende Möglichkeit zur Korrektur. Durch die feine Verzahnung des Lagerverwaltungssystems mit dem kaufmännischen Rechner wird der Ist-Bestand der Versandeinheit an den Rechner gesendet und das kaufmännische System kann die Rechnung korrigieren. Anschließend werden die Pakete mit aktualisierten Lieferscheinen und Rechnungen aufgenommen und geroutet. Am Ende dieses Geschäftsprozesses wird die Ware an KEP-Dienstleister [= Kurier-, Express-, Paketdienst], wie zum Beispiel UPS oder DHL, oder Spediteure übergeben und die Versandtour quittiert.

TUP: Definition und Überblick zum Warenausgang in der Intralogistik. In: www.logistikknowhow.com, 17.02.2020

Ablauforganisation
Die Ablauforganisation beschreibt dynamische Prozesse, welche zur Erreichung bestimmter Ziele ausgeführt werden.
Microtech: Ablauforganisation. In: www.microtech.de (Abruf am 12.07.2021)

M3 Beispiel: Versandprozess eines Möbelhauses

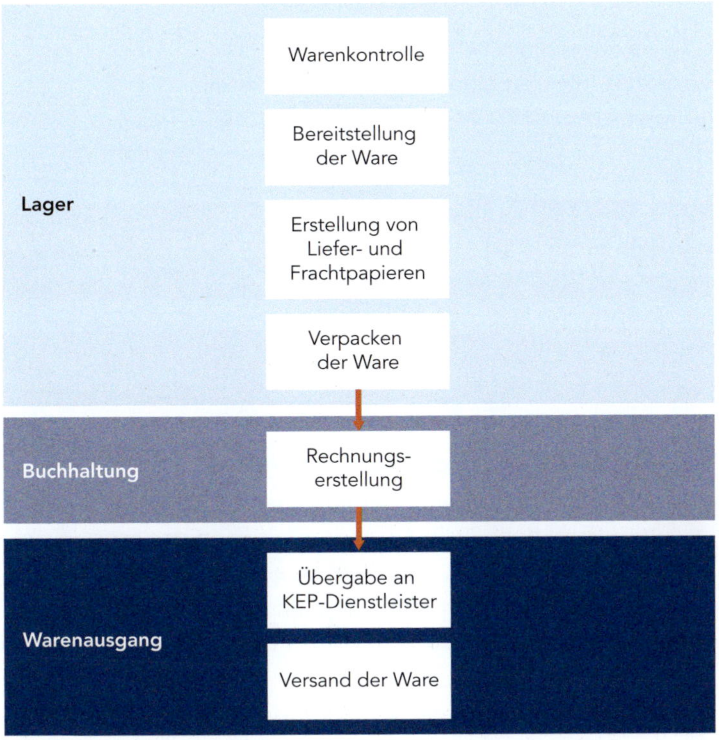

Aufgaben

1. Beschreiben Sie anhand des Schaubilds den Kernprozess eines Online-Möbelhauses (M1).
2. Erläutern Sie, welche der Prozessschritte (M1) ein Kunde bei einem Kauf über das Internet selbst durchführt bzw. durchführen könnte und dadurch mithilft, die zeitliche Dauer des Prozesses zu verkürzen.
3. Ordnen Sie den Teilbereich „Warenausgang" in das Schema eines funktional gegliederten Unternehmens ein und begründen Sie, inwiefern für den abgebildeten Prozess die Darstellungsform Organigramm wenig hilfreich ist (M2).
4. Zeigen Sie den Mehrwert einer IT-Unterstützung im Bereich des Warenausgangs auf (M2).
5. Erläutern Sie auch mithilfe des Schaubilds, inwiefern es zu einer Verzahnung unterschiedlicher betrieblicher Teilbereiche beim Versandprozess kommt (M3).
6. Erläutern Sie Vorteile einer Fokussierung des Unternehmens auf den Kernprozess.

Methode

Wie analysiere ich eine Ereignisgesteuerte Prozesskette (EPK)?

Die Ereignisgesteuerte Prozesskette (EPK) ist eine Methode zur Darstellung und Analyse von Prozessen. Dabei lösen sich Ereignisse und Funktionen im Wechsel ab.

Schritt 1: Grafische Objekte → **Schritt 2: Verknüpfungen und Konnektoren** → **Schritt 3: Regeln**

Schritt 1: Die grafischen Objekte in Prozessketten erkennen und verstehen

Komponente	Symbol	Definition und Beschreibung
Ereignis		Ein eingetretener betrieblicher Zustand, der eine Handlung (Funktion) auslöst. Ein Ereignis kann das Ergebnis einer Funktion sein, z. B. Ware ist eingegangen.
Funktion		Auch Vorgang oder Tätigkeit genannt. Beschreibt, was nach einem auslösenden Ereignis gemacht werden soll, z. B. Ware wird erfasst.
Konnektor (Verknüpfung)	V	Auch Operatoren genannt, sind logische Verknüpfungen zwischen Ereignissen und Funktionen: „Λ“ = UND; „V“ = ODER; „X“ = exklusives ODER.
Subprozess (Prozesswegweiser)		Zeigt die Verbindung zu einem anderen Prozess (Unterprozess), der aber nicht weiter ausgeführt werden soll, z. B. Erstellung der Ausgangsrechnung.
Kontrollfluss	→	Bildet den Ablauf durch die einzelnen Elemente der EPK ab. Kann mittels Konnektoren aufgespalten werden. Beschreibt den Durchlauf des Prozesses.

Schritt 2: Die Funktion von Verknüpfungen und Konnektoren verstehen

Die UND-Verknüpfung („Λ“) zeigt an, dass alle Ereignisse erfüllt sein müssen, damit eine Funktion ausgeführt werden kann, bzw. dass alle Funktionen abgeschlossen sein müssen, bevor ein Ergebnis, oder auch mehrere Ereignisse, eintritt, bzw. eintreten.
Die ODER-Verknüpfung („V“) gibt an, dass mindestens ein Ereignis eingetreten sein muss, damit eine Funktion angestoßen wird. Es schließt nicht aus, dass auch mehrere Ereignisse gleichzeitig eintreten können, damit eine Funktion angestoßen wird.
Die XOR-Verknüpfung („X“) ist eine Ausschluss-Verknüpfung, d. h. aus mehreren Ereignissen, die eine Funktion anstoßen können, muss genau eins und nur eins von mehreren eintreten, damit eine Funktion ausgeführt wird.
Ebd.

Schritt 3: Die Regeln für die Erstellung von EPKs beachten

1. Die Ausrichtung der EPK sollte möglichst von oben nach unten verlaufen.
2. Eine EPK beginnt immer mit einem Ereignis, niemals mit einer Funktion. Eine EPK endet entweder mit einem Subprozess oder einem Ergebnis (Endereignis), aber nicht mit einer Funktion.
3. Es erfolgt ein steter Wechsel von Ereignis zu Funktion zu Ereignis. Ein Ereignis kann nicht direkt einem anderen Ereignis folgen bzw. eine Funktion kann nicht direkt mit einer anderen Funktion verbunden werden. Die Verbindung einer Funktion zu einem Subprozess ist ebenfalls ungültig.
4. Alle Ereignisse, Funktionen und Konnektoren einer EPK müssen miteinander durch Pfeile verbunden werden.

Bearbeiter

EPK der Wareneingangsbearbeitung

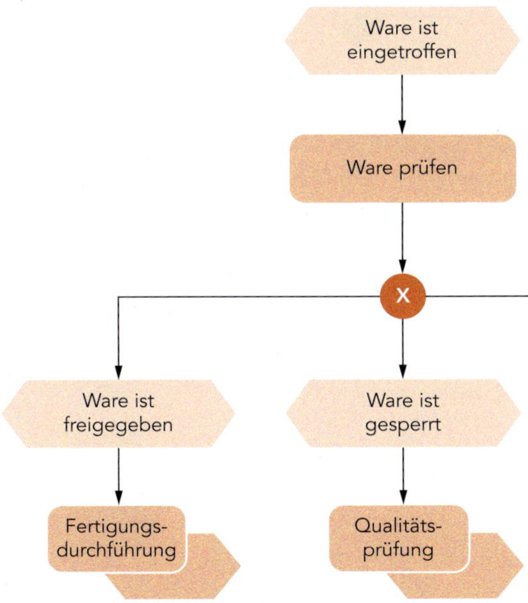

Prof. Dr. Karl-Werner Hansmann, Hamburg

Aufgaben

1 Verbalisieren Sie den dargestellten Geschäftsprozess des Wareneingangs in Schritt 3.

2 Vollziehen Sie an diesem Beispiel die Regeln für das Erstellen einer EPK nach.

1.1.3 Wie stellt man Prozesse übersichtlich dar?

Das Beispiel des Möbelhauses zeigt, dass neben den Organisationseinheiten Prozesse eine wichtige Rolle im Unternehmen spielen. Doch mit welchen Methoden/grafischen Verfahren kann man Prozesse übersichtlich und lückenlos darstellen?

Ereignisgesteuerte Prozesskette (EPK)
Die ereignisgesteuerte Prozesskette (EPK) ist eine Methode zur Darstellung und Analyse von Prozessen. Dabei lösen sich Ereignisse und Funktionen im Wechsel ab. (vgl. Methodenseite EPK S. 16f.)

M1 Darstellung des Wareneingangs mittels EPK

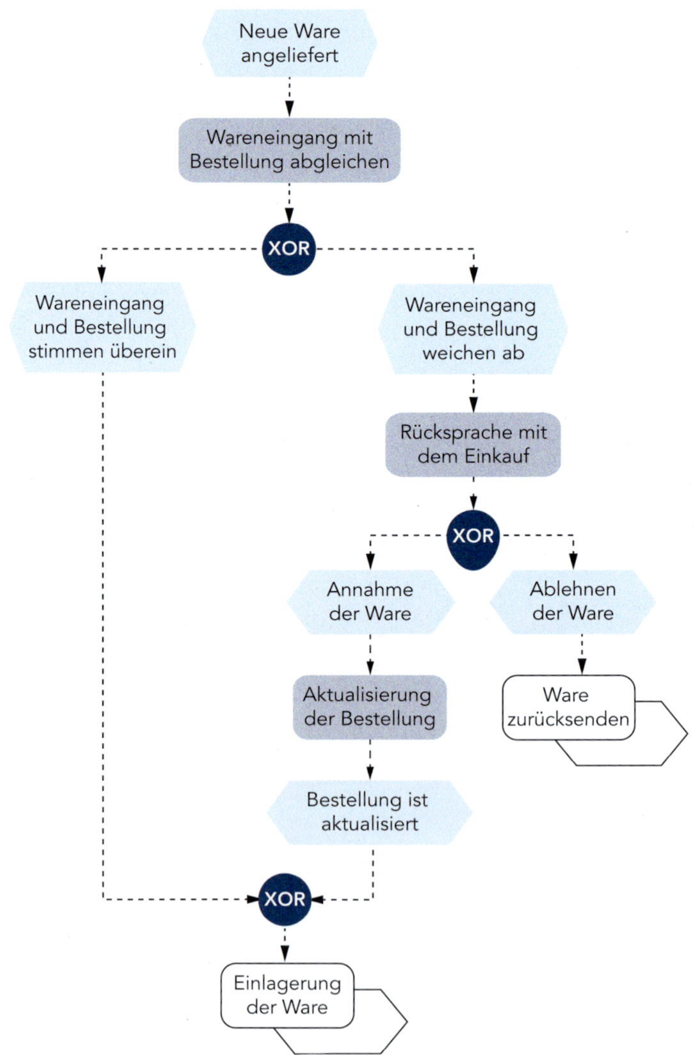

Bearbeiter

M2 Wie verläuft der Prozess der Kommissionierung?

Ein Auftrag geht bei der Lagerabteilung ein. Dort müssen zunächst die entsprechenden Kommissionierungsunterlagen bereitgestellt werden. Sobald diese vorliegen, wird von den Beschäftigten gemäß dem Auftrag der entsprechende Lagerplatz der Ware gesucht. Ist der Lagerplatz gefunden, wird die Ware gemäß dem Auftrag entnommen. Nachdem die Ware entnommen wurde, muss von den Beschäftigten die Entnahme als Bestandsveränderung im Lagerprogramm gebucht werden und die Ware für die Versandabteilung bereitgestellt werden.

Basierend auf: Caliskan, Ali: Kommissionierung. In: www.wi-wiki.de, 12.11.2015, CY BY-SA 4.0

Kommissionierung im Lager

M3 Der Prozess der Versandabwicklung

Die Ware wurde kommissioniert und steht nun für die Versandabwicklung bereit. Zunächst muss der Beschäftigte die Lieferadresse suchen. Wenn eine Lieferung ins Ausland erfolgt, müssen Fracht- und Zollpapiere erstellt werden. Ist es eine Adresse im Inland, ist dieser Schritt nicht notwendig. Anschließend muss die Ware verpackt werden und ein Lieferschein erstellt werden. Wenn die Ware verpackt ist und der Lieferschein vorliegt, wird die Bestellung im EDV-System fakturiert. Nach erfolgter Fakturierung (Rechnungserstellung) geht die Ware in den Warenausgang.

Basierend auf: Caliskan, Ali: Warenausgang. In: www.wi-wiki.de, 12.11.2015, CY BY-SA 4.0

Aufgaben

1. Beschreiben Sie den dargestellten Prozess des Wareneingangs mit eigenen Worten (M1).
2. Benennen Sie die verschiedenen Objekte der EPK im Beispielprozess und erläutern Sie die Bedeutung der verwendeten Konnektoren (M1).
3. Begründen Sie, warum der Subprozess „Lieferantenretoure" nicht näher aufgeschlüsselt wird (M1).
4. Stellen Sie in zwei Gruppen den Prozess der Kommissionierung sowie der Versandabwicklung mittels EPK dar. Nutzen Sie hierfür z. B. die SmartArts in einem Office-Programm oder eine Diagramm-Software im Internet (M2, M3).
5. Die beiden Gruppen tauschen nun ihre EPKs aus und beschreiben der jeweils anderen Gruppe den dargestellten Prozess mit Worten. Anschließend wird kontrolliert, ob die Beschreibung der Vorgabe entspricht.
6. Erläutern Sie Vorteile der Darstellung von Prozessen mittels EPK.

1.1.4 Wie hängen Aufbau- und Ablauforganisation zusammen?

Während es früher hieß, die Organisationsstruktur folgt der Strategie und der Prozess der Struktur, lautet heute der Grundsatz: „structure follows process". Aber was sind die Ursachen dieses Perspektivenwechsels und welche Konsequenz hat dies für die Organisation von Unternehmen?

M1 Interview mit einem Unternehmensberater

Engineering
Arbeitsgebiet, das sich mit der Gestaltung, Planung und Optimierung von Leistungserstellungsprozessen mit ingenieurwissenschaftlichen Methoden beschäftigt.
Bearbeiter

Business Intelligence Magazin (BIM): Warum ist gerade das Prozessmanagement heute so wichtig?

Berater: Die heutigen Unternehmensstrukturen sind sehr funktional ausgerichtet; demgegenüber aber verlaufen die Geschäftsprozesse ihrer Natur nach funktional übergreifend. Deshalb muss das Ineinandergreifen von Prozessen und Strukturen von einer übergeordneten Instanz koordiniert werden. […]

BIM: Nennen Sie bitte ein Beispiel. […]

Berater: Bei einem Unternehmen zum Beispiel, das mit zu hohen Prozesskosten in der Fertigung kämpfte, nahmen wir ein breites Spektrum von Einflussfaktoren unter die Lupe: vom Vertrieb über das Engineering und die Auftragssteuerung bis hin zur Fertigung mitsamt der Qualitätssicherung und der Distribution inklusive aller unterstützenden Prozesse wie etwa den Einkauf. Das Ergebnis war, dass es zwar vordergründig ein Problem in der Produktion gab – aber die Ursachen waren sehr komplex und lagen in den kumulierten Fehlern aus den Vorprozessen anderer Unternehmensbereiche. Und der eigentliche Kernprozess «Auftragsabwicklung» wurde durch die beteiligten Bereiche gestört.

BIM: Es reicht also nicht, die Probleme nur in einem einzelnen Bereich, wie hier der Fertigung, lösen zu wollen?

Berater: Genau, denn in diesem Fall existierte wie meistens ein übergreifendes Problem: Wenn der Vertrieb zum Beispiel bereits die Preise schlecht verhandelt oder das Engineering bestimmte Teile falsch konstruiert hat, hat die Produktion am Ende überhaupt gar keine Chance, wirtschaftlich zu fertigen. Oder wenn der Einkauf nicht die genaue Kenntnis über den Materialbedarf hat, weil die Auftragssteuerung nicht langfristig genug disponiert, dann stockt die Fertigung, denn es fehlt an Material.

Nach: Business Intelligence Magazine: Structure follows processes. In: Business Intelligence Magazine, 1/2017, S. 20 f.

M2 Schnittstellenmanagement

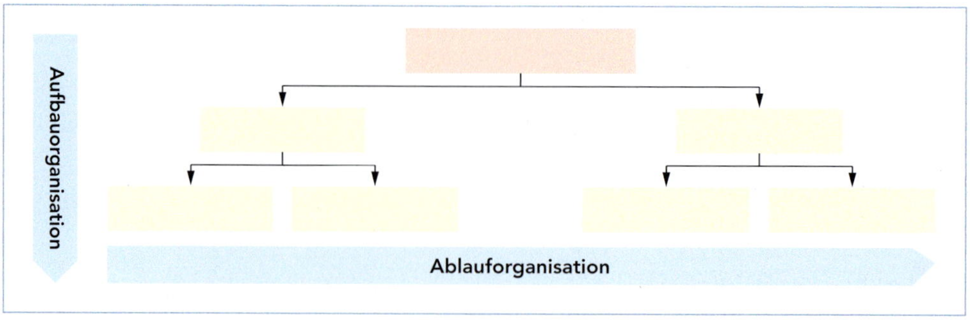

M3 Arbeitsablauf bei der Abwicklung eines Kundenauftrags

1	**Überprüfung der Kundenbestellung**	Prüfung Funktionen/Leistungsinhalte, Termine und Preise der Bestellung
2	**Auftragserfassung und Bonitätsprüfung**	Erfassung der Auftragsdaten, evtl. Prüfung der Zahlungsfähigkeit des Kunden
3	**Auftragsbestätigung**	Auftragsbestätigung: Termine, Zahlung und Auftragsinhalt
4	**Bestellzettel an interne/ externe Dienstleister**	Bestellung an Lager, Fertigung, Dienstleistungsabteilung und Fremde
5	**Controlling und Auftragssteuerung**	Auftragsverfolgung: Termine, Arbeitsfortschritt, Kostenfortschritt
6	**Lieferung**	Veranlassung der Lieferung/Lieferfreigabe, Erstellung der Versandpapiere
7	**Rechnung**	Rechnungslegung und Kontrolle des Zahlungseingangs
8	**After Sale Kundenbetreuung**	Kundenzufriedenheit, Kundenbesuch, Cross-Selling, Service

Schuster, Lambert: Perfekte Auftragsabwicklung – Ein Mehrwert für den Kunden, ein Plus für Ihr Unternehmen. In: www.lambertschuster.de, 01.09.2012

Aufgaben

1. Erklären Sie mithilfe von M1 den Grundsatz „structure follows process".
2. Erläutern Sie für das genannte Beispiel, welche weiteren Organisationseinheiten auf den Erfolg des Fertigungsbereichs Einfluss nehmen (M1).
3. Identifizieren Sie mögliche Konflikte an Schnittstellen im Unternehmen (z. B. zwischen Funktionsbereichen oder Sparten) und erläutern Sie, inwiefern deren Zusammenspiel für ein reibungsloses Funktionieren des Unternehmens notwendig ist (M1, M2).
4. Zeigen Sie am Beispiel der Abwicklung eines Kundenauftrags, dass nahezu alle Bereiche eines Unternehmens daran beteiligt sind und insofern eine Koordination des Prozesses dringend erforderlich ist (M3).
5. Stellen Sie Synergien zwischen den am Prozess beteiligten Organisationseinheiten dar (M3).

1.1.5 Wie kann ein Prozess durch Informationstechnologie unterstützt werden?

Nicht erst seit der Corona-Krise bewegt die Digitalisierung Wirtschaft und Gesellschaft. Schon seit Jahren ist sie eines der dominierenden IT-Themen. Überall wo es um Transparenz, Analyse und Verbesserung von Prozessen geht, wird sie als „Allheilmittel" gesehen. Die spannende Frage dabei ist, ob durch moderne Informationstechnologie wirklich eine Verbesserung, z. B. in Form einer Effizienzsteigerung oder Kostensenkung erreicht werden kann.

M1 Prüfung einer Anfrage

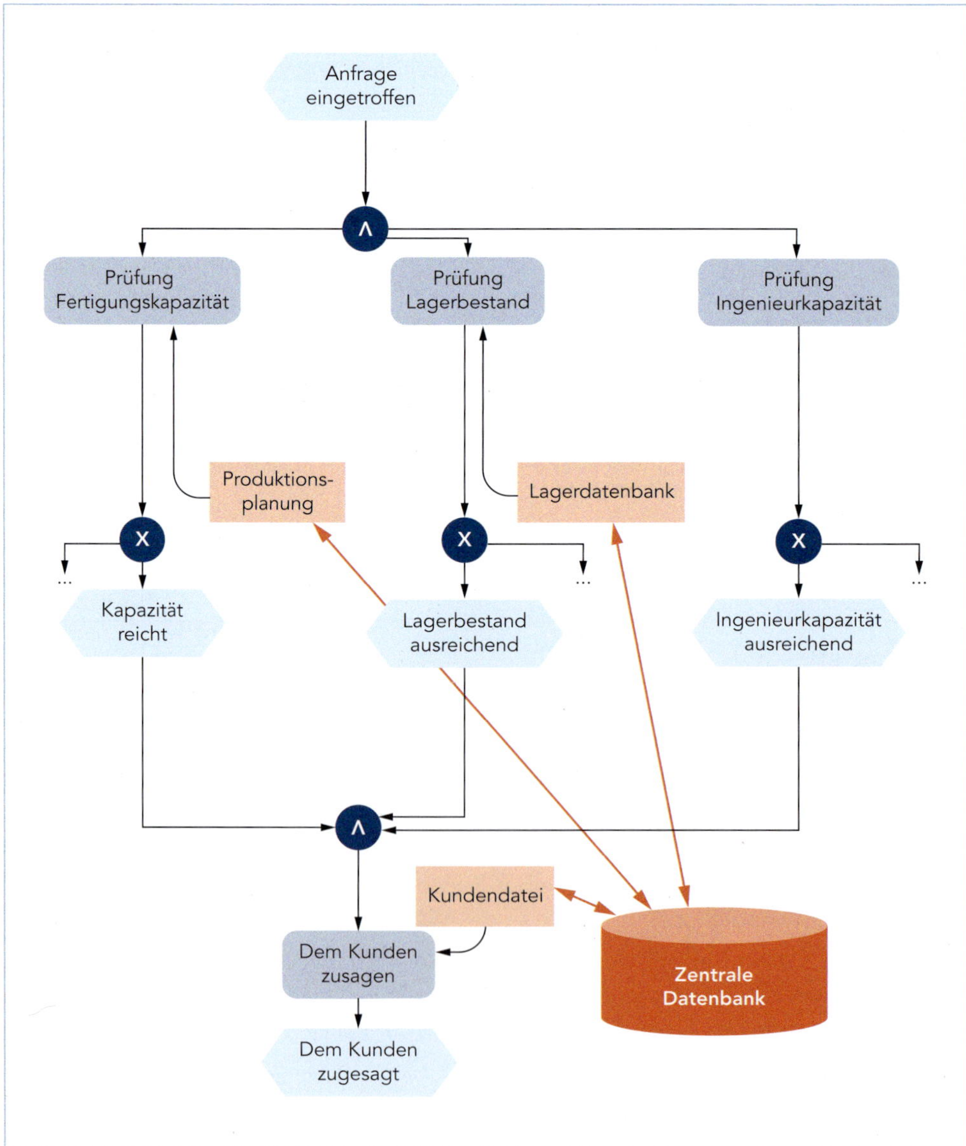

M2 Wo wird moderne Informationstechnologie verwendet?

RFID-Scanner

Fahrerloses Transportsystem (FTS)

Computergesteuerte Maschine (CNC)

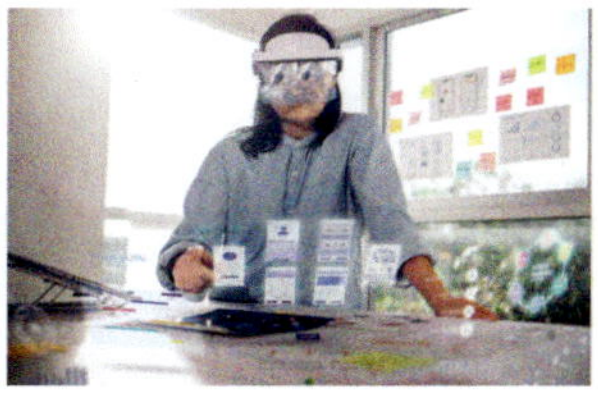

Datenbrille

M3 Effizienzsteigerung durch Digitalisierung?

Die neuen Technologien können im Rahmen umfassender Digitalisierungsstrategien gezielt für die Schaffung von Wettbewerbsvorteilen genutzt werden. Um diese Zielsetzung in Unternehmen zu erreichen, sind bestimmte Voraussetzungen nötig. Wichtig ist, das Unternehmen ganzheitlich in den Blick zu nehmen und nicht nur die Aktualisierung der IT. Das bisherige Geschäftsmodell oder zumindest die wesentlichen Abläufe müssen konsequent auf ihre Zukunftsfähigkeit auf den Prüfstand gestellt werden. [...] Es müssen langfristige Kostenvorteile gegenüber den Wettbewerbern erzielt werden können; beispielsweise durch bessere Qualität, weniger Ausschuss oder einen schnelleren Service. Mehr Transparenz ist mithilfe wichtiger Unternehmenskennzahlen zu schaffen. Nur so ist eine gute Steuerung möglich. Dazu gehören auch Systeme in allen Abteilungen, die über funktionierende Schnittstellen miteinander verbunden sind. Gleichzeitig müssen Unternehmen dafür Sorge tragen, dass die Mitarbeiter den kulturellen Wandel innerhalb der Organisation mittragen.

Golanowsky, Ralf: Prozessoptimierung und Effizienzsteigerung durch Digitalisierung? In: Informationen aus der Beraterpraxis, 3/2017, S. 18 f.

Aufgaben

1 a) Analysieren Sie den Prozess „Prüfung einer Kundenanfrage" hinsichtlich der beteiligten Funktionsbereiche eines Unternehmens (M1).

b) Zeigen Sie den Mehrwert einer technologischen Vernetzung, z. B. mittels einer zentralen Datenbank für die Bearbeitung der Anfrage auf (M1).

2 Zeigen Sie auf, wie die dargestellten Technologien dabei helfen, Prozesse zu unterstützen (M2).

3 Begründen Sie, inwiefern moderne Technologien einen Beitrag zur Schaffung von Wettbewerbsvorteilen leisten (M3).

4 Erläutern Sie Faktoren, die neben dem Einsatz moderner Informationstechnologien für eine erfolgreiche Digitalisierung erforderlich sind (M3).

5 Stellen Sie dar, inwiefern moderne Informationstechnologien für die Schaffung von Synergien einen wichtigen Beitrag leisten können.

Fachwissen im Zusammenhang – Lernbereich 1.1

Aufbau eines Unternehmens
➥ Kapitel 1.1.1, Kapitel 1.1.2

Die **Aufbauorganisation** beschreibt die hierarchische Struktur eines Unternehmens. Sie lässt sich mittels der Darstellungsform Organigramm visualisieren.

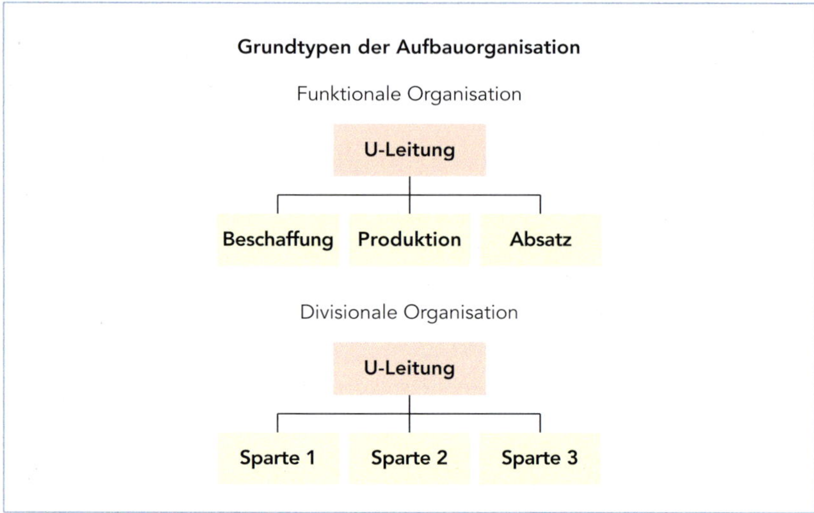

Die **Ablauforganisation** beschreibt dynamische Prozesse, welche zur Erreichung bestimmter Ziele ausgeführt werden. Diese verlaufen meist quer zu der Aufbauorganisation, d. h. umfassen mehrere Organisationseinheiten. Typische Geschäftsprozesse sind z. B. die Abwicklung eines Kundenauftrags, die Beschaffung von Produktionsfaktoren oder auch die Logistik.

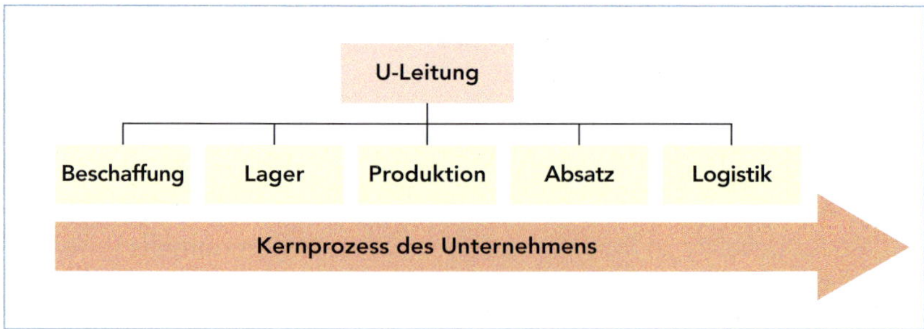

Im Alltag sind Aufbau- und Ablauforganisation verschränkt, d. h. beeinflussen und bedingen sich wechselseitig.
Ergänzend zu den internen Verflechtungen ist das Unternehmen auch mit seiner Umwelt, Lieferanten und Kunden eng verknüpft.

Ereignisgesteuerte Prozesskette (EPK)

➥ Kapitel 1.1.3, Kapitel 1.1.4, Kapitel 1.1.5

Die ereignisgesteuerte Prozesskette (EPK) ist eine Methode zur Darstellung und Analyse von Prozessen. Dabei lösen sich Ereignisse und Funktionen im Wechsel ab.
Das sind weitere Regeln, die beim Erstellen der EPK erforderlich sind:

Wichtig:
Ein Prozess beginnt immer mit einem Ereignis.
Ein Konnektor folgt immer auf ein Ereignis.
Konnektoren können auch zum Zusammenführen von parallelen Prozessen verwendet werden.
Ein Prozess endet immer mit einem Ereignis oder Subprozess.

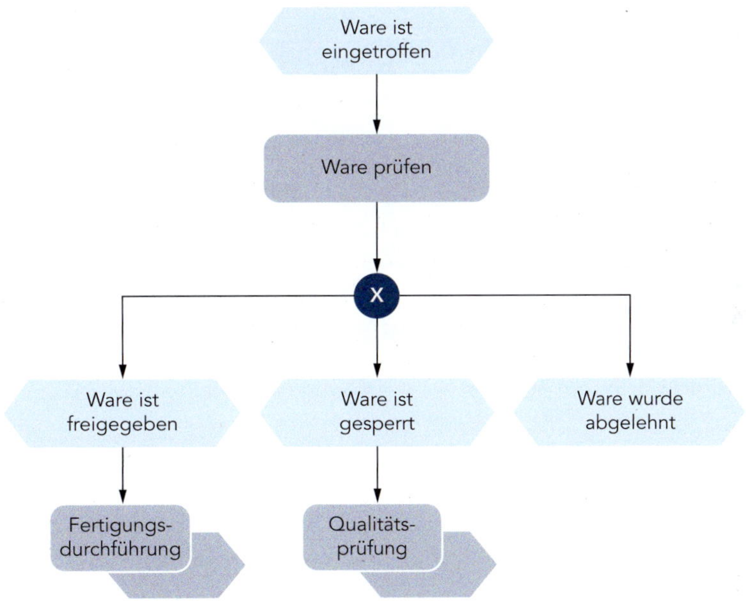

Prof. Dr. Karl-Werner Hansmann, Hamburg

Stau auf einer deutschen Autobahn.

Aufgaben

1. Beschreiben Sie die auf dem Bild festgehaltene Situation und berichten Sie von Ihren eigenen Erfahrungen.
2. Erläutern Sie mögliche Gründe, weshalb es in den letzten Jahren zu einem deutlich höheren Verkehrsaufkommen gekommen ist.
3. Stellen Sie dar, welche Konsequenzen es für Unternehmen haben kann, wenn LKW-Fahrten nicht mehr sicher geplant werden können.

1

Unternehmen als vernetzte Systeme

1.2 Logistik als bereichsübergreifender Prozess

Im Jahr 2020 wurden allein in Deutschland auf Straße, Schiene und mit dem Binnenschiff 4,56 Mrd. Tonnen Güter transportiert. Um sich ein Bild von dieser gewaltigen Transportleistung zu machen: Würde man diese Last auf große 40-Tonnen-Sattelschlepper verteilen, würde man 114 Millionen LKWs benötigen. Aneinander gereiht entspräche die Länge dieser LKW-Kolonne der fünffachen Distanz zwischen Erde und Mond. Dem gegenüber stehen 1,4 Mio. Kilometer registrierten Staus und das allein auf deutschen Autobahnen, was der 3,6-fachen Distanz zwischen Erde und Mond entspricht. Ohne Zweifel nimmt die Logistik einen zentralen Stellenwert in unserem Wirtschaftssystem ein. Zugleich kann man an diesen Zahlen die gewaltigen Herausforderungen erkennen, die Logistiker in den Unternehmen bewältigen müssen.
Zahlen: Statista und Verkehrsrundschau – eigene Berechnungen

Das können Sie nach diesem Kapitel:

- den Logistikprozess von Unternehmen nachvollziehen.
- den Stellenwert der Logistik für Unternehmen einschätzen.
- grundlegende Fragestellungen der Logistik auch vor dem Hintergrund von Arbeitsteilung, Standardisierung und Nachhaltigkeit diskutieren.

1.2.1 Was ist Logistik und welche Aufgaben erfüllt sie?

Das neue Schuljahr ist erst ein paar Wochen alt und der goldene Herbst macht Laune, noch einmal etwas mit Freunden zu unternehmen. Da bietet sich eine Grillparty an. Jeder bringt ein paar Sachen mit und schon ist ein tolles Fest organisiert. Doch ganz so einfach ist es häufig nicht. Damit das Fest ein Erfolg wird, ist sorgfältige Planung notwendig. Wer kommt alles? Wer macht was? Wer bringt was mit? Und was hat die Party mit Logistik in einem Unternehmen zu tun?

M1 Checkliste zur Planung einer Grillparty

Grillparty mit der Klasse

Termin

Die erste Frage, die sich stellt, ist, wann die Grillparty stattfinden soll. Am Wochenende oder eher unter der Woche? Als Schüler hat man nicht so viel Freizeit wie man denkt: Nachmittagsunterricht, Nachhilfe, Musikstunde, Sportverein, Turniere und Wettkämpfe.

Ort

Auch das mit der Location ist nicht so einfach. Wer hat schon einen eigenen Garten, der auch noch groß genug für so eine Party ist und welche Eltern sind damit einverstanden? Dann vielleicht doch ein öffentlicher Ort, wie z. B. ein Park oder See. Aber darf man dort grillen?

Wetter

Gerade im Herbst ist das Wetter in Deutschland häufig wechselhaft und die Feier soll ja nicht „ins Wasser fallen". Wie ist der Wetterbericht für den geplanten Tag? Gibt es Möglichkeiten sich unterzustellen und die Feier auch bei Regen stattfinden zu lassen?

Equipment

Für den privaten Gebrauch haben die meisten einen Grill. Aber ist der Grill auch groß genug für eine Schulklasse? Und selbst, wenn mehrere ihre Grills mitbringen, stellt sich die Frage wie Grill, Kohle, Gasflaschen, etc. zur Location kommen. Gleiches gilt für Bierbänke, Tische, Campingstühle, Geschirr und Besteck und was man sonst noch für die Party braucht.

Speisen und Getränke

Die Verpflegung scheint das kleinste Problem zu sein. Jeder bringt mit, was er möchte und davon etwas mehr. Aber so kann man nicht ausschließen, dass es dann z. B. nur Nudelsalat und Eistee gibt. Besser ist es, wenn man sich abspricht. Aber: gibt es z. B. Vegetarierinnen und Vegetarier in der Klasse? Haben die ein Problem, wenn deren Grillgut zusammen mit einem Steak auf einem Grill liegt? Und wie sieht es aus mit Allergien?

Entsorgung

Wer schon einmal nach einem langen Sommerwochenende auf einem Grillplatz war, weiß, dass es dort manchmal wie auf einer Müllkippe aussieht. Daher sollte auch geklärt sein, wer z. B. Mülltüten, Wischtücher und Wasser mitbringt und ob man Abfälle entsorgen kann.

Bearbeiter

M2 Die „6R" der Logistik

Logistik ist stets ein komplexes Unterfangen und damit ein wahres Labyrinth aus verschiedenen Aufgabenfeldern. Zur Vereinfachung können die Kernaufgaben der Logistik aber auf sogenannte „sechs R" heruntergebrochen werden. Dabei handelt es sich um die [Bereitstellung der]

- richtigen Produkte,
- in der richtigen Menge,
- am richtigen Ort,
- in der richtigen Qualität,
- mit den richtigen Kosten sowie
- zur richtigen Zeit.

© SG Spedition: Die 6 R der Logistik. In: www.sg-spedition.ch (Abruf am 01.12.2021)

Aufgaben

1 a) Planen Sie für Ihre Klassengemeinschaft eine Grillparty am kommenden Wochenende. Nutzen Sie dafür die Kriterien der Checkliste als Impuls (M1).

b) Bewerten Sie anschließend Ihr Vorgehen bei der Organisation der Feier und zeigen Sie auf, wo es ggf. Verbesserungspotential gibt.

2 Vergleichen Sie die von Ihnen zu erledigenden Aufgaben mit den „6R" der Logistik und finden Sie Gemeinsamkeiten und Abweichungen (M2).

3 Erläutern Sie die „6R" am Beispiel eines Automobilherstellers und zeigen Sie damit die Bedeutung eines funktionsfähigen Logistiksystems für Unternehmen auf (M2).

4 Formulieren Sie zentrale Anforderungen, die der Logistikbereich für einen Automobilhersteller erfüllen sollte (M2).

1.2.2 Wofür ist die Logistik im Unternehmen zuständig?

Am Beispiel der Organisation einer Grillparty wurde deutlich, was die Hauptaufgaben der Logistik im Unternehmen sind. Logistik aber rein auf den Transport von Gütern zu reduzieren, ist zu kurz gegriffen. Welche weiteren Aufgaben erfüllt die Logistik im Unternehmen?

M1 Logistiker – Ein Beruf mit vielen Facetten

Meine Aufgabe im Rahmen der Beschaffungslogistik ist es, die mengen-, termin- und qualitätsgerechte Materialversorgung zu garantieren. Dafür wähle ich auch geeignete Lieferanten aus und kümmere mich um die Qualität der angelieferten Waren.

Meine Aufgabe im Rahmen der Entsorgungslogistik ist es, sämtliche Rückstände entlang der Wertschöpfungskette entweder der Wiederaufbereitung zuzuführen, sie fachgerecht zu entsorgen oder zu recyceln. Das beginnt bei der Verpackung und endet bei nicht benötigten Rohstoffen in der Produktion.

Neben den eigentlichen Warenflüssen gibt es parallel noch die zugehörigen Informationsflüsse, so dass ich mich auch um den IT-Bereich kümmern muss. Ohne Computer geht in der Logistik eigentlich nichts mehr.

Meine Aufgabe im Rahmen der Lagerlogistik ist es, die angelieferten Rohstoffe und Waren im Lager sicher und strukturiert aufzubewahren sowie zu verwalten.

Meine Aufgabe im Rahmen der Produktionslogistik ist es, die art- und mengenmäßige, räumlich und zeitlich abgestimmte Versorgung der Produktionsprozesse mit den benötigten Produktionsfaktoren zu gewährleisten. Dafür plane ich Transportwege und versuche, die Lagerbestände in der Produktion gering zu halten.

Meine Aufgabe im Rahmen der Absatzlogistik ist es, unseren Kunden, unter Einhaltung von vorgegeben Gütekriterien, die georderten Waren bereitzustellen. Dabei muss ich räumliche, zeitliche und mengenmäßige Disparitäten der Produktion ausgleichen. Ebenso kümmere ich mich um eine sichere Verpackung und den Service.

Bearbeiter

M2 Teilbereiche der Logistik

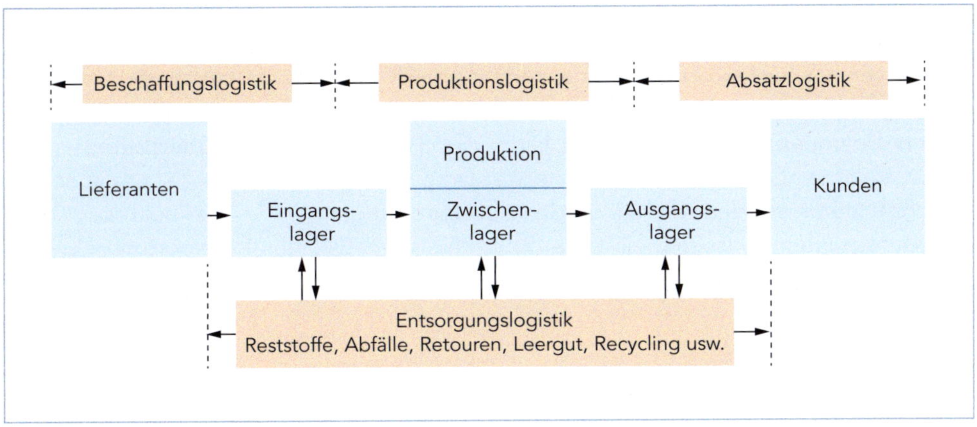

Eisenschink, Christian: Die Prüfung der Wirtschaftsfachwirte, 8. Auflage, 2021 ISBN 978-3-470-60568-5, S. 295

M3 Logistik von Informationen?

Der Monteur an der Fertigungsstraße eines Automobilherstellers bekommt die Information, welches Bauteil in das nächste Fahrzeug eingebaut werden soll. Der Kraftfahrer des Spediteurs bekommt die Information, wo er welche Bauteile abholen soll und an welchem Umschlagplatz im Automobilwerk er wann seine Ladung löschen soll. Der Disponent der Spedition bekommt die Meldung, wann und wo welche Ladungsmengen abzuholen und auszuliefern sind und kann damit den Einsatz der LKW planen. Der Hersteller des Bauteils bekommt die Meldung, wann und in welchen Mengen bestimmte Bauteile abgerufen werden. [...] Die Informationslogistik zur Unterstützung von Geschäfts- und Kommunikationsprozessen wird zunehmend komplexer – und von Unternehmen immer häufiger als problematisch wahrgenommen. Dabei sind eine schnelle und umfassende Bereitstellung von Informationen und eine innovative und zielgerichtete Kundenkommunikation erfolgskritische Faktoren.

© ntu: Informationslogistik. In: www.n-tu.de (Abruf am 21.12. 2021)

Aufgaben

1. Belegen Sie, dass die Logistik in nahezu allen Bereichen des Unternehmens tätig ist (M1).
2. Erläutern Sie Anforderungen, die an einen Logistiker gestellt werden (M1).
3. Recherchieren Sie arbeitsteilig, mit welchen Aufgaben sich die verschiedenen Teilbereiche der Logistik beschäftigen und präsentieren Sie Ihre Ergebnisse vor der Klasse (M2).
4. Begründen Sie, weshalb es sinnvoll ist, dass die Logistik sich auch um die Lagerverwaltung im Unternehmen kümmert (M2).
5. Erläutern Sie, inwiefern auch in der Logistik realwirtschaftliche und informationstechnologische Prozesse miteinander verknüpft sind (M3).

1.2.3 Welches Transportmedium sollte man wählen?

Tomaten aus Südeuropa, Kaffee aus Mittelamerika, Fernseher aus Asien. Längst ist unser Konsumverhalten globalisiert und bringt nicht nur Vorteile. Endlose LKW-Kolonnen auf der Autobahn, Lärm, Abgase, Ressourcenverbrauch und Klimawandel. Dabei steigt nicht in erster Linie die Gesamtmenge der transportierten Güter, sondern die Länge der einzelnen Wegstrecken. Aber auch aus Kostengründen muss sich ein Unternehmen fragen, welches Transportmedium es für die jeweilige Ware auswählen sollte.

M1 Güterverkehr in Deutschland (in Mrd. Tonnenkilometer)

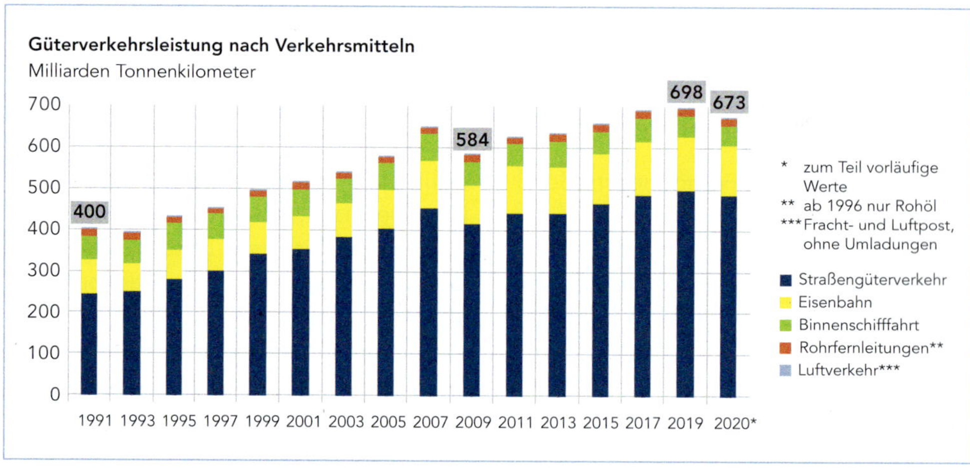

Quelle: Bundesministerium für Verkehr und digitale Infrastruktur (Hrsg.), Verkehr in Zahlen 2021/2022, S. 244f. und vorherige Jahrgänge

M2 Vergleich der verschiedenen Transportmittel

4 A Containerschiff Madrid Maersk

Kapazität:	20.568 Container
Größe:	399 m x 58,6 m
Reichweite:	global
Geschwindigkeit:	34,3 km/h (18,5 kn)
CO_2-Ausstoß:	3 g pro Tonne u. km

4 B Güterzug

Kapazität:	52 Container
Größe:	740 m Länge
Reichweite:	Elektrisch unbegrenzt
Geschwindigkeit:	90 – 120 km/h
CO_2-Ausstoß:	18 g pro Tonne u. km

Zahlen CO_2: Zukunft Mobilität

M3 Muss Logistik „grüner" werden?

Einerseits wird die Sensibilität in der Gesellschaft für nachhaltiges Konsumieren und Wirtschaften immer stärker. Andererseits lässt man sich immer öfter Produkte liefern – im Wissen, dass dies für ein größeres Verkehrsaufkommen und höheren CO_2-Ausstoß sorgt. Während Städte auf den Ausbau des öffentlichen Verkehrs und die Verbesserung der Infrastruktur für Radfahrer und Fußgänger setzen, verstopfen immer mehr Lieferfahrzeuge die Straßen, blockieren Gehwege und Zufahrten, was die Umwelt- und Lebensqualität massiv einschränkt.

Doch nicht nur der Effizienzdruck auf Paketboten steigt – möglichst viele Zustellungen in möglichst kurzer Zeit, am richtigen Ort. Vielmehr muss sich die Logistikbranche inzwischen auch darüber verstärkt Gedanken machen, wie sie ihren ökologischen und sozialen Reifenabdruck verringern kann. Zu einer nachhaltigen Ausrichtung gehören daher auch faire Arbeitsbedingungen und Löhne.

Seitz, Janine/Schleicher, Theresa: Green Logistics. In: Retail Report 2016

Aufgaben

1 a) Analysieren Sie die Entwicklung des Güterverkehrs in Deutschland. Gehen Sie dabei auf die Bedeutung der verschiedenen Verkehrsmittel ein (M1).

b) Begründen Sie den hohen Stellenwert des Transports per Lkw (M1).

2 Erläutern Sie, welche Güter mit welchem Transportmittel befördert werden (M2).

3 Beziehen Sie Stellung zur ökologischen Komponente der Logistik (M2).

4 Diskutieren Sie den Transport von Gütern mittels Frachtflugzeug (M2).

5 Recherchieren Sie nach Alternativen zum LKW-Transport im Rahmen einer „Green Logistic" (M3).

1.2.4 Wie kann man durch Standardisierung Kosten sparen?

Ein kombinierter Güterverkehr ist insbesondere aus ökologischen Gründen wünschenswert. Durch die sinnvolle Kombination von Schiff, Bahn und LKW lassen sich die Stärken der jeweiligen Transportmittel optimal nutzen. Prinzipiell bedeutet aber jedes Umladen wieder Kosten. Es stellt sich die Frage, wie man durch Standardisierung in der Logistikkette Kosten sparen kann.

M1 Logistik mal anders

Innovative Transportlösungen

M2 Standardisierung in der Logistik

Getränkelaster

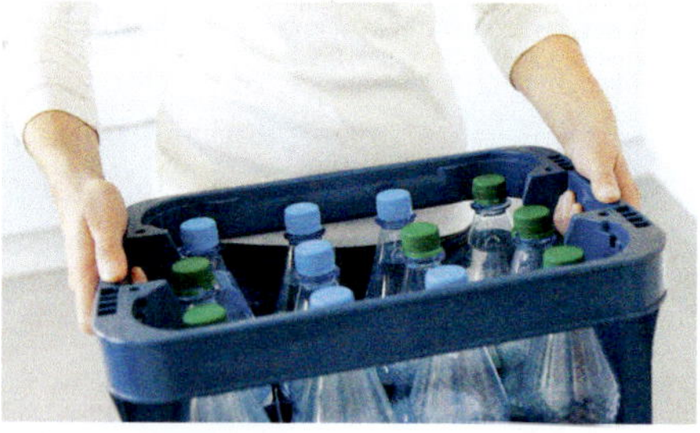

Kleinladungsträger

Euro-Palette

M3 Der Barcode als Standard in der Logistik

Die wohl geläufigste Alltagsanwendung ist die Zahlungsabwicklung in den SB-Supermärkten. […] Die Kassiererin tippt nicht mehr die Preise in die Registrierkasse, sondern scannt den Barcode ab. Im Warenwirtschaftssystem sind für jeden Code der aktuelle Preis, Artikelbezeichnung und andere Informationen hinterlegt. Zugleich wird dadurch die Bestandskontrolle durchgeführt und sofern der Bestand einen kritischen Punkt erreicht, werden automatisch Bestellvorgänge ausgelöst. […]
In der Logistik ist die Barcode-Technik in vielen Bereichen anzutreffen. Als Erfassmethode von Waren spielt sie bei der Kommissionierung eine wichtige Rolle. Neben den Waren selbst werden die Auftragspapiere gescannt. Hier ist ein Code entweder aufgedruckt oder per Etikett aufgeklebt. Dies ermöglicht die exakte Zuordnung zwischen dem jeweiligen Auftrag und den kommissionierten Waren.
Wie bei jeder anderen Technik bedarf es auch hier bestimmter Voraussetzungen, damit ein reibungsloses Funktionieren gewährleistet werden kann. Der Strichcode darf nicht verschmutzt sein und das Muster muss dem System bekannt sein. […] Bei der automatisierten Bestandserfassung ist die Barcode-Technik hingegen nicht sonderlich geeignet. Denn erstens können die Packstücke und Güter nur sequentiell erfasst werden und zweitens ist eine Erfassung nur möglich, wenn ein direkter Sichtkontakt zwischen Lesegerät und Strichcode vorliegt. Daher haben sich hier mittlerweile andere Verfahren wie die RFID-Technologie durchgesetzt, die eine Bestandsabgleichung auf Knopfdruck ermöglichen.

© Logistikbranche: Barcode-Technik.
In: www.logistikbranche.net (Abruf am 01.12.2021)

Aufgaben

1. Erläutern Sie die Problematik, die beide Fallbeispiele im Hinblick auf den Transport von Gütern aufzeigen (M1).
2. Zeigen Sie auf, inwiefern es sich bei den Abbildungen um Standardisierung handelt (M2).
3. Erläutern Sie am Beispiel der Auslieferung von Getränken, inwiefern die verschiedenen Standards aufeinander abgestimmt sind (M2).
4. Begründen Sie, warum es sich bei dem Barcode um eine Standardisierung handelt (M3).
5. Recherchieren Sie nach weiteren Beispielen von Standardisierung in der Logistik.
6. Recherchieren Sie, inwiefern die RFID-Technologie die Logistik revolutionieren könnte (M3).
7. Diskutieren Sie den Einsatz von Standardisierungen in der Logistik.

1.2.5 Wie kann man Störungen im Logistikfluss vermeiden?

Anfang 2020 griffen zwei britische Automobilhersteller zu unorthodoxen Mitteln, als sie dringend benötigte Bauteile in herkömmlichen Reisekoffern aus China einfliegen ließen. Notwendig wurde diese Maßnahme aufgrund der Störung der globalen Lieferketten durch die Corona-Pandemie. Üblicherweise werden die Autoteile auf dem zwar langen, aber deutlich günstigeren Seeweg nach Europa transportiert. Doch was hätte man sonst tun sollen, wenn so eine massive Störung auftritt? Am besten natürlich vermeiden. Aber wie lässt sich ein reibungsloser Logistikfluss gewährleisten?

M1 Ansätze zur Verbesserung des Logistikflusses

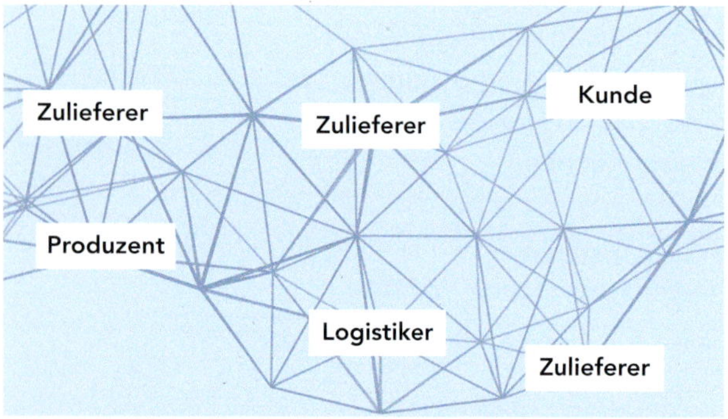

Digitale Vernetzung

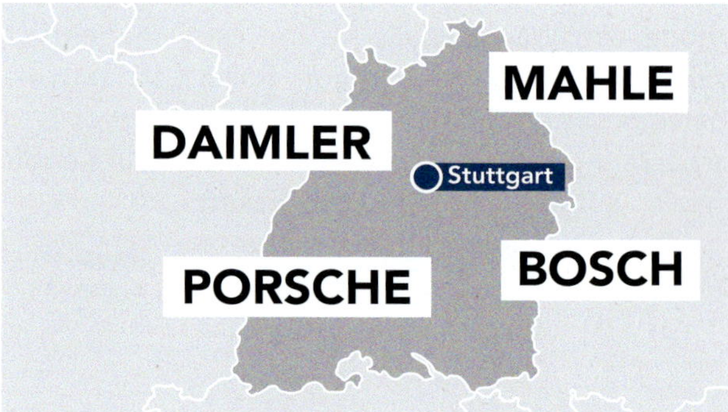

Clusterbildung von Industrieunternehmen in einer Region

Autonom fahrender LKW

Platooning von LKWs

M2 Mit Schwarmintelligenz Logistikprozesse optimieren

Ameisen sind gute Logistiker. Doch die Betonung liegt auf dem Plural „Ameisen“. Denn ihre erstaunlichen Leistungen bei der Orientierung und der Wegeoptimierung vollbringen diese Tiere immer im Kollektiv. Schwarmintelligenz nennt man das. […] Auf Futtersuche hinterlassen die Tiere eine wahrnehmbare Pheromonspur. Die übrigen Ameisen bevorzugen Wege mit höherer Pheromonkonzentration. Ameisen, die einen kürzeren Weg gefunden haben, kommen auf demselben Weg auch wieder schneller zum Nest zurück. Dabei geben sie erneut Duftstoffe ab. Auf diesen besonders kurzen Wegen steigt also die Pheromonkonzentration schneller. Das „riechen" die anderen und die bekannten Ameisenstraßen entstehen. […]

[Dieses Vorgehen] lässt sich mühelos auf logistische Tourenplanung übertragen. Ein Handlungsreisender plant Termine in einer Reihe von Städten. Jede Stadt will er nur einmal besuchen und am Ende wieder am Startpunkt ankommen. Das Ganze auf dem kürzesten Weg. Klingt trivial. Für kleine Szenarien in der Größenordnung von 5 Städten ist es noch einfach, eine Lösung zu errechnen. Doch mit jeder weiteren Stadt verdoppelt sich die Rechenzeit. Für eine Tour durch 16 Städte gibt es bereits 653.837.184.000 verschiedene Varianten. […]

Ameisenalgorithmus

Hier kommt der Ameisenalgorithmus zum Tragen: In Computersimulationen werden zufällig ausgewählte Routen virtuell bewertet: Je kürzer, desto höher die Punktzahl. Die digitalen Ameisen, die nun folgen, wählen verstärkt die Route mit dem besten Ranking. So liefert der Algorithmus schnell zwar nicht die absolut kürzeste, aber eine sehr gute Route.

Schwitzgebel, Frieder: Mit Schwarmintelligenz Logistikprozesse optimieren. In: www.logistik-aktuell.com, 20.03.2019

Aufgaben

1. Begründen Sie, weshalb die beiden Automobilhersteller zu einer derart ungewöhnlichen und teuren Maßnahme gegriffen haben (Einleitungstext).
2. Zeigen Sie weitere Ursachen für Probleme im Logistikfluss auf.
3. Erläutern Sie, inwiefern die dargestellten Ansätze dazu beitragen, den Logistikfluss zu verbessern. Recherchieren Sie ggf. unbekannte Fachbegriffe (M1).
4. Begründen Sie, inwiefern eine Clusterbildung Chancen aber auch Risiken birgt (M1).
5. Erläutern Sie, warum die optimale Routenplanung derart aufwendig ist (M2).
6. Begründen Sie, inwiefern vernetzte LKWs „Schwarmintelligenz" von Ameisen zur Routenoptimierung nutzen könnten (M1, M2).
7. Diskutieren Sie Chancen und Risiken einer zunehmenden Digitalisierung der Logistik.

1.2.6 Welche Rolle spielen externe Partner in der Logistik?

Bestellt man Waren im Internet, so werden diese meist von einem Paket- oder Kurierdienst geliefert. Nur wenige Unternehmen in Deutschland unterhalten eine eigene Transportflotte. Die meisten vertrauen die Auslieferung ihrer Waren einem externen Logistikdienstleister an. Aber weshalb ist das so?

M1 Basis- und Zusatzleistungen eines Logistikdienstleisters

Basierend auf: tka Logistik

M2 Wann macht ein externer Logistikdienstleister Sinn?

Überwiegend haben wir beobachtet, dass eine der größten Überlegungen […] die Kosteneinsparung und Wirtschaftlichkeit der Lagerhaltung ist. Ist der Anteil [der] Logistikkosten am Umsatz etwa 20–25 % [Logistikkosten / Umsatz], so ist dies ein geeigneter Indikator, um über einen externen Logistik-Profi nachzudenken. […]

Bei vielen Unternehmen, die Ihre Produktion ausdehnen wollen und räumliche Kapazitätsengpässe vorweisen, wird die Lagerhaltung als das kleinere Glied in der Wertschöpfung des Unternehmens betrachtet und somit Platz für neue Produktionsfläche geschaffen. Dies bedeutet: Die vorhandene Lagerfläche muss der Produktionsfläche weichen. […]

Die Logistikplanung ist ein langfristiges Geschäft: Dabei werden neben den Anforderungen an Flexibilität und Erweiterbarkeit oftmals Instandhaltungsmaßnahmen übersehen. So ist die Logistikplanung nicht als einmalige […] Investition zu betrachten, sondern als fortlaufendes Geschäft. Sind beispielsweise die Lager und

Räumlichkeiten veraltet, macht es durchaus Sinn Überlegungen zu treffen, ob man größere Investitionen in das alte Lager tätigt oder ob diese Investitionen [für] Leistungen eines externen Dienstleisters aufgewendet werden sollen. […]
Saisonal und trendabhängige Nachfrageschwankungen können in den Lagern kurzfristig mit Zeitarbeitskräften abgedeckt werden. Schwierig ist es jedoch, wenn größere Engpässe entstehen. Möchte man bei den Nachfrageschwankungen jedoch flexibel bleiben ohne Investitionen (Kauf von Geräten, Personal, etc.) zu tätigen, so kann auf die Kapazitäten und die Erfahrung eines externen Logistikunternehmens zurückgegriffen werden. […]
Wenn die Koordination und Abwicklung es zulassen können mehrere Lager zusammengefasst werden. Beispielsweise bei der Übernahme eines Unternehmens, bei einer Fusion oder Reduzierung der Produktion von verschiedenen Produkten. Hier wird auf die Erfahrung und das Know-How von Logistik-Profis großen Wert gelegt, da hier oftmals Schwierigkeiten beim Handling und der Kommissionierung auftreten.

Matzelle, Stephan: Gute Gründe für einen externen Logistikdienstleister. In: www.confid-logistics.de, 25.11.2021

M3 Ausgelagerte Logistikbereiche in Deutschland

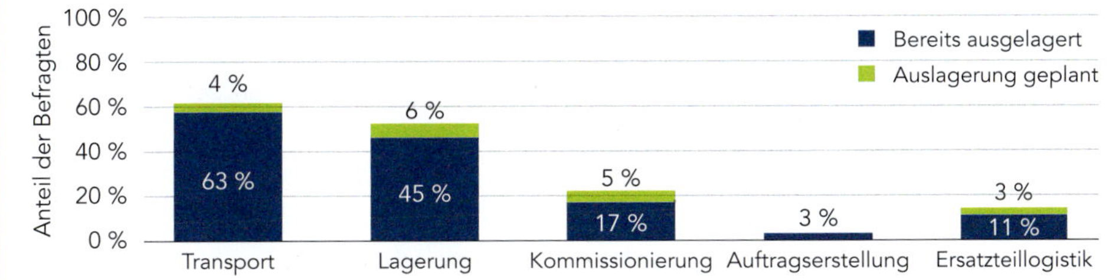

Basis: über 360 Verlader und 170 Dienstleister aus Europa, Mittel-/ und Südamerika

Zahlen aus: Miebach Consulting, Outsourcingstudie 2020

Aufgaben

1. Erläutern Sie Vorteile, die Zusatzangebote eines Logistikdienstleisters für den Hersteller/Kunden mit sich bringen (M1).
2. Begründen Sie, inwiefern auch der Logistikdienstleister von diesen Zusatzangeboten profitieren kann (M1).
3. Sammeln Sie Argumente, die für die Auslagerung der Logistik an einen externen Dienstleister sprechen (M2).
4. Diskutieren Sie, inwiefern Synergien aus der Zusammenarbeit zwischen Kunden, Logistikdienstleister sowie anderen Kunden des Dienstleisters entstehen können.
5. Erläutern Sie, weshalb bestimmte Bereiche der Logistik von Unternehmen häufiger auf externe Dienstleister ausgelagert werden als andere (M3).
6. Diskutieren Sie aus der Sicht eines Automobilherstellers und eines Lebensmittelimporteurs die Zusammenarbeit mit einem externen Logistikdienstleister.

Fachwissen im Zusammenhang – Lernbereich 1.2

Aufgaben und Ziele der Logistik

➥ Kapitel 1.2.1, Kapitel 1.2.2

Eine der wichtigsten Aufgaben in einem Unternehmen ist die reibungslose Gestaltung des Material-, Wert- und Informationsflusses, um den betrieblichen Leistungsprozess optimal am Laufen zu halten.

Logistik umfasst dabei alle Aufgaben zur integrierten Planung, Koordination, Durchführung und Kontrolle der Güterflüsse sowie der güterbezogenen Informationen.

Logistik sichert damit die Verfügbarkeit des richtigen Gutes, in der richtigen Menge, im richtigen Zustand, am richtigen Ort, zur richtigen Zeit, für den richtigen Kunden, zu den richtigen Kosten (= **„6 R" der Logistik**).

Teilbereiche der Unternehmenslogistik

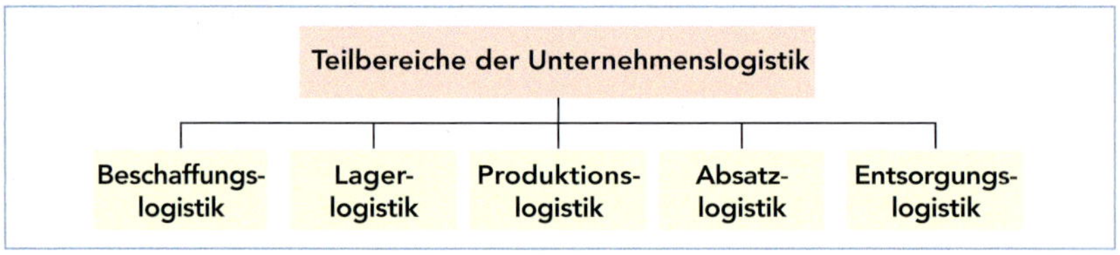

Eisenschink, Christian: Die Prüfung der Wirtschaftsfachwirte, 8. Auflage, 2021 ISBN 978-3-470-60568-5, S. 295

Grundfragen der Logistik

➥ Kapitel 1.2.3, Kapitel 1.2.4, Kapitel 1.2.5, Kapitel 1.2.6

Im Rahmen der Logistik müssen u. a. folgende Fragestellungen immer wieder neu geprüft und ggf. angepasst werden:

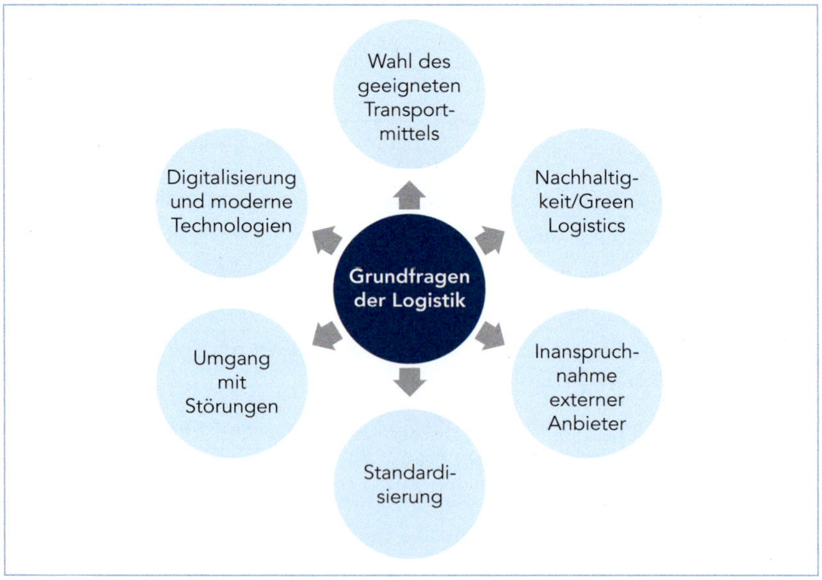

In vielen Fällen können moderne Technologien zur Optimierung des Logistikflusses beitragen. Neben der digitalen Vernetzung von Unternehmen und Zulieferern spielen dabei automatisierte Identifikationsverfahren wie Barcode und RFID-Technologie eine wichtige Rolle.

Vor- und Nachteile von Outsourcing der Logistik
➥ Kapitel 1.2.6

Anstelle den Logistikfluss selbst zu organisieren, können Unternehmen auch auf externe Logistikdienstleister zurückgreifen. Diese übernehmen sowohl Teilbereiche als auch den kompletten Bereich der Logistik

Vor- und Nachteile von Outsourcing* der Logistik

Vorteile	Nachteile
• Weniger Aufwand für das auslagernde Unternehmen • Einsparung von Kosten für eigenes Personal, Fuhrpark, Lagerhaltung etc. • Ggf. Freisetzen von räumlicher Kapazität im eigenen Unternehmen • Abfangen von Nachfrageschwankungen durch zusätzliche Kapazitäten des externen Partners. • Nutzen des Know-hows des Experten • Ggf. Inanspruchnahme von weiteren Diensten des Experten • Fokussierung auf die eigenen Kernkompetenzen • Kosten sind leichter zu kalkulieren, bei festen Preisen des Logistikdienstleisters	• Verlust an eigener Kompetenz im Bereich der Logistik • Weniger Kontrolle und Eingriffsmöglichkeiten bei Störungen • Abhängigkeit von dem Logistik-Dienstleister • Ggf. geringere Flexibilität als bei eigener Logistikabteilung • Kosten für die Inanspruchnahme der Dienste des Logistikanbieters sind ggf. höher als bei eigener Leistung • Verlust an eigener Wertschöpfung bzw. eines Teils der Wertschöpfungskette

*Auslagerung auf einen externen Anbieter

Eine Kundin kauft einen Neuwagen im Autohaus.

Aufgaben

1 Visualisieren Sie einen möglichen Ablauf (z. B. in diagrams.net), wie ein Auto von der Bestellung bis zur Übergabe an die Kundin im Autohaus kommt.

2 Ergänzen Sie in ihrer Visualisierung die wahrscheinlich am Prozess beteiligten Abteilungen bzw. weitere Unternehmen.

3 Zeigen Sie im Diagramm auf, an welchen Stellen der Prozess durch Informationstechnologien unterstützt werden könnte.

4 Vergleichen Sie Ihre Lösungen in der Klasse und erklären Sie sich Unterschiede.

1 Unternehmen als vernetzte Systeme

1.3 Beschaffung, Produktion und Absatz

Vor allem im produzierenden Gewerbe kommt den Bereichen Beschaffung, Produktion und Absatz eine besondere Bedeutung zu: Dort findet der Großteil der Wertschöpfung statt. Allerdings dürfen diese Bereiche nicht getrennt voneinander arbeiten und planen, sondern müssen immer eng vernetzt und den Prozess im Blick habend interagieren – sonst fehlen plötzlich Teile in der Produktionshalle oder der Kunde bekommt ein falsches Produkt.
Besonders deutlich zeigt sich in diesen Bereichen die fortschreitende Automatisierung und Digitalisierung: Von vollautomatisierten Lagern über robotergesteuerte Fertigung bis hin zum Einsatz von Chatbots im Absatzbereich und bei der Kundenbetreuung finden sich hier unterstützende IT-Systeme.

Das können Sie nach diesem Kapitel:

- Vorgänge aus den Bereichen Beschaffung, Produktion und Absatz auch mithilfe von erweiterten ereignisgesteuerten Prozessketten (eEPK) nachvollziehen.
- grundlegende Entscheidungen in den Bereichen Beschaffung, Produktion und Absatz unter den Aspekten Qualität, Zeit und Kosten diskutieren.
- die Auswirkungen aktueller informationstechnischer Entwicklungen auf die Bereiche Beschaffung, Produktion und Absatz abschätzen.

1.3.1 Warum in Prozessen denken?

Ein Klick, und schon ist die Ware bei den meisten Online-Händlern bestellt. Ein Auftrag beim Autohaus, und schon wird die Bestellung ins System eingespeist und die Produktionsplanung für das individualisierte Auto beginnt beim Hersteller automatisch. Aber wie läuft eigentlich der Prozess nach einer Bestellung weiter? Und warum ist es wichtig, den ganzen Prozess im Auge zu behalten?

M1 Automobilproduktion

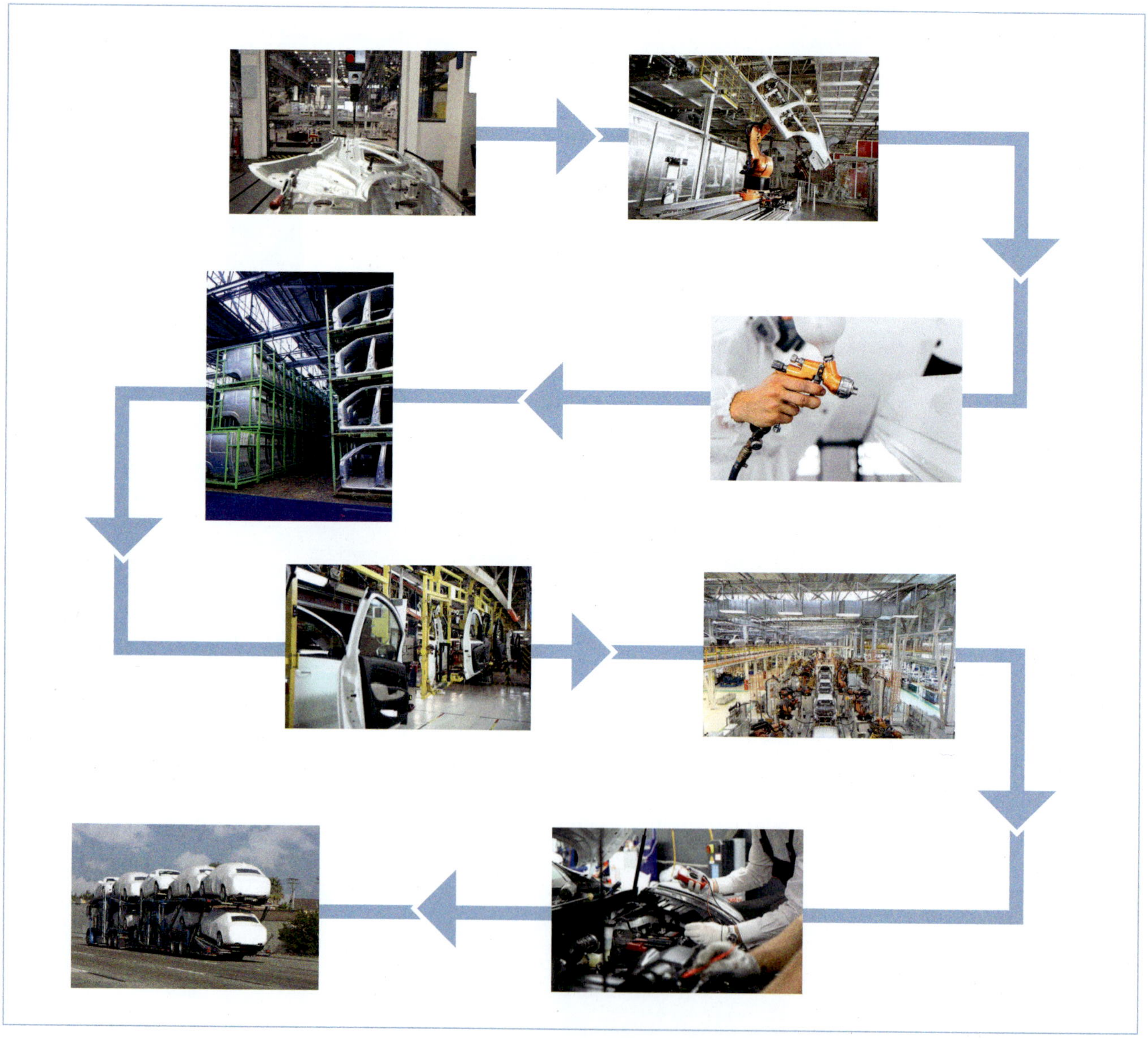

Basierend auf: Meißner, Heinz-Rudolf: Automobilproduktion in der Prozess- oder Wertschöpfungskette

M2 Was will der Kunde?

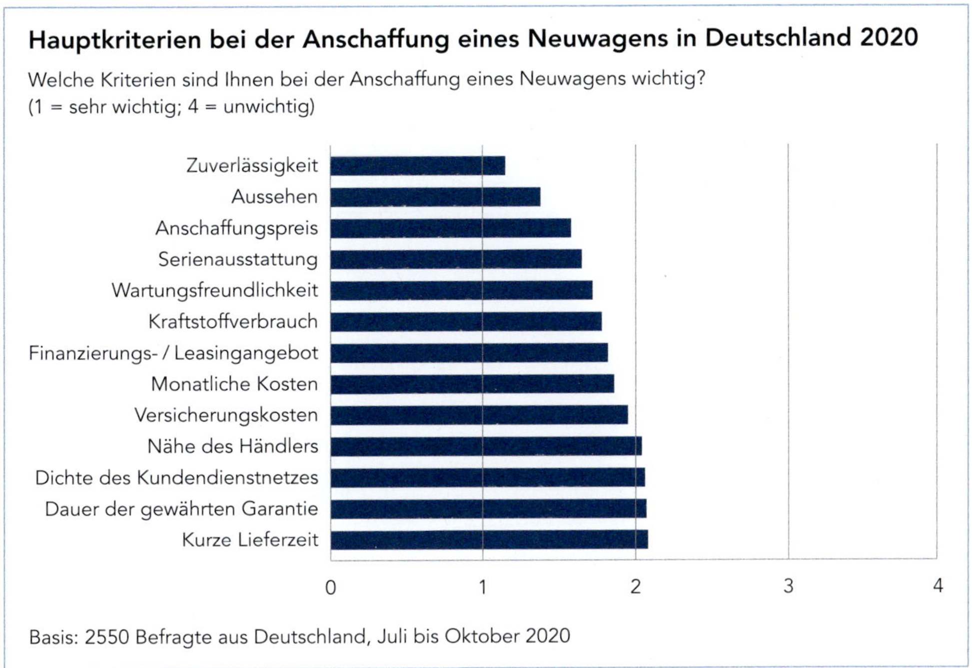

Quelle: Statista 2021

Aufgaben

1. Beschreiben Sie den Ablauf einer Automobilproduktion anhand M1. Ordnen Sie dabei folgende Begriffe einzelnen Abschnitten in M1 zu: Lackierung, Türenmontage, Presswerk, Auslieferung, Rohbau, Endmontage, Qualitätskontrolle, Trocknungsstapel.
2. Legen Sie dar, welche Teile des Produktionsprozesses im und außerhalb des Unternehmens nicht dargestellt sind (M1).
3. Zeigen Sie anhand des dargestellten Produktionsprozesses (M1) notwendige Informationsströme zwischen Produktion, Beschaffung und Absatz auf und formulieren Sie grundsätzliche betriebswirtschaftliche Fragestellungen, die in diesem Zusammenhang gelöst werden müssen.
4. Begründen Sie anhand des dargestellten Prozesses (M1), warum innerhalb von Unternehmen in Prozessen und nicht innerhalb der Abteilungen gedacht werden muss.
5. Erklären Sie, dass eine Verringerung der Produktionszeit Wettbewerbsvorteile erbringen kann. Recherchieren Sie dazu auch, wie lange die Herstellung anderer Autos durchschnittlich dauert.
6. Begründen Sie anhand von M2, dass in der Automobilproduktion neben dem Faktor Zeit auch die Aspekte Qualität und Kosten eine Rolle spielen.
7. Begründen Sie, dass die drei Größen Qualität, Zeit und Kosten ein magisches Dreieck bilden (M1, M2).

1.3.2 Wie erhöht man den Informationsgehalt von EPKs?

Mithilfe von ereignisgesteuerten Prozessketten (EPKs) ist es möglich, auch komplexere Abläufe in einem Unternehmen klar und nachvollziehbar zu modellieren und damit zu dokumentieren. Bisher bildet die EPK aber nur eine Abfolge von Funktionen und Ereignissen ab. Wie kann man den Informationsgehalt dieser Darstellung verbessern, welche Informationen sind mit Blick auf den Prozess noch notwendig?

M1 Bestellprozess bei der C.C. Belts GmbH

Das Unternehmen C.C. Belts GmbH (Custom Created Belts) produziert und verkauft neben Standardmodellen auch individuell gestaltbare Gürtel. Diese variieren in Länge, Material, Muster und Schnalle und können über den Onlineshop individuell gestaltet werden. Einige der Modelle in oft gewählten Größen und Designs produziert das Unternehmen im Voraus und hält diese auf Lager. Die restlichen Modelle werden direkt nach einer Bestellung gefertigt. Geht eine Bestellung ein, so überprüft die Mitarbeiterin im Servicecenter die Verfügbarkeit des Gürtels. Dazu gleicht sie den im Lagersystem gespeicherten Bestand mit der Bestellung ab. Ist der Gürtel auf Lager, so beauftragt sie elektronisch über ein unternehmensinternes Bestellsystem den Picker, damit dieser den Gürtel aus dem Lager holt, aus dem System ausbucht und zur Packstation bringt. Ist das bestellte Modell des Gürtels nicht auf Lager, so leitet die Servicemitarbeiterin die Bestelldaten elektronisch an das Produktionsteam weiter, die daraufhin mit dem Fertigungsprozess beginnen und nach Abschluss die Ware zur Packstation bringen. Dort wird der Gürtel verpackt und das Paket adressiert. Dazu druckt der Mitarbeiter an der Packstation die im System zur Bestellung hinterlegte Adresse aus und sortiert das Paket entsprechend der gewählten Versandoption in einen Rollcontainer ein. An der Verladestation übergibt ein Mitarbeiter die Pakete eines Rollcontainers an den Mitarbeiter des Logistikdienstleisters. Dabei werden die Pakete nochmals gescannt und so aus dem Bestellsystem des Unternehmens ausgebucht. Parallel zur Ausbuchung verschickt das System eine automatische Versandmitteilung an den Kunden.

Bearbeiter

Picker:
Person, die Güter für Kunden oder eine Produktion aus dem Lager zusammenstellt und diese für den rechtzeitigen Versand bzw. die Weiterverarbeitung vorbereitet.

M2 Was will der Kunde?

Im Rahmen eines betrieblichen Praktikums arbeiten immer wieder Schülerinnen und Schüler eine Woche lang bei der C.C. Belts GmbH. Am ersten Tag bekommen sie zur Einarbeitung immer den Bestellprozess als EPK vorgelegt (vgl. QR-Code). Bei den meisten Praktikanten lässt

Individualisierte Gürtel werden auch heute noch handwerklich produziert.

die Darstellung jedoch noch Fragen offen. Viele sind sich ihrer Aufgabe nicht bewusst und wissen nicht, welche Tätigkeiten sich hinter den jeweiligen Funktionen verstecken.

Bearbeiter

M3 Informationssystem im Unternehmen

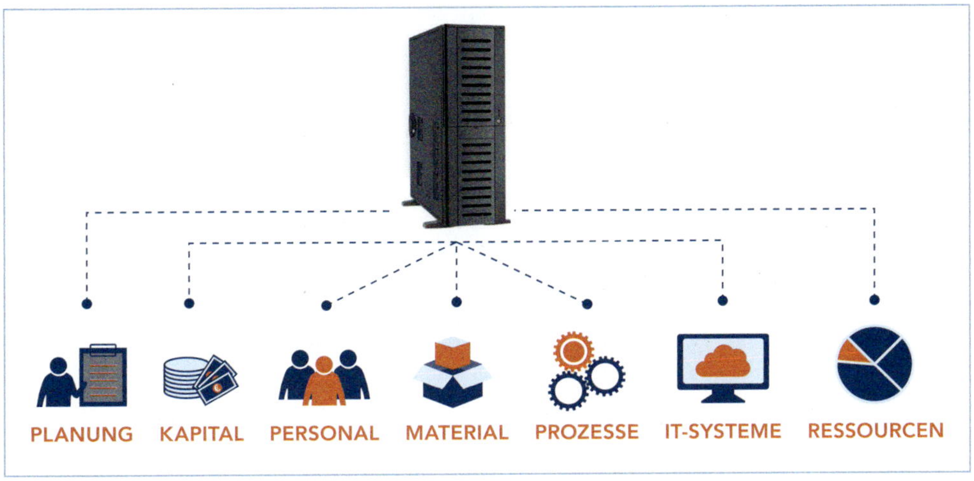

© SOG

Aufgaben

1 Modellieren Sie in draw.io mithilfe der vorgegebenen Ereignisse die EPK zu dem in M1 beschrieben Ablauf. Nötige Konnektoren können Sie selber beschriften.
Hinweis: Laden Sie die hinter dem QR-Code (vgl. QR-Code zu Aufgabe 1) stehende draw.io-Datei auf ihren Rechner und speichern sie diese dort. Gehen Sie anschließend auf die Seite draw.io und öffnen Sie von dort aus die auf Ihrem Rechner heruntergeladene, entpackte und gespeicherte Datei.

2 a) Arbeiten Sie unter Verwendung des Textes M1 die von den Praktikanten benötigten Informationen heraus, die nicht in der EPK (vgl. QR-Code zu Aufgabe 2) enthalten sind.
b) Zeigen Sie allgemein Informationsdefizite einer EPK auf.

3 Ergänzen Sie auf der Grundlage der Anwendungsseite zur erweiterten ereignisgesteuerten Prozesskette (Folgeseite), der Prozessbeschreibung M1 und dem nebenstehenden QR-Code die EPK zu einer eEPK.

4 Zeigen Sie am Beispiel des in M1 beschriebenen Prozesses und der Darstellung M3 Vorteile von Informationssystemen innerhalb eines Unternehmens auf.

5 Entwickeln Sie Ideen, um den in Aufgabe 3 modellierten Prozess vor dem Hintergrund der Steuergrößen Qualität, Zeit und Kosten effizienter zu gestalten.

Materialien zu Aufgabe 1

Mediencode: 82110-05

Materialien zu Aufgabe 2

Mediencode 82110-06

Anwendungsseite: Erweiterte ereignisgesteuerte Prozesskette

Ereignisgesteuerte Prozessketten (vgl. Methodenseite S. 16 f.) ermöglichen eine standardisierte Modellierung von Geschäftsprozessen. Durch die Erweiterung zur eEPK wird die Modellierung aussagekräftiger.

M1 Die neuen Komponenten einer erweiterten ereignisgesteuerten Prozesskette (eEPK)

Um die in einer EPK vorhandenen Informationsdefizite auszugleichen, ergänzt man diese um folgende Symbole, die jeweils den Funktionen zugeordnet werden:

Komponente	Symbol	Definition und Beschreibung
Informations-objekt		Informationsobjekte, z. B. Dateien, Dokumente, Systeme
Organisationseinheit		Organisationseinheiten oder Stellen, z. B. Beschaffung, Produktion, Absatz
Lese- oder Schreibzugriff	- - - - - - - - ►	Schreibender oder lesender Zugriff einer Funktion auf ein Informationsobjekt, z. B. Eintrag in ein Dokument

Bearbeiter

M2 Symbolische Darstellung einer eEPK

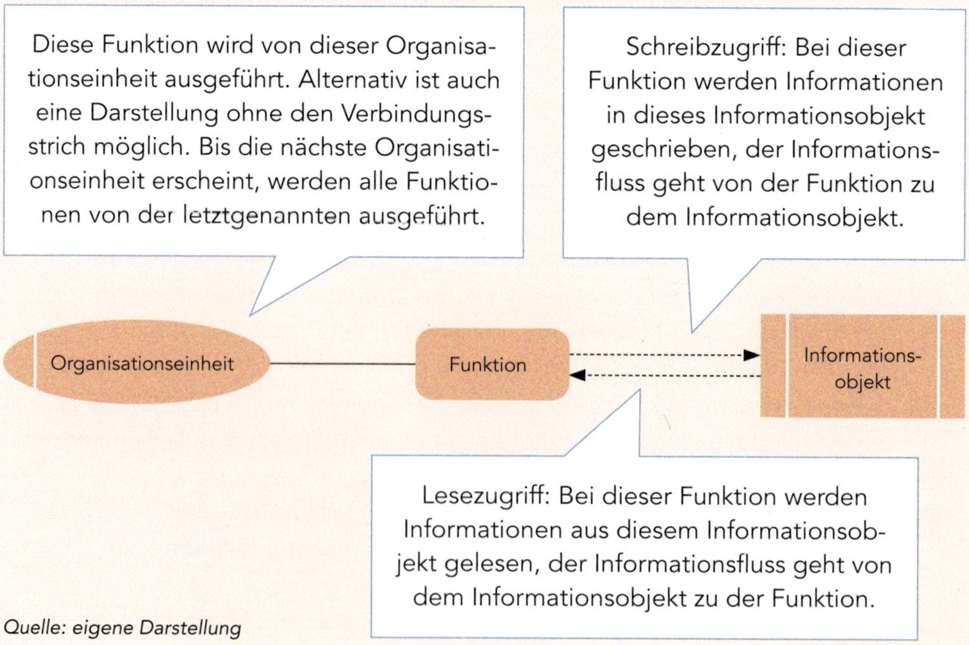

Quelle: eigene Darstellung

M3 eEPK für die Bearbeitung einer Kundenanfrage

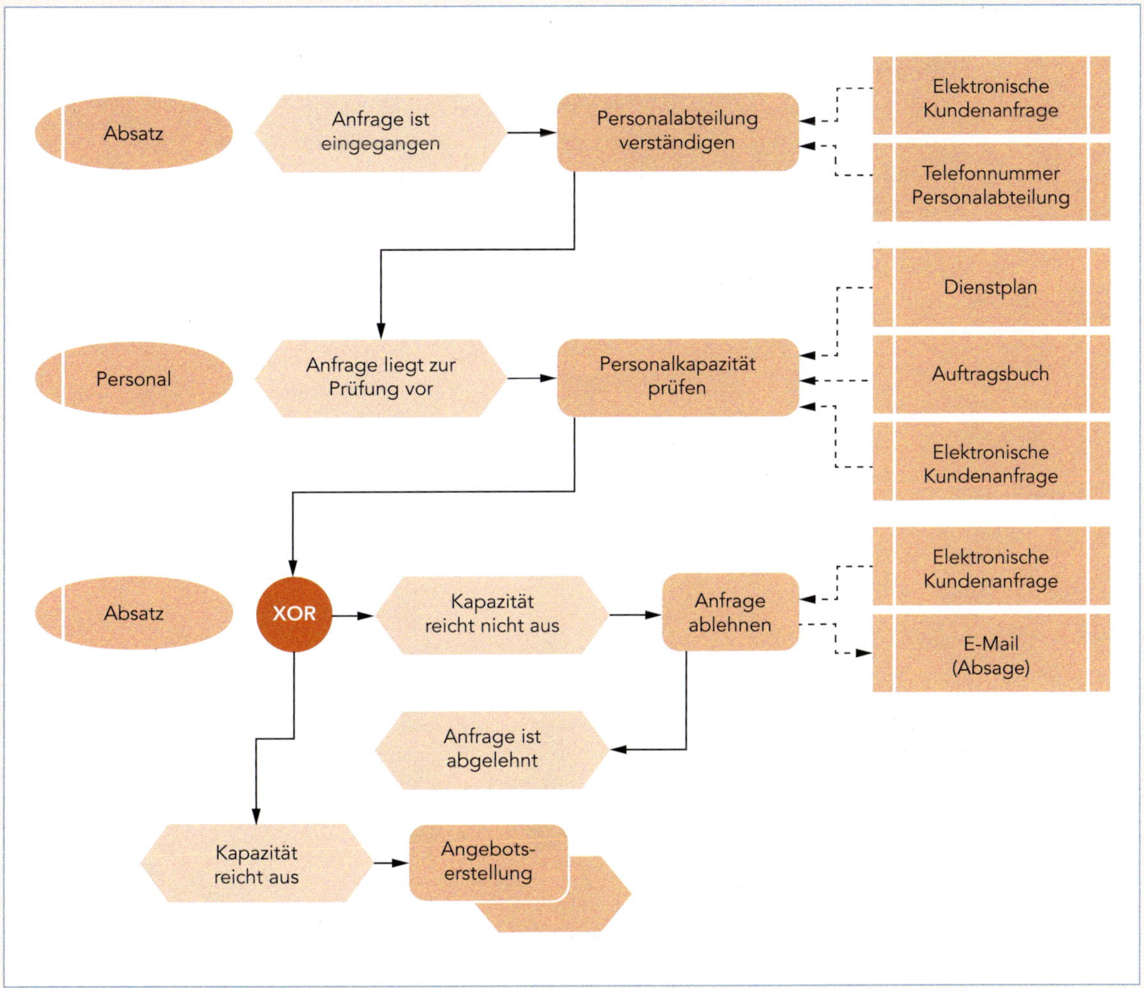

Bearbeiter

Aufgaben

1. Verbalisieren Sie den dargestellten Geschäftsprozess (M3) der Bearbeitung einer eingehenden Kundenanfrage (Vgl. Methodenseite EPK S. 16).
2. Verdeutlichen Sie am Beispiel M3 den Mehrwert der Lese- und Schreibzugriffe auf Informationsobjekte für die Tätigkeitsbeschreibung einer Funktion.
3. Erklären Sie, dass bei einem Wechsel der Organisationseinheit innerhalb eines Prozesses dieser grundsätzlich fehleranfällig ist.

1.3.3 Wie organisiert man Beschaffung?

Bevor man etwas herstellt, verarbeitet oder weiterverkauft, müssen die dazu nötigen Rohstoffe, Bauteile oder Waren beschafft werden. Dabei stellt sich unter anderem die Frage nach der optimalen Bestellmenge, dem besten Zeitpunkt für die Anlieferung und dem geeigneten Lagerbestand, um möglichst effizient und störungsfrei produzieren oder verkaufen zu können. Gibt es hier eine Lösung, die für alle Unternehmen gilt?

M1 Just-in-time vs. Just-in-sequence

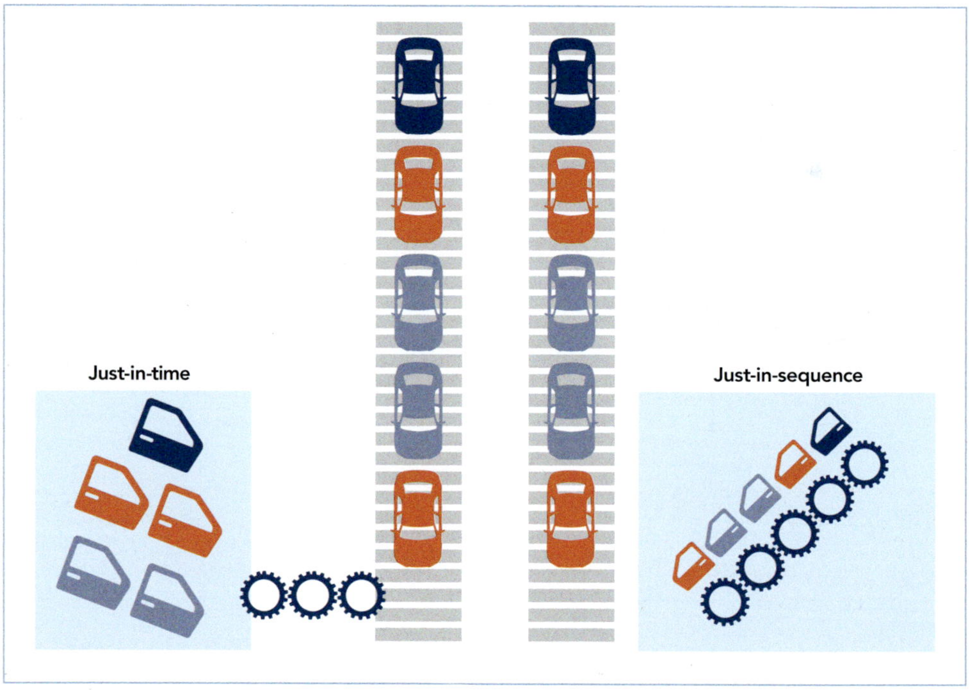

M2 Wenn Just-in-Time nicht genug ist

Sicherheitsbestand: Materialmenge (Puffer), welche die Lieferfähigkeit und/oder Produktion bei vorherrschenden Unsicherheiten bzw. Risiken aufrechterhalten kann.

Das Führen eines Sicherheitsbestands war während des Wirtschaftsaufschwungs der 1980er Jahre die Norm, denn man ging davon aus, dass zusätzliche Lagerbestände früher oder später nützlich sein würden. Befähigt durch soziale Netzwerke und digitale Geräte sind es nun die Verbraucher, die den Markt zunehmend diktieren – sie erwarten stärker personalisierte Produkte, und sie wollen diese rasch und zu günstigsten Preisen erhalten. [...] Um mit dieser Nachfrage Schritt zu halten und gleichzeitig den Gewinn zu maximieren, sollten Fertigungsanlagen zukünftig auf schlanke Produktionsmodelle umgestellt werden. Die schlanke Produktion [...] ist vor allem darauf ausgerichtet, Verschwendung zu minimieren und die Rentabilität pro Produktionslinie zu maximieren.

Aufgrund dieser Änderungen bei der Produktion wurden auch Lagerbestände verschlankt. [...] Überschüssige Lagerbestände gelten heute als Gewinnhemmnis, da es erstens keine Garantie gibt, dass sie tatsächlich verkauft werden und da sie zweitens zu höheren Lagerkosten führen. [...]

Was passiert, wenn einer Ihrer Teile- oder Komponentenlieferanten zu stark von einer bestimmten geografischen Region oder von einem einzigen Rohstofflieferanten abhängig ist? Eine Betriebsunterbrechung in einer einzigen Anlage könnte sich rasch in Form eines Dominoeffekts mit kostenintensiven Konsequenzen entlang der gesamten Kette auswirken.

Ballinger, Neil/ Deffner, Vivien: Wenn Just-in-Time nicht genug ist. In: www.industry-of-things.de, 01.10.2020

M3 Europas größtes Versandlager

Ein Musikhaus in Franken ist der weltgrößte Versender für Musikequipment und hat über die Jahre hinweg Europas größtes Versandlager aufgebaut.

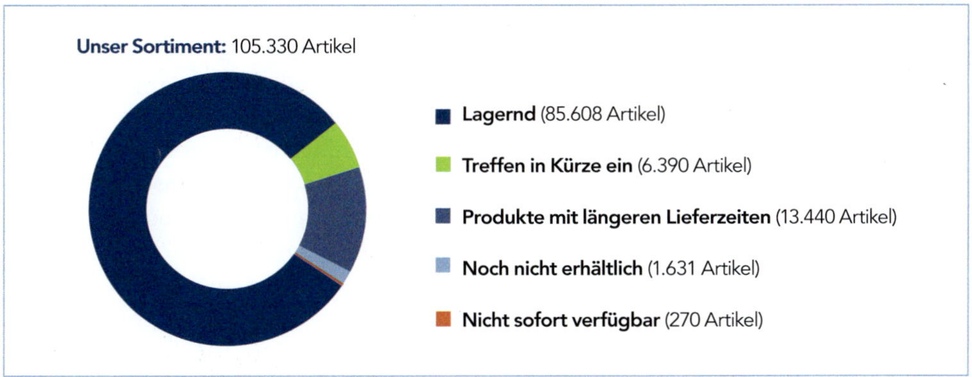

© Thomann 2021

Aufgaben

1. Erklären Sie unter Zuhilfenahme von M1 und gegebenenfalls einer Internetrecherche den Unterschied zwischen einer just-in-time und einer just-in-sequence Lieferung.
2. Arbeiten Sie auch mithilfe von M2 mögliche Vorteile als auch Nachteile einer Produktion mit Just-in-time bzw. Just-in-sequence Lieferung heraus.
3. Erklären Sie mögliche Gründe für die hohe Lagerhaltung des Musikhauses in M3.
4. Begründen Sie, für welche Branchen bzw. für Produkte sich eine hohe bzw. geringe Lagerhaltung eignen könnte (M1 – M3).
5. Entwickeln Sie Strategien, wie die hohe Anfälligkeit von Just-in-time bzw. just-in-sequence gegen Lieferausfälle (z. B. aufgrund von Stau, Streik, Naturkatastrophe, Pandemie) abgemildert werden könnte (M1 – M3).
6. Erläutern Sie, inwiefern die Informationstechnologie bei den Konzepten Just-in-time bzw. Just-in-sequence Risiken mindern könnte (M1 – M3).
7. Diskutieren Sie den Just-in-time-Ansatz auch im Hinblick auf die Steuergrößen Qualität, Zeit und Kosten. Beachten Sie bei ihrer Diskussion auch die gesellschaftliche Perspektive (M1 – M3).

1.3.4 Wie lagert man Waren ein?

Ist die Ware im Unternehmen eingetroffen, so muss sie überprüft und verteilt werden – entweder in ein Zwischenlager, gleich zur Fertigung oder in den Versand. Auch hier helfen IT-Lösungen bei einer effizienten Gestaltung der Prozesse. Aber welche Möglichkeiten gibt es, seine Waren einzulagern und deren Qualität zu überprüfen?

M1 Qualitätssicherung

Unternehmen, die Waren zur Weiterverarbeitung oder zum Weiterverkauf beschaffen, überprüfen nach der Lieferscheinkontrolle (dabei wird u.a. die Quantität der gelieferten Waren und die Übereinstimmung der Ware mit der Bestellung verglichen) und der Entladung die Ware im Rahmen einer Qualitätssicherung.

Liegt eine Beschädigung an der Ware vor, wird zunächst über die Annahme der Ware entschieden: Bei Ablehnung wird die beschädigte Ware retourniert. Wird die beschädigte Ware angenommen oder weist sie keine Beschädigungen auf, wird im nächsten Schritt geprüft, ob die Ware einlagerungsfähig ist, d.h., ob eine intakte Verpackung gegeben ist. Ist dies nicht der Fall, wird die Ware vor Einlagerung zunächst umgepackt. Die Liefermenge der einlagerungsfähigen Ware wird vom Enterprise Ressource Planning System (ERP) erfasst und die Ware kann anschließend eingelagert werden.

Bearbeiter, basierend auf: Technische Hochschule Mittelhessen: Wareneingang: Qualitätssicherung. In: www.wi-wiki.de

ERP:
hier: Enterprise Ressource Planning System, eine unternehmensübergreifende Software, mit der die Kernprozesse informationstechnologisch unterstützt abgewickelt werden.

M2 Geordnete vs. chaotische Lagerhaltung

Ordnung ist das halbe Leben? Unter E-Commerce Profis findet diese Aussage nur wenige Anhänger. So hat bei der geordneten, auch statische Lagerhaltung genannten, jeder Artikel [...] [einen festen] Platz im Lager. Diese Einlagerungsstrategie wird häufig von kleinen Onlinehändlern zu Beginn ihres Business betrieben und meist schon nach kurzer Zeit, bei steigendem Bestellvolumen, wieder verworfen. Denn ein Nebeneffekt dieser Lagerung: Leere, halbvolle oder überfüllte Lagerplätze, sowie Lagermitarbeiter, die mühselig einen freien Platz für die neu eingetroffene Ware suchen.

Die chaotische Lagerhaltung hingegen ermöglicht eine optimierte Nutzung der Lagerfläche und Laufwege. Artikel werden per Barcode-Scan einem eindeutigen Lagerplatz zugewiesen. So wird der Raum im Lager optimal ausgenutzt. Auch können bei diesem Verfahren mehrere unterschiedliche Artikel an einem Lagerplatz gelagert werden.

Haschke, Dirk: Die Welt hinter dem Onlineshop: Diese Tipps und Tricks sollten Onlinehändler kennen, In: www.estrategy-magazin.de, 20.07.2017

E-Commerce:
elektronischer Handel über Plattformen im Internet

M3 Barcode vs. RFID

BARCODE vs. RFID

	Barcode	RFID
Datenzugriff	Write once / Read only	Read & Write oder Read Only (abhängig vom RFID-Chip)
Kommunikationsrichtung	Eine Richtung – Scanner entschlüsselt durch den Scan die Information des Barcodes	Bidirektional – RFID-Chip und Empfänger können gleichzeitig senden und empfangen
Datenübertragung	Optisch – Sichtkontakt ist nötig	Funkkontakt – kein Sichtkontakt notwendig
Maximale Entfernung zwischen Datenträger und Lesegerät	Bis zu fünf Meter	Bis zu 100 Meter (abhängig von der verwendeten Funkfrequenz)
Pulkerfassung	Es kann jeweils nur ein Code gleichzeitig gescannt werden	Gleichzeitige Erfassung mehrerer Transponder

Basierend auf: Logistik Knowhow: Vorteile der RFID-Technologie gegenüber dem Barcode. In: www.logistikknowhow.com, 23.02.2017

Transponder: eine Art eines aktiven RFID-Chips, batteriebetrieben

Pulkerfassung: gleichzeitiges Erfassen mehrerer Signale

Aufgaben

1. Beschreiben Sie den Prozess der Qualitätssicherung bei der Warenannahme (M1).
2. Diskutieren Sie vor dem Hintergrund der Steuergrößen Qualität, Zeit, Kosten, ob eine Qualitätssicherung notwendig ist (M1).
3. Stellen Sie in einer Tabelle die beiden Lagerhaltungssysteme und deren Eigenschaften gegenüber (M2).
4. Begründen Sie, für welche anderen Branchen und Produkte die jeweiligen Lagerhaltungssysteme (M2) vor dem Hintergrund der Steuergrößen Qualität, Zeit, Kosten Vorteile bieten.
5. Zeigen Sie notwendige technische Voraussetzungen der chaotischen Lagerhaltung auf (M2, M3).
6. Diskutieren Sie den Einsatz der beiden in M3 vorgestellten Technologien bei der Qualitätssicherung und Einlagerung (M1–M3).

1.3.5 Welche Innovationen gibt es im Bereich Beschaffung?

Am Rand von Ortschaften und entlang von Autobahnen stehen Logistikcenter und Lagerhallen, die stark von LKWs frequentiert werden. Die Unternehmen müssen sich auf immer individuellere Kundenwünsche und immer kürzere Lieferzeiten einlassen. Um die Abläufe zu verbessern sind innovative Ansätze in der Beschaffung und Lagerhaltung nötig. Welche Rolle spielt dabei die Informationstechnologie?

M1 Hochleistungssport im Logistikzentrum

Picker:
Person, die Waren aus dem Lager auslagert („pickt")

Karikatur: Möller, 2020

M2 Kollege Roboter räumt Kartons ein

Warenwirtschaftssystem:
Software, welche die Warenströme der Prozesse eines Unternehmens organisiert und verwaltet

Wer seinen Kollegen im Weg steht, wird mal mehr, mal weniger höflich aufgefordert, Platz zu machen. „Stan" und „Olli", den beiden neuen Mitarbeitern [...] [eines Schuhversandhandels], käme das nicht in den Sinn: Sie warten stumm, bis ihr Kollege von alleine aus dem Weg geht, und im Laufe ihres bis zu 18 Stun-

den langen Arbeitstages fällt ein Moment des Wartens ohnehin kaum ins Gewicht. Bei den beiden handelt es sich um mobile Roboter. [...] Anfang Dezember kamen die beiden Roboter [...] an. „Wir sind noch in der Inbetriebnahme." Zwei bis drei Entwickler [...] sind noch vor Ort, um den Robotern die Eingewöhnung zu erleichtern. „Es ist megaspannend: Die Roboter lernen jetzt ihre Umgebung kennen und kommunizieren mit unserem Warenwirtschaftssystem."
Eingesetzt werden sie derzeit in einem Teilbereich des Lagers, der bis zu 10000 Paar Schuhe aufnehmen kann. Hier herrscht chaotische Lagerhaltung vor [...]. „Dieser Bereich ist für Menschen am schwierigsten, deswegen sind hier die Roboter", erklärt Wiegmann. Das Problem sei, dass viele Schuhkartons ähnlich oder gleich aussehen, was die Suche nach Artikeln arbeits- und zeitintensiv macht. Den Robotern macht das nichts aus, weil sie sich am Barcode orientieren, und mit weiteren Kameras überprüfen sie, ob Aussehen und Ausmaß mit den gespeicherten Daten übereinstimmen. Ein weiterer Vorteil: Die Maschinenkollegen arbeiten in einem Bereich von acht bis 250 Zentimetern über dem Boden. „Wir überlegen, dass unsere menschlichen Kollegen dann nur noch die mittleren Regalböden bearbeiten, während die Roboter sich um den untersten und den obersten Boden kümmern, das ist ergonomischer. Mensch und Roboter arbeiten auf jeden Fall parallel."

Bartels, Harald: Kollege Roboter räumt Kartons ein. In: www.kreiszeitung.de, 03.02.2020

Picking-Roboter in Aktion:

Mediencode 82110-08

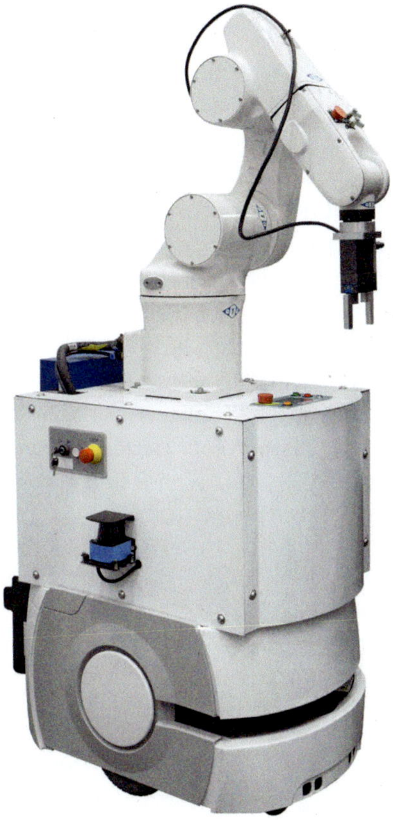

Picking-Roboter des Schuhversandhandels

M3 KI versus Big Data

Der Vergleich [K]ünstliche Intelligenz (KI) versus Big Data ist wie der Vergleich einer Hacke mit einer Schaufel. Obwohl sich beide auf wichtige Weise ergänzen, unterscheiden sie sich in ihrer Natur und ihrem Zweck.
KI bezieht sich auf eine Art von Intelligenz, die es einer Maschine ermöglicht, kognitive Funktionen, ähnlich denen des Menschen, auszuführen. Vergleicht man dies mit einem traditionellen System, das darauf reagiert, wie es programmiert wurde, zeigt sich: die KI-fähige Maschine kann Daten analysieren und interpretieren und auf Grundlage dieser Interpretationen Probleme lösen. Es lernt immer aus den Daten, entwickelt sich mit den entwickelnden Daten und reagiert auf das, was es lernt. Auf diese Weise verbessert sich das KI-System ständig und passt sein Verhalten den Veränderungen an.
Big Data beziehen sich auf ein ganz anderes Phänomen. Es beschreibt nicht nur

große Datenmengen, sondern auch Daten, die extrem vielfältig sein können, sich mit hoher Geschwindigkeit bewegen und in einem definierten Kontext eine Bedeutung haben, mit dem Ziel, Analysen zu erstellen, die zu spezifischen Ergebnissen führen. Zum Beispiel reichen Daten, die in sozialen Netzwerken oder dem Internet der Dinge (IoT) produziert werden, nicht aus, um sich als Big Data im engeren Sinne zu qualifizieren. Die Daten müssen auch Teil einer größeren Analysestrategie sein, die zu Prozessautomatisierung, einer verbesserten Entscheidungsfindung oder anderen spezifischen Ergebnissen führen.

IoT:
Internet of things, dt. Internet der Dinge: Bezeichnung von Systemen, die reale Gegenstände über das Internet miteinander vernetzen und zusammenarbeiten lassen

Der Unterschied ist: Die Fähigkeit einer Maschine zu lernen, sich wie ein Mensch zu verhalten, ist [K]ünstliche Intelligenz. Big Data beschreibt dagegen große Datenmengen, die, wenn sie analysiert werden, brauchbare Ergebnisse produzieren. [...]

Allerdings funktionieren KI und Big Data gut zusammen. Die Eigenschaften, die Big Data definieren – Volumen, Geschwindigkeit und Vielfalt – haben die Möglichkeiten der traditionellen Analytik schnell überfordert. Hier kommt KI ins Spiel. KI lebt von Daten. Je größer die Datenmenge, desto effektiver kann ein KI-System analysieren, lernen und sich weiterentwickeln. Ein KI-System kann helfen, wichtige Trends und Muster in Big Data zu finden, die andernfalls falsch interpretiert oder unentdeckt bleiben. [...]

Tatsächlich erweist sich Big Data als der größte einzelne Einfluss auf den bevorstehenden Anstieg der KI. Obwohl es also einen Unterschied zwischen [K]ünstlicher Intelligenz und Big Data gibt, gehen beide Hand in Hand.

Sheldon, Robert: KI versus Big Data: Vergleich der aufstrebenden Technologien. In: www.computerweekly.com, 18.06.2018

M4 Künstliche Intelligenz (KI) macht große Datenmengen im Einkauf beherrschbar

KI wird Einkäufer [...] überall dort unterstützen, wo sie in der vernetzten Welt große Mengen an Informationen analysieren müssen, um Entscheidungen treffen zu können. Das ist beispielsweise im Risikomanagement und bei der Vorauswahl von Lieferanten der Fall. Schon heute unterstützen den Einkauf dabei KI-gesteuerte Webcrawler. Sie suchen in sämtlichen verfügbaren Informationsquellen nach Hinweisen, dass es entlang der Transportroute einer Lieferung oder am Sitz eines Lieferanten zu Zwischenfällen kommt, die die Lieferkette unterbrechen könnten. Die Informationsquellen reichen von sozialen Netzwerken, über Nachrichtenagenturen und Zeitungen bis hin zu den Informationssystemen von Hafenbetreibern und Zollbehörden oder Wetterdatenbanken und Erdbebenwarten. [...] Ähnlich arbeitet die KI auf Plattformen, die online verfügbare Informationsquellen, Angaben von Kunden und Lieferanten daraufhin untersuchen, welche Zulieferer weltweit am besten geeignet sind, um spezifizierte Teile oder Komponenten herzustellen. Die Programme finden unter Tausenden von Anbietern binnen Stunden die Unternehmen, die einen Auftrag am schnellsten und günstigsten in bestmöglicher Qualität erfüllen können. So lässt sich die Vorauswahl von Lieferanten beschleunigen oder bei Störungen der Lieferkette schnell eine alternative Bezugsquelle finden.

Meyering, Gerd: KI in der Beschaffung: Das bedeutet Künstliche Intelligenz für den Einkauf. In: www.technik-einkauf.de, 17.04.2019

M5 Deutsche Unternehmen tun sich schwer mit Künstlicher Intelligenz

KI ist nur in den wenigstens deutschen Unternehmen im Einsatz

Unternehmen, bei denen KI im Einsatz/geplant/kein Thema ist

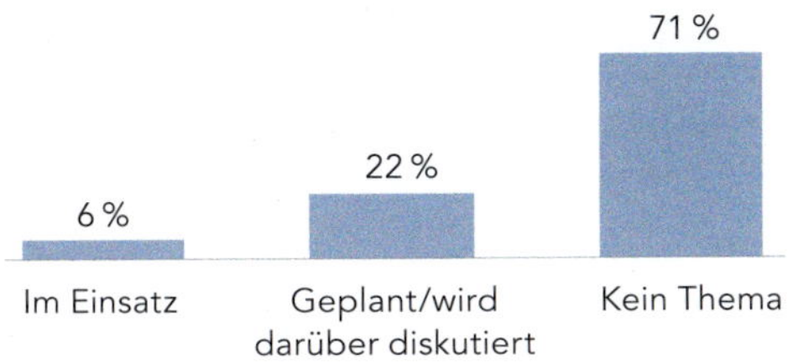

28 % sehen KI als Gefahr für das eigene Unternehmen

17 % sehen sogar ihre Existenz bedroht

Basis: 603 Unternehmen ab 20 Mitarbeitern in Deutschland

Quelle: Bitkom Research, CB Insights Statista, 09/2019

Aufgaben

1. Beschreiben und interpretieren Sie die Karikatur in M1.
2. Arbeiten Sie aus M2 Vorteile der Verwendung von Robotern im Lager heraus. Gehen Sie dabei auch auf die Steuergrößen Qualität, Zeit und Kosten ein.
3. Skizzieren Sie technische und physische Voraussetzungen, die für die Verwendung eines Robotersystems wie in M2 im Unternehmen vorliegen müssen.
4. Stellen Sie mögliche entstehende Nachteile und Probleme bei der Verwendung eines Robotersystems wie in M2 dar.
5. Diskutieren Sie sowohl die zunehmende Technisierung als auch Automatisierung im Lager im Hinblick auf die Arbeitnehmer vor dem Hintergrund von M1 und M2.
6. Erklären Sie anhand von M3, warum der Vergleich von KI und Big Data „wie der Vergleich einer Hacke mit einer Schaufel" ist.
7. Erläutern Sie, wie KI und Big Data zusammenwirken können (M3).
8. Legen Sie dar, inwieweit Einkäufer eine wichtige Rolle im Unternehmensgefüge einnehmen. Berücksichtigen Sie dabei auch die Auswirkungen ihrer Entscheidungen (M4).
9. Arbeiten Sie aus M4 Möglichkeiten des Einsatzes von KI im Einkauf heraus.
10. Nennen Sie Informationsquellen, aus der die KI passende Daten für die in M4 beschriebenen Einsatzmöglichkeiten gewinnen kann.
11. Analysieren Sie die Grafik M5 und finden Sie mögliche Erklärungsansätze.
12. Diskutieren Sie den Einsatz von KI in der Beschaffung (M3–M5).

1.3.6 Wie gestaltet man seine Produktion?

Die hohe Vielfalt an Produkten sowie die hohen Anforderungen der Kunden machen auch eine hohe Vielfalt an Produktionsmethoden nötig. Das Spektrum geht dabei von handwerklicher Einzelfertigung in einer kleinen Werkstatt bis hin zur vollautomatisierten Produktion in einer Produktionshalle der Größe einer Sportarena. Aber welche Möglichkeiten und Herausforderungen in der Produktion gibt es?

Flexible Fertigungszelle

Mediencode 82110-09

M1 Wer versteht das denn...?

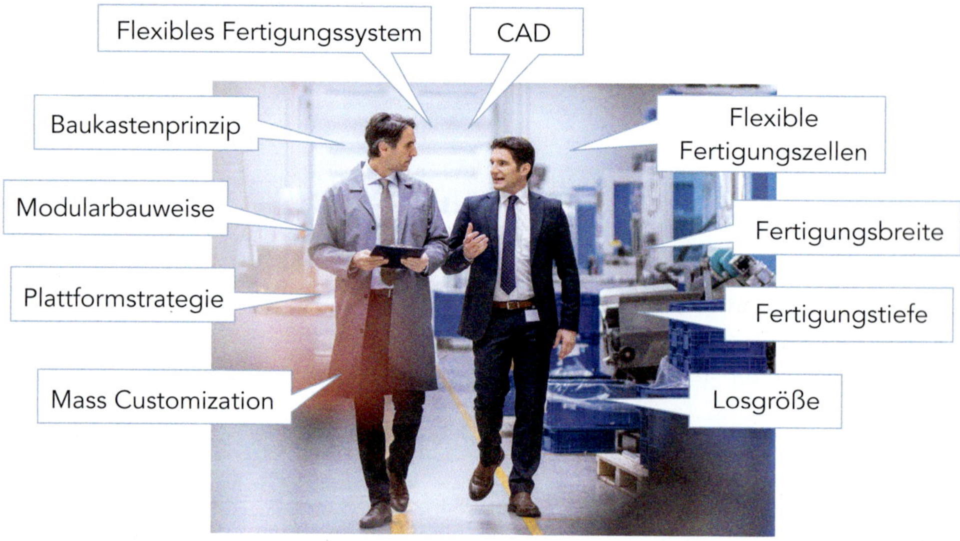

M2 Strategische Make-or-Buy Entscheidungen richtig fällen

Produktlebenszyklus: Unterteilt die Lebensdauer eines Produkts von der Einführung bis zum Marktaustritt in mehrere Phasen

Systemanbieter: Zulieferer, der komplette Komponenten liefert, z. B. komplette Armaturenbretter für Autos

In Zeiten des sich verändernden Konkurrenzdrucks, kürzerer Produktlebenszyklen und zunehmender Globalisierung müssen Unternehmen flexibel und kostengünstig auf sich ändernde Marktbedingungen reagieren. Viele Unternehmen stellen sich die Frage: Produzieren wir selber oder lassen wir produzieren? Die Entscheidung wird nach Kriterien wie Kosten, Qualität, Zeit, Ressourcenverfügbarkeit und Risiken getroffen. Aus diesem Grund ist eine strategische Eigenfertigung/Fremdbezug-Analyse zwingend notwendig, um alle Vor- und Nachteile abzuwägen, wenn man sich auf seine Kernkompetenzen konzentrieren will. [...]

Der Grund, dass Outsourcing-Entscheidungen beispielsweise in der Automobilindustrie zugenommen haben, ist nicht nur der Kostenfaktor, sondern auch der Ausbau der Innovationsdynamik. Beispielsweise kann es sein, dass ein Lieferant bestimmter Teile, die für ein Endprodukt benötigt werden, deutlich spezialisierter ist und somit eine höhere Innovationsstärke aufweist. Daher gilt es potentielle Kooperationspartner in allen direkten und indirekten Bereichen der betrieblichen Wertschöpfung ausfindig zu machen, um von dieser Innovationsdynamik zu profitieren und den eigenen Wertschöpfungsprozess auf der anderen

Seite zu straffen. Ziel strategischer Make-or-buy Entscheidungen ist es, den Lieferanten zum Systemanbieter aufzubauen, um ihn als langfristigen Partner in die Wertschöpfung zu integrieren. [...] Wer durch Outsourcing die Fertigungstiefe optimieren will, muss die Kosten aller Ressourcen und Prozesse abbilden und vergleichen, die von dem Outsourcing betroffen sind.

Sarikaya, Duran: Strategische Make-or-Buy Entscheidungen richtig fällen. In: www.kloepfel-consulting.com, 03.04.2019

M3 Rüstzeit und Losgröße

Rüstzeiten sind immer dann notwendig, wenn unterschiedliche Produkte mit den vorhandenen Maschinen hergestellt werden sollen. Dafür [...] [müssen] die Produktion umgestellt und die Werkzeuge getauscht werden [, d.h., dass man den Umbau der Maschinen vorbereiten, die Umbauten vornehmen und testen muss, bevor man die Produktion wieder anfährt]. Immer, wenn das passiert, vergeht Zeit und die kostet Geld. [...] Neben Maschinenstillstandskosten fallen vergütungspflichtige Arbeitszeit[en] an. [...] Aus diesem Grund versuchen Unternehmen in der Regel derartigen Aufwand zu vermeiden. Häufig probieren sie es mit der Steigerung der Losgrößen. Hierbei entsteht jedoch ein neues Problem. Was man an Arbeitszeit einspart, verliert man entsprechend durch die Steigerung der Kapitalkosten.

Denn: wird mehr produziert als ein Auftrag erfordert, dann füllt sich das Lager. Vorräte wiederum verlängern die Aktivseite der Bilanz. Diese müssen auf der Passivseite mit einer Finanzierung ausgeglichen werden. Dafür benötigt man zusätzliches Eigen- oder Fremdkapital. Durch den Lageraufbau wird also unnötig Geld gebunden. Zudem steigen die Aufwendungen für die Finanzierung – die Zinszahlungen. [...]
Neben der optimalen Losgröße sollten kürzere Rüstzeiten das Ziel sein. Damit die Mitarbeiter ihre Arbeitszeit effektiver nutzen können – um ihrer eigentlichen Arbeit nachgehen zu können. Der Weg dahin ist: eine Optimierung der Abläufe.

Hüttenschmidt, Hubertus: Rüstzeiten – So klappt es mit der Optimierung, In: www.proneu-group.com, 12.03.2019

Losgröße:
vgl. S. 64 M2

M4 Externe und interne Rüstvorgänge

Es gibt unterschiedliche Ansätze zur Rüstzeitoptimierung. Dazu unterscheidet man grundsätzlich zwischen externem und internem Rüsten. Externe Rüstvorgänge können ohne das Anhalten der Maschine ausgeführt werden (z.B. das Bereitstellen des Werkzeugs an der Maschine). Interne Rüstvorgänge dagegen, wie etwa der eigentliche Werkzeugwechsel, beinhalten jedoch das Anhalten der Maschine.

© venitec: Rüstzeitoptimierung in der Produktion. In: www.venitec.de (Abruf am 12.01.2022)

Ein interner Rüstvorgang läuft wie folgt ab: Zunächst müssen gewisse Vorbereitungen im Produktionsablauf getroffen werden, damit die Maschinen im nächsten Schritt heruntergefahren werden können. Ist dies erfolgt, kann z.B. ein Werkzeugwechsel an einer Maschine stattfinden. Nach dem Einstellen des neuen Werkzeuges wird dieses auf Funktionalität getestet, bevor die Maschinen wieder hochgefahren werden können. Die Rüstzeit an sich umfasst hierbei alle Arbeitsschritte vom Herunterfahren der Maschinen bis zur Wiederinbetriebnahme.

Bearbeiter, basierend auf: VARIO Software-Entwicklungs AG: Rüstzeit in der Produktion. In: www.lexikon.vario-software.de

M5 Rüstzeit in der Smart Factory

Smart Factory:
Intelligente Fabrik, hochvernetzte und selbstorganisierende Produktionsumgebung

Karikatur: Möller, 2020

M6 Ein Traum der Automatisierung

Ein Faktum, das gern von Hype-Wellenreitern übersehen wird, ist, dass die heimischen Unternehmen teilweise noch weit davon entfernt sind innovative umfangreiche Roboterlösungen und vernetzte Systeme in ihren Unternehmen einzusetzen. Nicht weil sie es nicht wollen, sondern eher, weil sie in ihren meist noch sehr analogen Betrieben gar nicht die Voraussetzung für eine Volldigitalisierung erfüllen. Viele klein- und mittelständige Unternehmen haben sogar noch die berühmten Schreibkräfte, die manuell Daten erfassen und 30 Jahre alte Produktionsmaschinen, die keinerlei Interaktion [...] [zulassen].

Mit tränenden Augen werden auch von den KMUs (klein und mittelständische Firmen) die tollen Neuerungen bewundert, mit dem Bewusstsein, dass ihre Realität in ihren Werkshallen anders aussieht. Natürlich – eine volldigitalisierte Produktionshalle wäre wohl für jeden Mittelständler wie Ostern und Weihnachten zusammen. [...] Bei der Digitalisierung müssen die Unternehmen dort abgeholt werden, wo sie sind. Die meisten KMUs haben die ersten Schritte in die di-

KMU:
Kleine und mittelständische Unternehmen mit weniger als 250 Beschäftigten, die einen Jahresumsatz von bis zu 50 Mio. Euro oder eine Bilanzsumme von höchstens 43 Mio. Euro haben.

Basierend auf: Institut für Mittelstandsforschung Bonn: KMU-Definition der Europäischen Kommission.

gitale Zukunft noch gar nicht gemacht. Sie wären schon glücklich, wenn sie ihre Zettelwirtschaft besser in den Griff bekommen würden. Auch die Ablösung von lästiger und langwieriger Routinearbeit durch kleine pfiffige IT-Lösungen bringen die meisten Unternehmen bereits um einige Schritte weiter.

Richter, Rahel: Der Mittelstand und die Digitalisierung. In: www.channelpartner.de, 30.08.2019

M7 Natürliche Grenzen der automatisierten Fertigung

Die ersten natürlichen Grenzen der automatisierten Fertigung ergeben sich ganz klassisch durch die einfachen Fragen der Betriebswirtschaft: Kann sich ein höherer Automatisierungsgrad vor dem Hintergrund des Nachfragemarktes amortisieren? Wenn sich die Nachfragemärkte immer weiter zu atomisierten Nischenmärkten entwickeln, bleibt Flexibilität das oberste Gebot. Und in diesem Bereich werden Grenzbereiche der Wirtschaftlichkeit berührt. Wirtschaftlichkeit und Flexibilität bedeuten im Zeitalter immer kürzerer Produktzyklen mehr denn je: Nicht schneller Ware zu produzieren als Ware verkauft werden kann, sondern schneller als der Wettbewerb auf veränderte Nachfragen zu reagieren.

© wlw inside business: Zwischen Flexibilität und Kostenersparnis: Natürliche Grenzen der automatisierten Fertigung. In: www.wlw.de (Abruf am 21.01.2022)

amortisieren:
Kosten werden durch die Erträge getilgt

Aufgaben

1. Recherchieren Sie arbeitsteilig die Bedeutung der Begriffe im Internet und präsentieren Sie diese der Klasse, auch unter Verwendung von Beispielen und Grafiken. Vergessen Sie dabei die Quellenangaben nicht (M1).
2. Erläutern Sie Auswirkungen der in Aufgabe 1 recherchierten Ansätze und Konzepte auf die Steuergrößen Qualität, Zeit, Kosten.
3. Erklären Sie die Begriffe „make-or-buy-Entscheidung" und „Outsourcing" (M2).
4. Wählen Sie eine Branche aus und beurteilen Sie aus der Sicht eines Unternehmers vor dem Hintergrund der Steuergrößen Qualität, Zeit und Kosten, was sie selber produzieren und was Sie auslagern würden (M2).
5. Erklären Sie den Begriff „Rüstzeit" und stellen Sie den Zusammenhang zur Fertigungsbreite und -tiefe eines Unternehmens dar (M3).
6. Diskutieren Sie die Möglichkeit, den Aufwand für Rüstzeiten durch eine höhere Losgröße zu reduzieren (M3).
7. Beschreiben Sie den Cartoon M5 und entwickeln Sie praktische Ideen, um die Rüstzeit in einem Unternehmen zu optimieren (M4, M5).
8. Zeigen Sie auch anhand von M6 Herausforderungen von KMUs im Zusammenhang mit der Digitalisierung auf und entwickeln Sie Lösungsvorschläge.
9. Diskutieren Sie die zunehmende Automatisierung von Abläufen in Unternehmen aus unternehmerischer und gesellschaftlicher Sicht (M1–M7).

1.3.7 Wie kommt benötigtes Material zum Produktionsort?

Die interne Logistik sorgt in den Unternehmen dafür, dass die Produktion stetig und störungsfrei weiterläuft. Aber wie kann man die einzelnen Arbeitsstationen mit Materialien versorgen, ohne dass es einerseits zu Knappheit oder andererseits zu Platzengpässen aufgrund von zu viel abgestellten Arbeitsmaterialien kommt?

M1 Wie funktioniert das Pull-Prinzip?

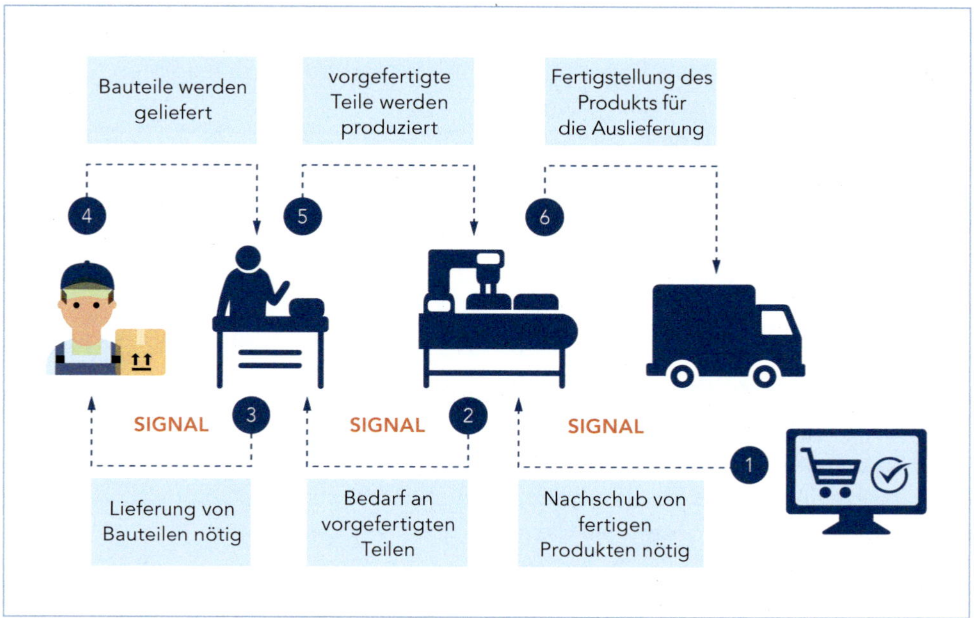

Quelle: Axel Schröder, 20.08.2020

M2 Unternehmensübergreifendes Pull-Prinzip

Das Pull-Prinzip wird nicht nur bei der Abstimmung mit Endverbrauchern angewendet. Auch im Supply Chain Management, sprich der Logistik eines Unternehmens und in der Wertschöpfungskette des Unternehmens und seiner Lieferanten, leistet es gute Dienste. Der Verbrauch eines Produkts richtet sich in der gesamten Wertschöpfungskette, vom Endverbraucher bis hin zu Lieferanten, nach der jeweiligen Nachfrage in der nächsten Stufe der Wertschöpfungskette.

Schröder, Axel: Wie das Pull-Prinzip funktioniert. In: www.business-wissen.de, 20.08.2020

Wertschöpfungskette: Alle Tätigkeiten eines Unternehmens, durch die ein Produkt entworfen, hergestellt, vertrieben, ausgeliefert und unterstützt wird.

Ein fahrerloses Transportsystem (FTS) im Einsatz.

M3 Supply Chain

Als Supply Chain bezeichnet man die komplette Lieferkette vom Lieferanten über den Produzenten bis hin zum Endkunden. Es handelt sich also um eine mehrstufige, vor- und nachgelagerte Vernetzung von verschiedenen Unternehmen. Innerhalb der Supply Chain betrachtet man neben dem Materialfluss auch die zugehörigen Geld- und Informationsströme der gesamten Wertschöpfungskette.

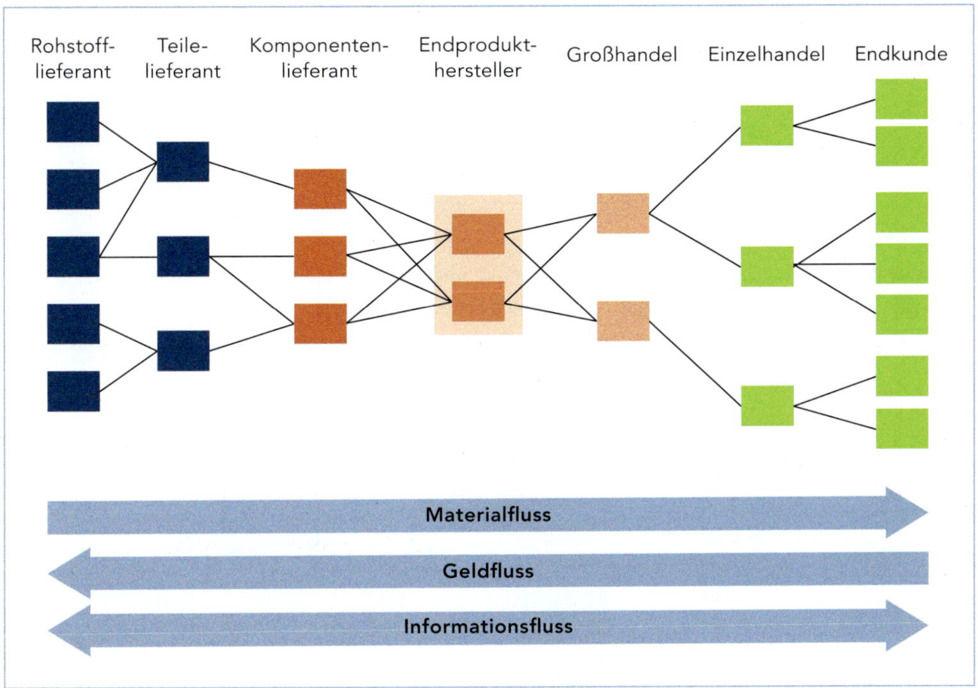

Quelle: Beyer, Horst-Tilo (Hg.): Online-Lehrbuch BWL. In: http://www.online-lehrbuch-bwl.de/, CC BY

Aufgaben

1. Erklären Sie anhand der Grafik M1, was man unter dem Pull-Prinzip versteht.
2. Stellen Sie in einer Tabelle mögliche Vor- und Nachteile des Pull-Prinzips in der Supply Chain gegenüber. Beachten Sie dabei auch die Steuergrößen Qualität, Zeit und Kosten (M1 – M3).
3. Skizzieren Sie, welche Informationen in einem IT-System hinterlegt sein müssen, um die interne Logistik zu digitalisieren und fahrerlose Transportsysteme (FTS) zu verwenden (M1 – M3).
4. Diskutieren Sie die Anschaffung von FTS für ein konkretes Unternehmen aus verschiedenen Perspektiven, z. B. der eines Mitarbeiters, eines Kunden, eines Managers (vgl. Bild M2).
5. Erklären Sie mögliche Herausforderungen eines gemeinsamen IT-gesteuerten Pull-Prinzips über die gesamte Supply Chain (M1 – M3).

1.3.8 Welche Innovationen gibt es im Bereich Produktion?

Im Bereich der Automobilproduktion ist die Automatisierung von Abläufen und die Verwendung von Robotern schon seit Jahren der Standard. Hier ist man bereits auf dem Weg hin zu einer intelligenten Fabrik (Smart Factory). Aber auch andere Branchen überzeugen mit innovativen und technisch interessanten Ideen zur Verbesserung des Produktionsprozesses mithilfe der IT. Doch wie macht man eine Produktion „intelligent", welche Hardware wird dazu benötigt?

M1 Künstliche Intelligenz rechnet sich

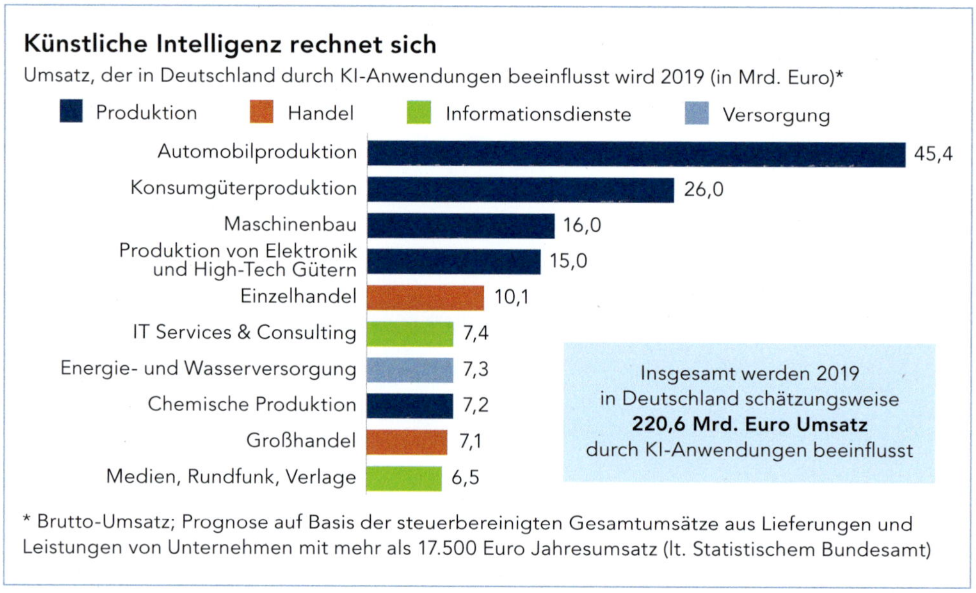

Appanion App, Statista, 2020

M2 2016: Speedfactory und Losgröße 1

Losgröße 1 – also eine Sonderanfertigung bzw. Einzelfertigung zu den Kosten einer Massenfertigung – ist das Ziel. Generell bezeichnet die Losgröße die Menge von Produkten oder Teilen, die direkt hintereinander ohne eine Unterbrechung der Fertigung produziert wird. Da Umrüstzeiten und -kosten vermieden werden sollen, wäre es sinnvoll relativ große Lose herzustellen. Allerdings würden dann große Lagerbestände und -kosten entstehen. In Zeiten der schlanken Produktion und hohen Effizienz muss dies unbedingt vermieden werden. Ein gutes Beispiel für diese Art der individuellen intelligenten Produktion ist die sog. „Speedfactory" […] [eines deutschen Sportartikelherstellers]. Das Unternehmen hat dafür alle Prozesse der Sneaker-Produktion in Ansbach – also im deutschen Absatzmarkt – und mittlerweile auch in einer zweiten Fabrik im amerikanischen Atlanta konzentriert. Roboter produzieren in der digitalisierten Fabrik Sportschuhe in wenigen Tagen. Nur die Rohstoffe werden noch importiert und das Weben der Textilien für das Obermaterial outgesourct. […] Neben der Rationalisierung und Konzentration der Fertigung sowie der Beschleunigung der Prozesse sind die Individualisierung der Produktion bis hin zur Losgröße 1 entscheidende Gründe für den Schritt. Künftig soll die Fertigung völlig individualisierter Sneaker nach Kundenwunsch zu marktfähigen Kosten möglich sein. Dabei kann der Kunde seine Sneaker online designen, wobei dieses Design direkt an die Maschinen weitergeleitet wird.

© bito Lagertechnik: Individuelle Fertigung bis Losgröße 1 gehört die Zukunft. In: www.bito.com (Abruf am 30.11.2021)

M3 2019: Speedfactory in Ansbach geschlossen

Der Sportartikelhersteller [...] verlagert die erst vor wenigen Jahren gestartete hochautomatisierte Produktion von Turnschuhen aus Deutschland und den USA nach Asien. [...]

Es habe sich herausgestellt, dass es sinnvoller sei, auch die Produktion der Speedfactorys dort zu konzentrieren, wo das Knowhow und die Lieferanten säßen, sagte [der] Konzernsprecher [...]. Dafür seien weniger finanzielle als vielmehr organisatorische Gründe verantwortlich. Der Versuch, die technologisch hochwertige Produktion von Sportartikeln wieder stärker nach Deutschland zu holen, sei an dieser Stelle nicht geglückt.

Asien habe technologisch schneller aufgeholt, als das 2015 absehbar gewesen sei. Die in den vergangenen Jahren gewonnenen Erkenntnisse sollen nun nach Asien transferiert werden. „Wir haben in Ansbach einiges gelernt", sagte [...] [der Konzernsprecher]. Bei asiatischen Zulieferern sollen künftig neben Schuhen auch weitere Artikel aus dem [...] Sortiment mit Speed-Factory-Technologie hergestellt werden.

mg/rtr; dpa-afx: Adidas scheitert mit Schuhproduktion in Deutschland. In: www.manager-magazin.de, 11.11.2019

M4 Vorteile 3D-Druck

Bain&Company, 17.11.2015

M5 Wo die Industrie 3D-Druck nutzt

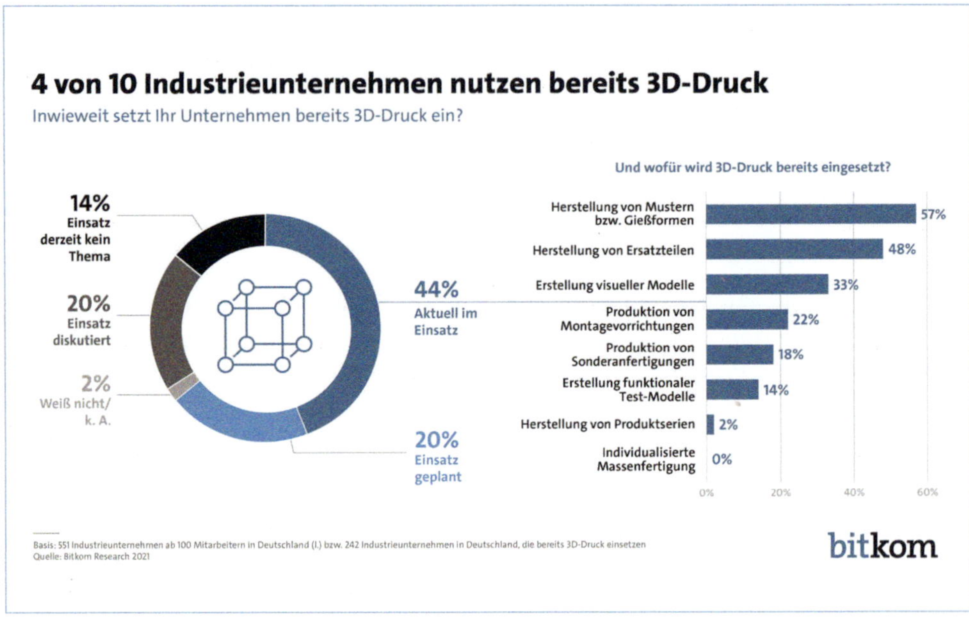

M6 Smart Factory

M7 Intelligente Bauteile

Im Mittelpunkt der intelligenten Fabrik steht die Kommunikation und Interaktion aller Produktionsprozessbeteiligten: Menschen, Maschinen und Bauteile sollen künftig miteinander reden und verhandeln. Dabei können intelligente Produktionskomponenten, basierend auf vorhandenen Daten, Entscheidungen treffen. Bauteile werden beispielsweise mittels integrierter Tags intelligent. Dadurch können sie ihre Bearbeitungsschritte selbst steuern und die dabei gewonnenen Informationen erfassen und protokollieren. Intelligente Bauteile beinhalten Informationen über ihre zukünftige Verwendung und Verarbeitung. Die dazu benötigten Fertigungspläne werden in die intelligenten Bauteile integriert. Diese Pläne werden so erstellt, dass sie flexibel sind, da die Bauteile unterschiedliche Wege durch die einzelnen Bearbeitungsprozesse nehmen können.

Shaabany, Ghaidaa: Smarte Bauteile – Wenn Bauteile mit der Maschine reden können. In: Mittelstand 4.0-Kompetenzzentrum Darmstadt c/o Industrie- und Handelskammer Darmstadt (Hrsg.): Leitfaden für Bauteile als Informationsträger, S. 9

tag
(engl.: Etikett, Kennzeichnung) Hier: gespeicherte Informationen, z. B. auf einem integrierten Chip

Aufgaben

Die Aufgaben zum Kapitel „1.3.8 Welche Innovationen gibt es im Bereich Produktion?" eignen sich sehr gut, um arbeitsteilig vorzugehen und dann die Ergebnisse im Anschluss zu präsentieren. Als Themen könnten „Losgröße 1 und Speedfactory" (Aufgaben 2 – 5, M2–M3), „3D-Druck und seine Chancen" (Aufgaben 6–7, M4–M5) und „Smart Factory" (Aufgaben 8–10, M6–M7) vergeben werden.

1 Arbeiten Sie aus M1 Kernaussagen heraus und finden Sie Erklärungsansätze für diese.

2 Arbeiten Sie aus M2 die Grundideen der Umsetzung der Speedfactory heraus.

3 Erklären Sie anhand von M2, warum das Produzieren der Losgröße 1 zu den Kosten einer Massenfertigung eine große Herausforderung darstellt. Gehen Sie dabei auch auf die Steuergrößen Qualität, Zeit, Kosten ein.

4 Arbeiten Sie aus M3 Gründe der Verlagerung der Speedfactory nach Asien heraus.

5 Zeigen Sie anhand von M2 und M3 auf, dass innovative Konzepte in der Produktion nicht ausreichend sind, um Erfolg als Unternehmen zu haben.

6 Erklären Sie an selbstgewählten Beispielen die Vorteile des 3-D-Drucks (M4).

7 Arbeiten Sie mögliche konkrete Einsatzbereiche von 3-D-Druckern heraus und erklären Sie, warum der Einsatz in genau diesen Bereichen geeignet ist (M4, M5). Beachten Sie hier auch die Steuergrößen Qualität, Zeit, Kosten.

8 Erklären Sie, was man unter einer Smart Factory (Intelligenten Fabrik) versteht (M6, M7).

9 Erklären Sie, was man unter „intelligenten Bauteilen" versteht und stellen Sie die Verbindung zu RFID und Barcodes (vgl. Kap.1.3.4) her (M7).

10 Zeigen Sie die Verwendung intelligenter Bauteile am Beispiel der in M6 dargestellten Smart Factory auf.

11 Zeigen Sie auf, wie die vorgestellten Technologien in einer Smart Factory kombiniert werden könnten (M1 – M7).

1.3.9 Wie bringt man das Produkt an den Kunden?

Eine der grundlegendsten Fragen in einem Unternehmen ist die nach der Wahl des Absatzkanals. Wie bringt man das Produkt an den Kunden? Bei welchem Kanal erziele ich die beste Gewinnmarge? Über welchen Kanal erreiche ich meine Zielgruppe am besten? Wie kann man eine solche Frage beantworten, hängt die Antwort ja nicht nur von den Kunden selber, sondern auch vom Produkt und dem Unternehmen ab?

M1 Absatzkanäle im Überblick

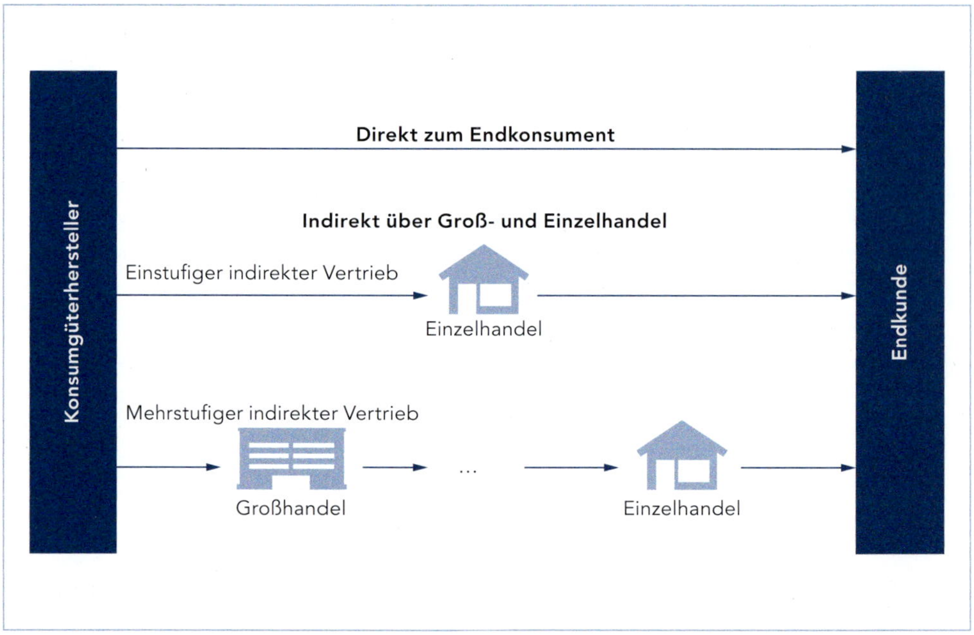

M2 Multichannel, Cross-Channel, Omnichannel-Handel

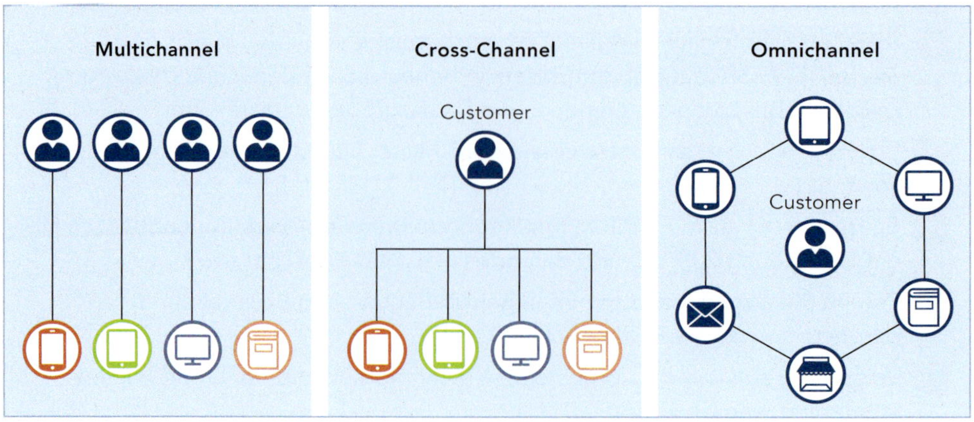

© liquid state: 2016, bearbeitet

M3 Die Herausforderung im Einzelhandel: Online vs. Offline

Anteil der Online-Käufer (mindestens einmal im Monat im Internet bestellt) in Deutschland nach Alter im Jahr 2021

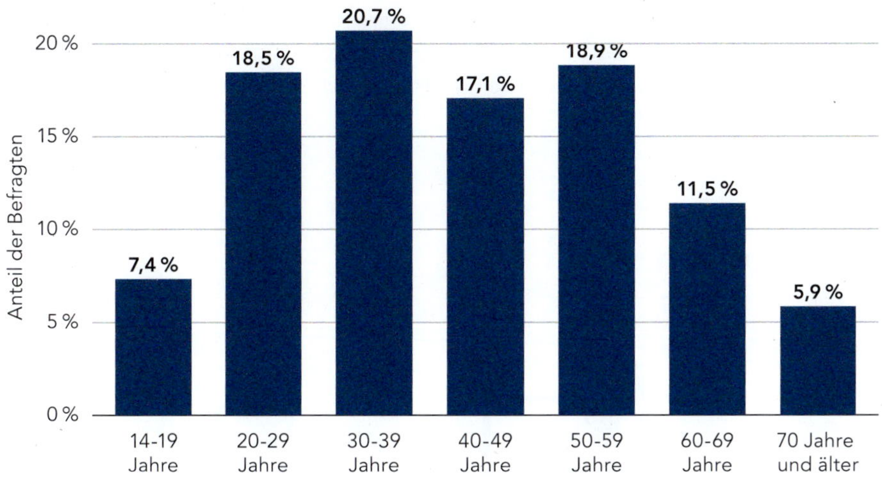

Details: Deutschland; IFAK; GfK Media and Communication Research; forsa marplan; ab 14 Jahre; deutschsprachige Bevölkerung; Computergestütze persönliche Interviews (CAPI)

© Statista 2022, VuMA

Aufgaben

1. Erklären Sie anhand von M1 den Unterschied zwischen direkten und indirekten Absatzkanälen.
2. Sammeln Sie Beispiele direkter Absatzwege.
3. Vergleichen Sie aus Unternehmersicht direkte mit indirekten Absatzkanälen und stellen Sie jeweils die Vorteile gegenüber. Berücksichtigen Sie dabei die Steuergrößen Qualität, Zeit, Kosten.
4. Recherchieren Sie die Begriffe Cross-Channel und Omnichannel im Internet und erklären Sie die in Grafik M2 dargestellten Absatzstrategien.
5. Nehmen Sie Stellung zu der Umsetzbarkeit der in M2 dargestellten Absatzstrategien.
6. Finden Sie Gründe für das Verhalten der einzelnen Altersgruppen (M3).
7. Wählen Sie ein bekanntes Unternehmen aus und stellen Sie dessen Produkt, Zielgruppe und Absatzkanäle dar. Vergleichen Sie Ihre Ergebnisse in der Klasse (M1 – M3).
8. Zeigen Sie anhand selbstgewählter Beispiele auf, inwiefern die Wahl des Absatzkanals von Produkt und Zielgruppe abhängen (M1 – M3).

1.3.10 Wie gestaltet man E-Commerce-Prozesse?

Nicht erst seit der Corona-Pandemie erfreut sich E-Commerce über wachsende Beliebtheit. Bereits 2019 wurde im Business-to-Consumer-Bereich (B2C), also im Onlinehandel zwischen Unternehmen und Kunden, in Deutschland 59,2 Mrd. Euro umgesetzt. Hierbei gibt es viele kreative Ansätze, um Abläufe effizienter zu gestalten. Aber welche der Entwicklungen bringt den gewünschten Mehrwert?

Zahlen: Statista 2022

M1 Drop-Shipping

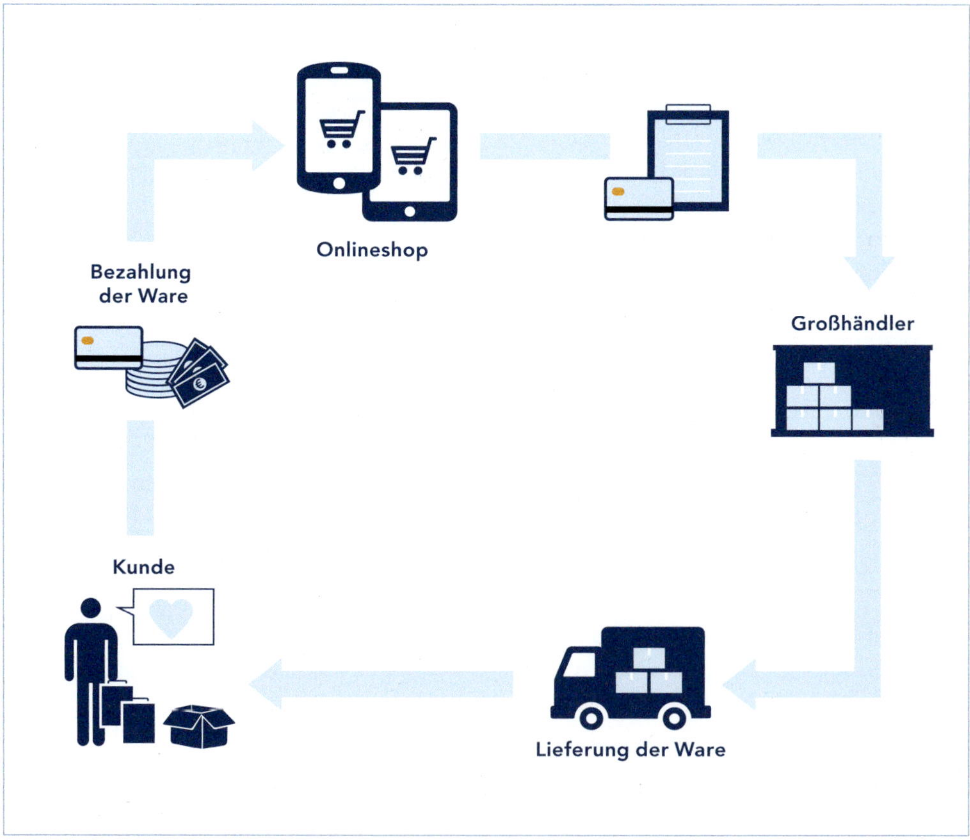

M2 Dropshipping im Offlinehandel

Es gibt immer mehr traditionelle Läden, die ihre Produkte dropshippen. Anstatt alle Produkte auf Lager zu haben, gibt es Ausstellungs- oder Katalogartikel, die dann bestellt werden und von dem Dropship-Anbieter verschickt werden. So kann ein Möbelhaus eine Lampe oder ein Sofa ausstellen, braucht sie aber nicht auf Lager zu haben. Das spart hohe Lagerkosten und vermeidet den Versand von sperrigen Gütern wie diesen.

Eisberg, Alon: Was ist Dropshipping und wie fängt man damit an?. In: www.business.trustedshops.de, 23.03.2021

M3 Voice Commerce

Digitale Sprachassistenten nehmen gerade aufgrund der sich schnell entwickelnden [K]ünstlichen Intelligenz (KI) hinter der Sprachsoftware immer größeren Platz in unserem Alltag und den tagtäglichen Interaktionen ein. Die Attraktivität von Voice Assistants ergibt sich dabei aus dem Rückgriff auf die natürlichste Art der Kommunikation – der Stimme. [...]
Die Interaktion auf sprachlicher Ebene ermöglicht es den Voice Assistants, im kommerziellen Einsatz für Voice Shopping eine große Kundennähe herzustellen. E-Commerce-Unternehmen können mittels Individualisierung wesentlich gezielter auf die Bedürfnisse der Nutzer eingehen. So werden zusätzliche Serviceleistungen passend auf das Kundenprofil abgestimmt und an dessen Vorlieben für konkrete Produkte angeglichen. Bestandskunden greifen auf diese Weise in nur wenigen Schritten [...] auf personalisierte Angebote zu und die Kundenzufriedenheit steigt. Zugleich können weitere Vorschläge entsprechend Ihrer Kaufvorlieben ausgegeben werden.
Darüber hinaus kann mit einer gezielten Marketingstrategie über die digitalen Assistenten geschickt auf neue Produkte oder Angebote verwiesen werden. Dadurch verändert sich auch die Art und Weise, wie eingekauft wird.
[...] Der Bestellprozess sollte sich auf diese Veränderungen im Ablauf flexibel anpassen und kann bei wiederkehrenden Käufern stark verkürzt werden. Anstatt Produktmenge, -marke und weitere Details erneut zu benennen, reicht bei wiederholten Käufen desselben Produktes etwa die Auskunft: „Bitte bestelle Kaffee nach.", um einen kurzen Bestellvorgang auszulösen.

© exconcept: Voice Commerce – Wieso es für den E-Commerce spannend wird. In: www.exconcept.de, 21.05.2019

Aufgaben

1 Beschreiben Sie den Drop-Shipping-Prozess (M1).

2 Zeigen Sie Vor- und Nachteile des Dropshipping für den Onlinehändler auf (M1).

3 Nehmen Sie Stellung zum Dropshipping im stationären Einzelhandel. Unterscheiden Sie hier zwischen verschiedenen Branchen, z. B. Buchhandel, Baumarkt, Möbelgeschäfte (M2).

4 Tauschen Sie sich in der Klasse aus: Wer hat bereits welche Erfahrungen mit Voice Commerce und/oder Sprachassistenten gemacht (M3)?

5 Diskutieren Sie Onlinebestellungen mittels Sprachassistent aus der Kunden und Unternehmersicht. Berücksichtigen Sie dabei auch datenschutzrechtliche Aspekte (M3).

6 Skizzieren Sie einen aus Ihrer Sicht möglichst kundenfreundlichen Onlinebestellprozess. Vergleichen Sie Ihre Ergebnisse in der Klasse (M1–M3).

1.3.11 Welche Innovationen gibt es im Bereich Absatz?

Auch vor dem Absatzbereich macht die Digitalisierung nicht halt. Bei einer Online-Beratung oder beim Kundenservice haben wir bereits jetzt häufig Kontakt mit einer Maschine, die uns bei Standard-Prozessen auch sehr gut und zu jeder Tageszeit weiterhelfen kann. Doch Chatbots sind nicht die einzige Innovation, die im Bereich Absatz zu finden ist! Auch die Auslagerung muss, z. B. beim E-Commerce, zeit- und kostensparend möglich sein. Welche kreativen Ideen gibt es, um die Produkte schneller an den Kunden zu bringen?

M1 Einzelkommissionierung vs. Sammelkommissionierung

Kommissionierung: Zusammenstellen von Waren für einen Auftrag

Die Einzelkommissionierung ist häufig bei Onlinehandel Start-Ups zu finden. Bei diesem Verfahren läuft der Mitarbeiter mit einem Packschein und einer Kiste bzw. einem Wagen durch das Lager und kommissioniert jede Bestellung einzeln. Dieses Verfahren funktioniert jedoch nachweislich nicht mal bei wenigen Bestellungen einwandfrei. Fehler im Pickprozess durch falsch zugeordnete Artikel oder lange Laufwege kosten viel Zeit und reduzieren die Versandgeschwindigkeit. [...] Beim Verfahren der Sammelkommissionierung erhält der Lagerist für eine bestimmte Anzahl von Bestellungen eine durch das System generierte, laufwegoptimierte Pickliste. So kann er auf seinem Weg mehrere Bestellungen auf einmal bedienen. Im Versandbereich werden die Bestellungen wieder automatisiert zusammengeführt, idealerweise werden zeitgleich Rechnungen und Versandunterlagen automatisch gedruckt. Mit diesem Verfahren können erste deutliche Beschleunigungseffekte erzielt werden.

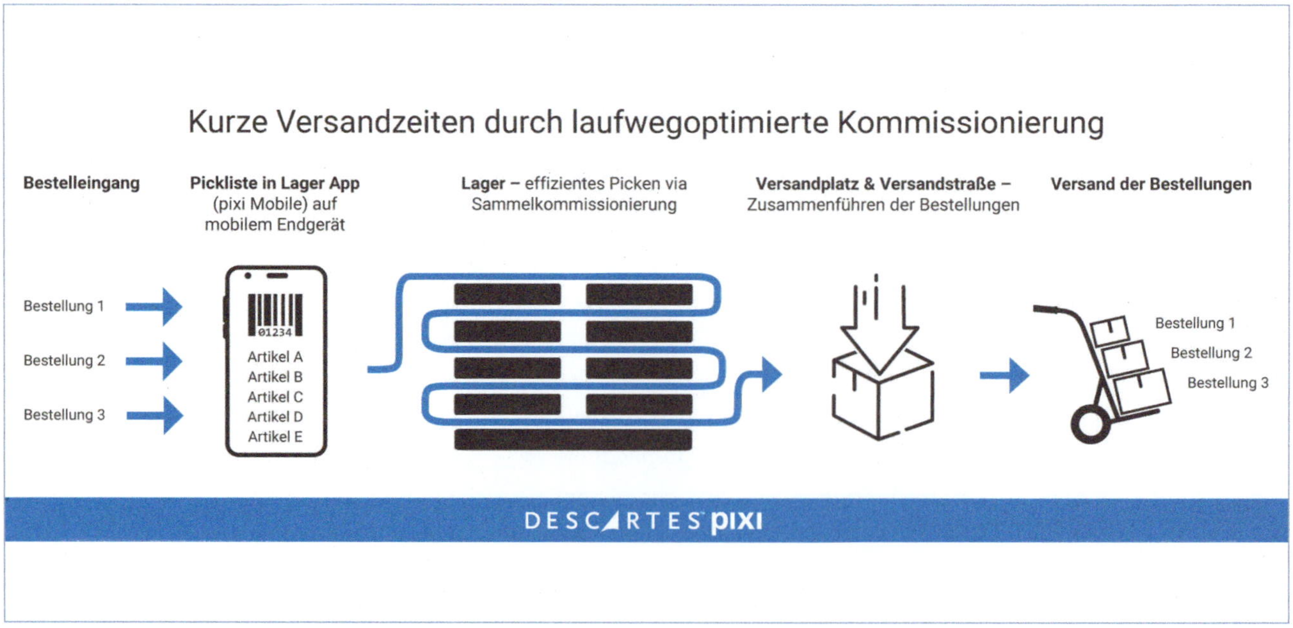

Haschke, Dirk: Die Welt hinter dem Onlineshop: Diese Tipps und Tricks sollten Onlinehändler kennen. In: www.estrategy-magazin.de, 20.06.2017

M2 Datenbrille beim Picking-Prozess

Die Smart-Picking-Lösung besteht aus zwei Komponenten – der Brille und wahlweise einem Scan-Handschuh oder einem Fingerring. Die Kommissionierung eines bestellten Artikels wird durch den Scanner im Handschuh oder im Ring erfasst. Direkt im Anschluss wird bereits der nächste Auftrag auf dem Brillenglas angezeigt […]. Da Benutzer dafür nur leicht nach oben schauen müssen, wird das normale Sichtfeld laut Pressemeldung nicht beeinträchtigt. Gesteuert wird das System über Knöpfe auf dem den Angaben zufolge nur 200 Gramm wiegenden Batterieset, welches der Mitarbeiter am Gürtel trägt.

© Technologieradar: Lagerlogistik: DB Schenker setzt Smart-Picking-Brille ein. In: www.technologieradar.de, 10.07.2020

M3 Wie wird KI den Absatz zukünftig beeinflussen?

Die KI hat das Potenzial, die Produktivität im […] [Absatz] deutlich zu steigern, aber wir sind noch weit davon entfernt, dieses Potenzial zu realisieren. Die heutige Mainstream-KI besteht aus einfachen Erinnerungen und Vorschlägen für vielbeschäftigte Verkäufer, die sich aus dem Durchsuchen von Telefonlisten, E-Mails und Kalendern ergeben.

Das Allheilmittel der KI für den […] [Absatz] ist jedoch ein intelligenteres, personalisierteres und vorausschauenderes Kundenerlebnis. In einer solchen Welt hätten […] [Absatz]mitarbeiter echte persönliche Interaktionen und wären zuversichtlich zu wissen, dass das, was sie sagen und zeigen, bewährt und auf ihren Kunden zugeschnitten ist. Damit eine solche Welt Wirklichkeit wird, müssen die Unternehmensinhalte und […] [Absatz]daten Teil der Lösung des Anbieters sein und nicht nur die Aktivität, die innerhalb der Grenzen einer bestimmten Plattform stattfindet.

So finden beispielsweise 90 % der […] [Absatz]aktivitäten außerhalb von CRM statt: Meetings, Präsentationen, E-Mails, Anhänge, Telefonate, […] etc. Und all dies lebt an verschiedenen Orten: E-Mail, Laptops, Laufwerke, […], Papierordner. […]. Alle diese Daten müssen in die KI-Lösung eingegeben werden, um den Mitarbeitern genaue Empfehlungen und Hinweise zu geben.

CRM: Customer-Relationship-Management, auch Kundenbeziehungsmanagement

Rainsberger, Livia: Die Schlüsselfragen zur künstlichen Intelligenz im Vertrieb. In: www.wissence.at (Abruf am 30.11.2021)

M4 Chatbots im Vertrieb

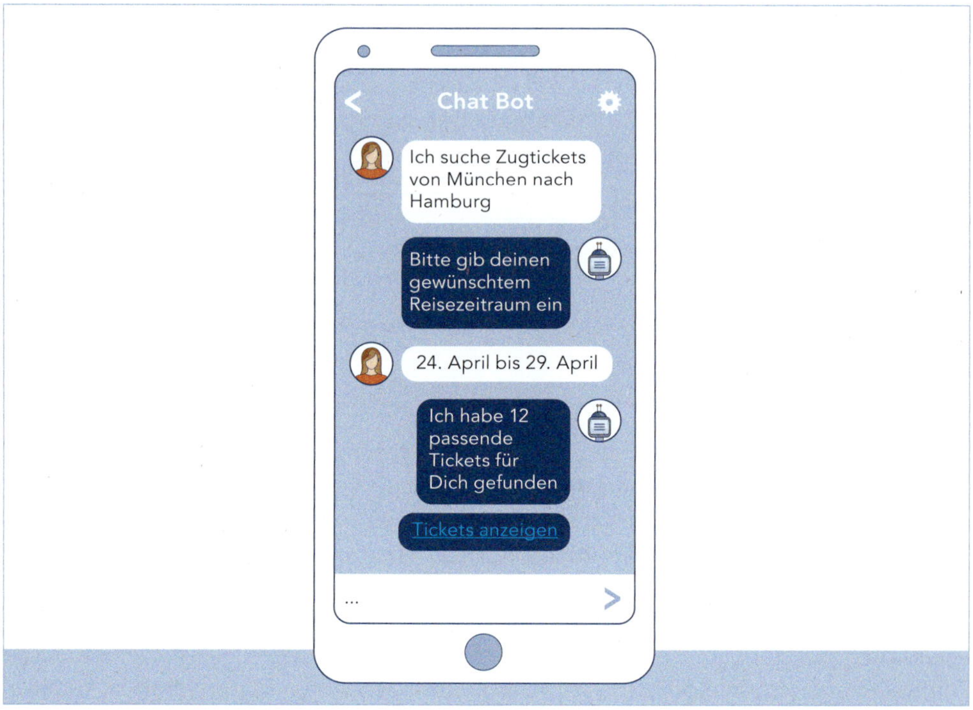

M5 Der Blick in die digitale Glaskugel

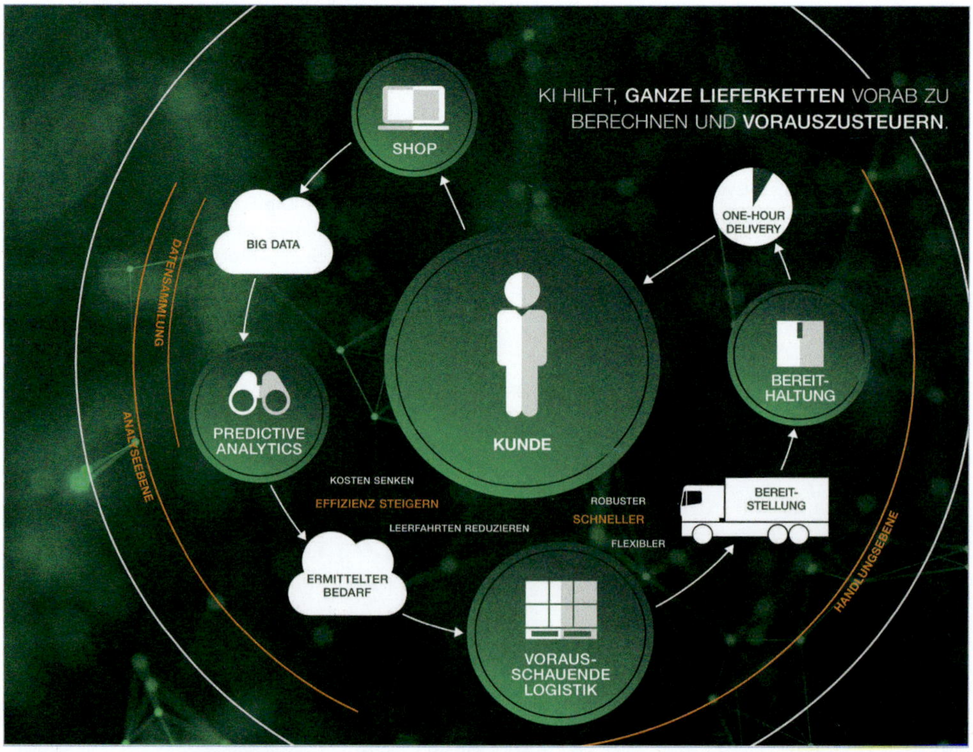

Simplexity: Wie kann KI Ereignisse im Lager vorhersehbar machen? In: www.simplexity.news

Wenn es um den Wunsch geht, in die Zukunft zu sehen, fällt meist das Schlagwort „Predictive Analytics". Gemeint ist hier nichts anderes als eine vorausschauende Betrachtung der Abläufe. Intelligente Systeme verarbeiten dazu in Echtzeit Daten aus der Vergangenheit und aus der Gegenwart. Mit den Millionen von Informationen und „Erfahrungen" beurteilt KI dann die Lage und schließt auf künftige Entwicklungen. Genau das macht die Intelligenz eines Systems aus: Daten richtig auszulegen, um daraus praktische Handlungsanweisungen zu machen. [...]
Noch anspruchsvoller wird es, wenn es um den Bedarf und die „Launen" des Endkunden geht. Zu wissen, was er demnächst bestellen wird, ist ein wertvoller Vorsprung. Unternehmen wie Amazon arbeiten daran, genau dieses KI-Wissen in immer kürzere Lieferzeiten zu verwandeln. Demnächst voraussichtlich gefragte Waren werden schon vor der Bestellung im nächstgelegenen Hub bereitgestellt. Das Ergebnis: Die Ware ist bereits versandfertig, während der Kunde noch überlegt, auf den Bestell-Button zu drücken.

Hub:
zentraler Ort, Knotenpunkt

© Simplexity Intralogistics Insights: Wie kann KI Ereignisse im Lager vorhersehbar machen?. In: www.simplexity.news (Abruf am 30.11.2021)

Aufgaben

1. Beurteilen Sie die Verfahren Einzelkommissionierung und Sammelkommissionierung vor dem Hintergrund der Steuergrößen Qualität, Zeit, Kosten (M1).
2. Zeigen Sie die notwendigen informationstechnologischen Voraussetzungen bei Sammelkommissionierungen auf (M1).
3. Diskutieren Sie die Verwendung einer Datenbrille im Bereich der Kommissionierung. Gehen Sie dabei auch auf mögliche Probleme des Datenschutzes und der Datensicherheit ein (M2).
4. Arbeiten Sie aus M3 heraus, dass KI im Vertrieb gewinnbringend eingesetzt werden könnte.
5. Zeigen Sie anhand von M3 auf, weshalb eine zunehmende Integration der Daten innerhalb eines Unternehmens Grundlage für den Einsatz von KI innerhalb des Unternehmens ist.
6. Erklären Sie anhand der Grafik M4 die Funktion eines Chatbots.
7. Sammeln Sie Informationen und Daten, auf die der Chatbot in der dargestellten Situation Zugriff haben sollte, um seine Aufgabe bestmöglich zu erfüllen (M4).
8. Diskutieren Sie den Einsatz von Chatbots aus der Kunden- und Unternehmerperspektive (M4).
9. Nennen Sie Quellen, aus denen eine KI in M5 passende Informationen entnehmen kann.
10. Diskutieren Sie die Wahrscheinlichkeit folgender These: In Zukunft werden die von mir benötigten Artikel auch ohne Bestellung rechtzeitig an mich geliefert. Beachten Sie dabei auch die benötigte Daten und deren Beschaffung vor dem Hintergrund des Datenschutzes (M5).

Fachwissen im Zusammenhang – Lernbereich 1.3

eEPK ➥ Kapitel 1.3.2	Eine erweiterte Ereignisgesteuerte Prozesskette ist eine erweiterte Darstellung einer EPK, die um Informationsobjekte (wie z. B. Dateien, Datenbanken) und Organisationseinheiten ergänzt ist. Dadurch steigt der Informationsgehalt der Modellierung. Informationsobjekte sowie Organisationseinheiten sind immer direkt an Funktionen angebunden: 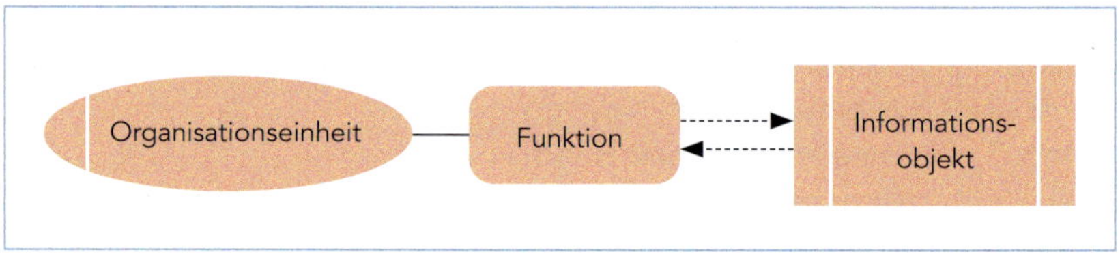 Dabei gibt die Pfeilrichtung an, ob ein Schreibzugriff (Pfeilrichtung zum Informationsobjekt) oder ein Lesezugriff (Pfeilrichtung vom Informationsobjekt zur Funktion) stattfindet. Die Funktion wird von der angegebenen Organisationseinheit ausgeführt.
Innerbetrieblicher Leistungserstellungsprozess ➥ Kapitel 1.3.1	Unter dem innerbetrieblichen Leistungserstellungsprozess versteht man die Grundfunktionen Beschaffung, Produktion, Absatz. Der Bereich **Beschaffung** ist für die Versorgung von Materialien und Dienstleistungen des Unternehmens von außerhalb zuständig. Dazu zählt z. B. der Einkauf und das Lagerwesen. Im Bereich **Produktion** erstellt das Unternehmen durch die Kombination von Produktionsfaktoren das hergestellte Produkt. Dabei kann es sich sowohl um Waren als auch um Dienstleistungen handeln. Der Bereich **Absatz** stellt die Schlussphase des innerbetrieblichen Leistungserstellungsprozesses dar. Das Produkt wird hier an den Kunden abgesetzt. Hier finden sich betriebliche Funktionen wie z. B. der Vertrieb, aber auch die Kundenakquise wieder.
Notwendigkeit des Denkens in Prozessen ➥ Kapitel 1.3.1	An einem Prozess in einem Unternehmen sind meist mehrere Organisationseinheiten beteiligt, z. B. beim Bestellprozess bei einem Onlineversandhändler u. a. die Abteilungen Einkauf, Lager, Versand und ein Logistikdienstleister. Um den Prozess nicht aus den Augen zu verlieren ist es darum innerhalb von Unternehmen wichtig, das Augenmerk auf die Prozesse und nicht nur auf die einzelnen Funktionsbereiche zu legen, um erfolgreich zu sein. Auch können Schwachstellen in Prozessen so leichter identifiziert werden. Dabei unterscheidet man Kernprozesse (mit diesen Prozessen verdient das Unternehmen sein Geld) von unterstützenden Prozessen (wie z. B. Buchhaltung, Verwaltung) und Management-Prozessen (Führung und Leitung).

Steuergrößen von Geschäftsprozessen
➥ Kapitel 1.3.1

Die Prozesse im Unternehmen müssen hohe Anforderungen bezüglich Qualität, Zeit und Kosten erfüllen. Mögliche Ziele der einzelnen Steuergrößen könnten sein:

Qualität	Zeit	Kosten
• Null-Fehler-Standard • Langfristig hoher Qualitätsstandard	• Geringe Durchlaufzeit • Geringe Entwicklungszeit • Kurze Lieferzeit	• Geringere Kosten pro Einheit durch hohe Kapazitätsauslastung • Niedrige Prozesskosten • Geringe Ressourcenverschwendung

Allerdings handelt es sich hier auch um ein „magisches Dreieck", denn die einzelnen Steuergrößen beeinflussen sich gegenseitig. So geht z. B. eine höhere Qualität oftmals auch mit höheren Kosten und längerer Prozesszeit einher.

Überblick Prozessorientierung
➥ Kapitel 1.3.1

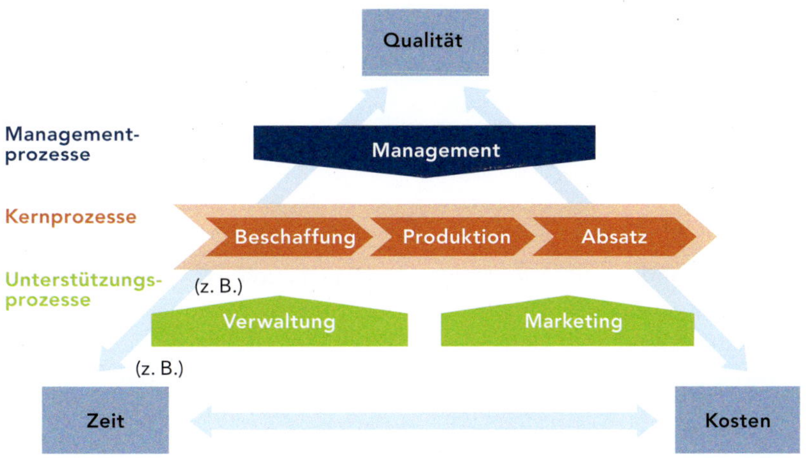

Fachwissen im Zusammenhang – Lernbereich 1.3

Beschaffungsarten
➥ Kapitel 1.3.3

Material kann auf verschiedene Weisen beschafft werden. Bestellt man immer nur dann, wenn man das Material benötigt (z. B. auch bei sehr kleinen Losgrößen), spricht man von der **Einzelbeschaffung**. Bestellt man Waren in ausreichender Stückzahl im Voraus und hält diese dann im eigenen Lager bereit, so spricht man von der **Vorratsbeschaffung**. Organisiert man die Beschaffung so, dass die Ware synchron oder sogar in der richtigen Reihenfolge direkt an die Produktion angeliefert wird, so spricht man von der **just-in-time**- oder **just-in-sequence-Beschaffung**.

	Einzelbeschaffung	**Vorratsbeschaffung**	**Just-in-time**
Vorteile	Geringe Lagerhaltungskosten Geringe Kapitalbindung	Produktion bleibt flexibel Kosteneinsparungen durch hohe Bestellzahl Geringes Risiko	Geringe Lagerhaltungskosten Schnellere Durchlaufzeiten Geringere Kapitalbindung
Nachteile	Produkte pro Stück teurer Ggf. Wartezeiten und Produktionsausfälle	Hohe Kapitalbindung Hohe Lagerhaltungskosten Keine Flexibilität bei Nachfrageschwankung	Anfällig gegen externe Einflüsse wie Naturkatastrophen, Streiks, etc. Hohe Vernetzung entlang der Lieferkette nötig

Wareneingang und Lager
➥ Kapitel 1.3.4

Der Wareneingang ist auch ein Teil des Beschaffungsprozesses. Die Lieferung wird quantitativ und qualitativ überprüft, bevor Sie eingelagert oder zur Produktion gebracht wird. Bei der Lagerhaltung unterscheidet man die **klassische Lagerhaltung**, bei der jedes Material einen festen Platz hat, von der **chaotischen Lagerhaltung**. Letztere ist deutlich flexibler, da dort die Waren an einen beliebigen freien Platz eingelagert werden. Allerdings benötigt man dazu ein passendes Lagersystem, in dem Standplatz und Quantität gespeichert sind, da man sonst die Waren und Materialien nicht wiederfindet und den Überblick über den vorhandenen Bestand verliert. Mittels Objektkennzeichnungen durch **Barcode**, **QR-Code** oder **RFID-Chips** wird die chaotische Lagerhaltung erst ermöglicht.

Produktions-programm ➥ Kapitel 1.3.6	Unternehmen müssen sich in der Produktion entscheiden, welche Fertigungsbreite und **Fertigungstiefe** produziert werden soll. Dabei gibt die Fertigungsbreite die Anzahl der gefertigten Produktvarianten oder Modelle an. Die **Fertigungstiefe** hingegen bezeichnet den Eigenanteil an der Fertigung, also welche Produktionsschritte das Unternehmen selber durchführt. In enger Verbindung zur Fertigungstiefe steht auch die **make-or-buy**-Entscheidung. Kauft man vorgelagerte Produktionsschritte zu oder lagert man einzelne Produktionsschritte aus, so verringert sich die eigene Fertigungstiefe. Auch die **Losgröße**, also die Anzahl der pro Fertigungsauftrag gefertigten Produkte, spielt eine Rolle. Sind die Losgrößen gering, müssen Maschinen häufig umgerüstet werden. Diese **Rüstzeiten** wirken sich negativ auf die Steuergröße Kosten aus. Andererseits können durch zu große Losgrößen auch Kosten durch erhöhte Lagerhaltung und Kapitalbindung entstehen.
Produktions-prinzipien ➥ Kapitel 1.3.6	Um den Produktionsprozess hinsichtlich der Steuergrößen Qualität, Zeit und Kosten zu verbessern gibt es v. a. in der industriellen Fertigung verschiedene Ansätze, um bei größtmöglicher Kundennähe, Qualität und Flexibilität trotzdem ressourcen- und kostensparend zu produzieren. Ein Ansatz ist das Prinzip **mass customization**, auch kundenindividuelle Massenfertigung genannt. Der Kunde soll aus einer Vielzahl von Produktvarianten sein individuelles Modell zusammenstellen können, bei der Produktion möchte man aber die Vorteile einer Massenproduktion nutzen. Eine Möglichkeit, das zu erreichen, ist die Standardisierung von Bauteilen. Aus einem festen „Baukasten" mit festen Modulen werden viele verschiedene Produktvariationen hergestellt. Dies wird auch als **Baukastenprinzip** oder modulare Fertigung bezeichnet. Auch die **Plattformstrategie** begünstigt mass customization. Hier werden ausgehend von der gleichen Plattform (z. B. ein Fahrwerk in der Automobilindustrie) verschiedene Produkt- oder Modellvarianten gefertigt.

Fachwissen im Zusammenhang – Lernbereich 1.3

Automatisierung ➥ Kapitel 1.3.6	Standardisierte Produktionsprozesse können auch automatisiert werden. Dabei kommen neben robotergestützten **Fertigungsstraßen** (wie z. B. in der Automobilproduktion) auch **flexible Fertigungssysteme** in Frage, die automatisch verschiedene Produktvariationen fertigen und auch Werkzeugwechsel automatisch vornehmen können. Voraussetzung der Automatisierung ist jedoch immer eine klare Dokumentation der Prozesse sowie ein vernetztes IT-System zur Planung, Steuerung und Kontrolle.
Interne Logistik ➥ Kapitel 1.3.7	Der internen Logistik kommt in hochautomatisierten Produktionsunternehmen eine hohe Bedeutung zu. Stockt die Versorgung, so stockt auch die Produktion. Hier hat sich das **Pull-Prinzip** (auch Kanban-Prinzip) etabliert. Die Materialversorgung erfolgt hier nicht durch bedarfsunabhängige ständige Lieferung (Push-Prinzip), sondern nur dann, wenn die vorangelagerte Stelle ein Signal gibt, z. B. weil ein gewisser Bestand unterschritten wurde (Pull-Prinzip). Auch **fahrerlose Transportsysteme (FTS)** kommen in diesem Bereich zum Einsatz, um die interne Logistik zu automatisieren.
Absatzkanäle ➥ Kapitel 1.3.9	Man unterscheidet zwischen direkten und indirekten Absatzkanälen. Beim **direkten Absatzkanal** ist das produzierende Unternehmen direkt im Kontakt mit dem Konsument, z. B. über einen Onlineshop, eigene Geschäfte oder Fabrikverkauf. Bei **indirekten Absatzkanälen** kommen die Produkte über Zwischenhändler zum Endkunden, je nach Anzahl der Zwischenhändler spricht man von ein- oder mehrstufigem indirektem Absatz.
E-Commerce ➥ Kapitel 1.3.10	E-Commerce, auch elektronischer Handel, umfasst grundlegend den kompletten Handelsverkehr im Internet – auch wenn man umgangssprachlich vor allem an Online-Shopping denkt. Unternehmen können sich hier entscheiden, ob sie selber einen Web-Shop anbieten oder ihre Waren und Dienstleistungen lieber über eine andere Online-Plattform, z. B. einen Online-Marktplatz, anbieten wollen. Auch der stationäre Handel greift immer stärker auf die zusätzlichen Online-Absatzkanäle zurück. Man spricht dann von einem Multi-Channel-Vertrieb.

Trends: KI und Smart Factory
➥ Kapitel 1.3.11

Der Begriff **Künstliche Intelligenz** (KI) bezeichnet das Verhalten einer Maschine, das – wenn sich ein Mensch genauso verhält – als intelligent angesehen wird. Dabei lernt eine KI aus Daten selbstständig oder erzeugt aus vorgegebenen Regeln durch die Anwendung von Logik neue Daten oder Modelle. Einsatzgebiete solcher Systeme finden sich im gesamten Unternehmen. Sei es als Chatbots im Kundenkontakt, bei der Einkaufs- oder Vertriebsunterstützung oder gar als Planungsinstrument über den Produktionsprozess hinweg. Durch eine immer größere Vernetzung der Maschinen, Bauteile, Mitarbeiter und Lieferanten entsteht hier ein großes Potential, welches letztendlich auch immer mehr zur Verwirklichung der Vision einer **Smart Factory** beiträgt, einer intelligenten, vernetzten und sich weitgehend selbstorganisierenden Fabrik.

Kompetenzcheck

M1 Digitale Innovation im Mittelstand

Der Mittelstand wird häufig dafür kritisiert, dass er die Digitalisierung verschlafen würde. Dabei wird leicht übersehen, dass er gerne im Verborgenen innoviert. [...] Darum haben wir insgesamt fünf mittelständische Unternehmen untersucht, die in puncto digitale Innovation Großkonzernen in nichts nachstehen, sondern im Gegenteil, ihnen in manchen Bereichen vielleicht sogar einen Schritt voraus sind. Die analysierten Unternehmen der Studie sind unterschiedlich groß, kommen aus verschiedenen Branchen und entstammen jeweils aus anderen geografischen Regionen. Damit bilden sie die mittelständische Wirtschaft Deutschlands in angemessener Weise ab. Das erste Fallbeispiel zeigt, wie es einem international führenden Familienunternehmen der Haushaltsgeräteindustrie gelungen ist, mittels einer digitalen Smartphone-App ein Zugangskontrollsystem für Mülltonnen stark zu vereinfachen. In der zweiten Fallstudie stellen wir vor, wie ein traditionelles Maschinenbauunternehmen durch die Einführung von Augmented-Reality-Brillen seinen Kundenservice verbessern konnte. Doch nicht nur die Prozessabläufe zwischen Unternehmen und Kunde lassen sich etwa durch Digitalisierung verbessern. Fallstudie drei macht deutlich, wie durch die Einführung einer internen Wiki-Software die Kommunikation in interdisziplinären Teams optimiert werden konnte und parallel die Mitarbeiter:innen dazu befähigt wurden, proaktiver zu arbeiten. Das vierte Fallbeispiel beschreibt einen klassischen Maschinenbauer, der es geschafft hat, durch den Einsatz einer cloud-basierten Plattform die Produktivität seiner eingesetzten Maschinen bei seinen Kunden vor Ort zu steigern. In der letzten Fallstudie geht es wiederum um ein traditionsreiches norddeutsches Verlagshaus, das dank einer digitalen Anzeigenplattform nun auch online auf wichtige Anlässe wie Geburten, Konfirmationen oder Hochzeiten hinweisen kann.

© Alexander von Humboldt Institut für Internet und Gesellschaft/Sirius Minds GmbH (Hrsg.): Digitale Innovation im Mittelstand – Fallbeispiele erfolgreicher Digitalisierungsprojekte. März 2019, S. 3

Auszug aus der Studie „Digitale Innovation im Mittelstand"

Mediencode 82110-11

M2 Fallbeispiele erfolgreicher Digitalisierungsprojekte

	Produkt und Dienstleistungen	Marketing-konzepte	Reorganisation Workflow	Know-how-Aufbau	Digitalisierung Kundenkontakt	Erneuerung IT-Strukturen
Intelligente Müllentsorgung	●				●	●
Smart Glasses	●		●			
Digitale Arbeitsplattform			●	●		●
Industrial-Internet-of-Things	●		●	●	●	
Online-Anzeigenplattform		●				●

© Alexander von Humboldt Institut für Internet und Gesellschaft/Sirius Minds GmbH (Hrsg.): Digitale Innovation im Mittelstand – Fallbeispiele erfolgreicher Digitalisierungsprojekte. März 2019, S. 21

Aufgaben

Bilden Sie fünf Arbeitsgruppen zu den in M1 angesprochenen Fallstudien und laden Sie die Studie über den QR-Code herunter.

1 Analysieren Sie die Ausgangslage und Situation des Unternehmens Ihrer Fallstudie.

2 Beschreiben Sie den in Ihrer Fallstudie geschilderten Vorgang vor der digitalen Innovation und zeigen Sie das Verbesserungspotential auf.

3 Arbeiten Sie die Vorteile der digitalen Innovation Ihrer Fallstudie im Hinblick auf die Steuergrößen Qualität, Zeit und Kosten heraus.

4 Erklären Sie die Zuordnung ihres Fallbeispiels zu den in M2 genannten Kategorien.

5 Schätzen Sie ab, inwieweit sich die in Ihrer Fallstudie beschriebene Innovation auch auf andere Unternehmen in anderen Branchen übertragen ließe und welche Vorteile dadurch mit Blick auf die Steuergrößen Qualität, Zeit und Kosten entstehen könnten.

6 Erstellen Sie eine Präsentation, in der Sie Ihre Ergebnisse darstellen und anschließend im Plenum vorstellen.

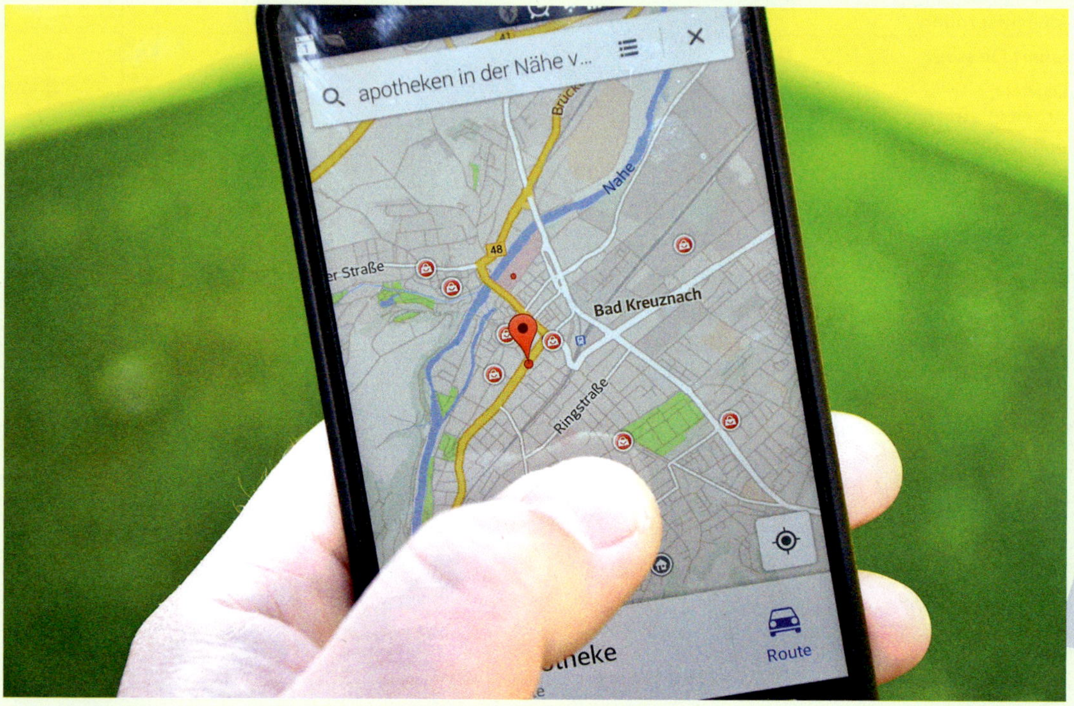

Moderne Navigationssoftware ist dank Smartphone heute jederzeit verfügbar.

Aufgaben

1. Sammeln Sie Informationen, die ein Programm braucht, um Routen planen zu können.
2. Beschreiben Sie, wie mit diesen Informationen die schnellste Route gefunden werden könnte.
3. Recherchieren Sie weitere Funktionen, die in aktuellen Navigationsgeräten mit Anbindung an das Internet angeboten werden.
4. Diskutieren Sie die Erfassung und Verwendung von Daten durch den Anbieter bei der Nutzung von Navigationsgeräten.

2 Algorithmik

Ein Leben ohne Algorithmen? Heute nicht mehr denkbar. Täglich verwenden wir selbst Algorithmen oder lösen diese aus. Der Wecker im Smartphone, der uns am Morgen weckt, die Heizungssteuerung im Haus, die dafür sorgt, dass immer warmes Wasser vorhanden ist, oder das Navigationssystem, das uns mit minutengenauer Fahrzeitberechnung schnellstmöglich durch alle Verkehrsbehinderungen lotst. Überall hier kommen Algorithmen zum Einsatz, die uns im Alltag unterstützen, aber auch immer stärker unser Verhalten beeinflussen.

Das können Sie nach diesem Kapitel:

- sich vorausschauend und reflektiert im Umgang mit IT-Systemen verhalten.
- Algorithmen entwickeln und modellieren, die wiederkehrende Prozesse abbilden und automatisieren.
- Probleme durch den Entwurf und die digitale Umsetzung von Algorithmen lösen.
- die Funktionsweise ausgewählter komplexer Algorithmen aus Ihrem Alltag analysieren und erläutern.
- mithilfe einer visuellen Programmiersprache Algorithmen implementieren.

2.1 Was ist ein Algorithmus?

Ihre Mutter fährt Sie zum Auswärtsspiel Ihrer Handballmannschaft. Plötzlich meldet das Navigationssystem auf der Straße einen Unfall, der zu einer verzögerten Ankunftszeit führt, und gibt einen Vorschlag für eine alternative Route zur Turnhalle. Sie geben über Ihre Smartwatch dem Team Bescheid, dass Sie etwas später kommen. Heute alles eine Selbstverständlichkeit, aber wie funktionieren diese Systeme überhaupt?

M1 Eine Anleitung

Der Entstehungsprozess eines Burgers.

M2 Was ist ein Algorithmus?

Der Begriff „Algorithmus" fällt immer wieder, wenn von Computern und Technik die Rede ist. Für vieles, was du aus dem Alltag kennst, werden Algorithmen genutzt, sei es die Fußgängerampel auf deinem täglichen Schulweg oder die Suchmaschine auf deinem Smartphone. Was verbirgt sich dahinter? Was macht ein Algorithmus, wie funktioniert er? […] Heutzutage ist der Begriff vor allem im Zusammenhang mit Computersystemen geläufig. Damit ein Computer etwas machen kann, muss er zunächst einmal wissen, was wir von ihm wollen. Wir müssen ihn also programmieren. Das machen die IT-Spezialisten mit sogenannten Quellcodes: Darin erklären sie dem Computer, was sie von ihm wünschen, und geben Anweisungen, was das System machen soll – und zwar möglichst genau. […]

Ein Algorithmus ist somit eine ausführbare Folge von Anweisungen, welche zur Lösung eines bestimmten Problems aus Eingabewerten einen Ausgabewert erstellt. Mögliche Eingabeparameter und die Verarbeitungsvorschriften müssen vom Ersteller im Vorfeld spezifiziert werden.

© genius: Unsichtbare Assistenten. Was Algorithmen mit Autos zu tun haben. In: www.genius-community.com (Abruf am 23.11.2021)

M3 Elektronische Unterstützungssysteme

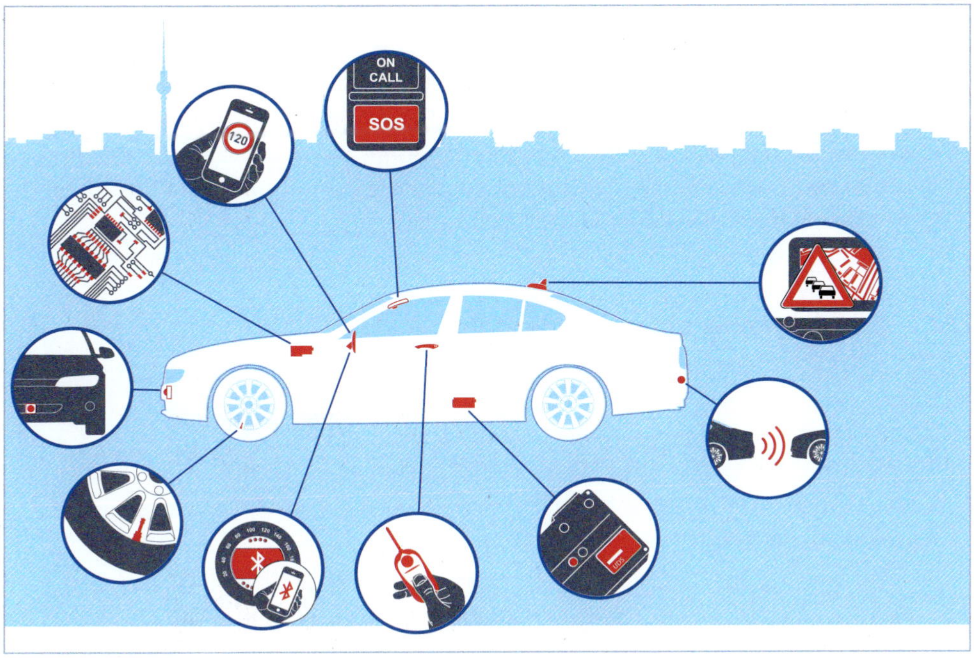

Unterstützungssysteme in einem Fahrzeug, © www.infografiker.com

Aufgaben

1. Verfassen Sie ein Burger-Rezept (M1).
2. Erklären Sie, inwiefern Ihr Rezept aus Aufgabe 1 die Voraussetzungen eines Algorithmus erfüllt und passen Sie Ihre Lösung gegebenenfalls an (M2).
3. Sammeln Sie Abläufe aus dem Alltag, welche mithilfe von Algorithmen beschrieben werden können (M2). Stellen Sie die Grenzen dieser Algorithmen dar.
4. Beschreiben Sie, welche Daten im Fahrzeug in M3 erhoben werden und für welche Algorithmen sie verwendet werden könnten.
5. Diskutieren Sie die in M3 beschriebene Erhebung von Daten vor dem Hintergrund kommerzieller Datennutzung, informationeller Selbstbestimmung und Mehrwert für den Benutzer.

2.2 Wie arbeitet ein Suchalgorithmus?

Sie bereiten zu Hause die Folien für eine Multimediapräsentation vor. Dazu benutzen Sie Suchmaschinen, um passende Bilder und Informationen zu finden. Nachdem Sie die Suchbegriffe eingegeben haben, erhalten Sie eine Liste mit Ergebnissen. Dabei stehen die Ergebnisse, die am besten zur Suche passen, ganz oben in der Liste. Kann das ein Zufall sein?

M1 Suchergebnis einer Onlinesuche

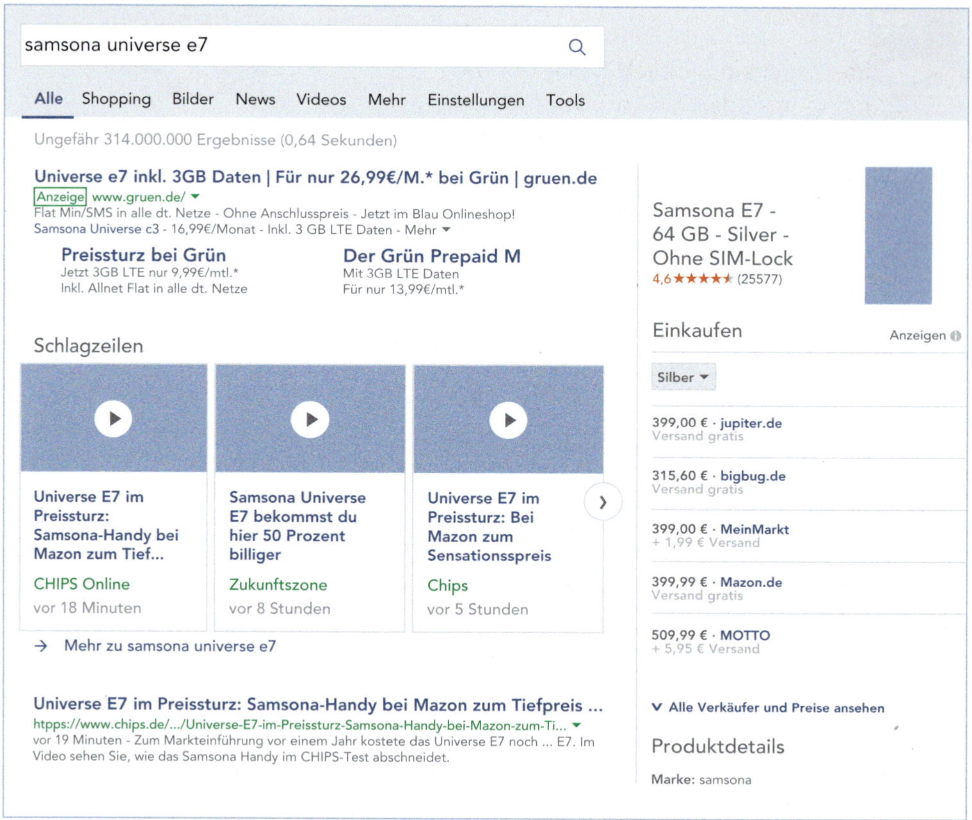

M2 Websiteindexierung durch Crawling

Als Crawling wird die Identifizierung von öffentlich zugänglichen Webseiten durch spezielle Software verstanden. […] Dazu ruft ein [automatisierter] Crawler Webseiten auf und folgt allen internen und externen Verlinkungen, um möglichst viele Seiten zu indexieren. Um den Inhalt und die Verlinkungen auf der Seite zu finden, liest der Webcrawler den Quellcode der Seite aus. Ist eine Webseite passwortgeschützt oder gibt sie eine Fehlerseite aus, dann ist sie für den Crawler nicht zugänglich und der Quellcode wird nicht ausgelesen. Eine solche Seite wird nicht in den Index aufgenommen. […]
Die durch das Crawling erfassten Daten werden von Suchmaschinenbetreibern indexiert und damit den Suchmaschinen

zur Verfügung gestellt. Der Index ist hierbei die Speicherung aller gecrawlten Seiten, die nicht von den Webseitenbetreibern ausgeschlossen wurden bzw. von den Suchmaschinen als irrelevant betrachtet werden. Der Index bildet die Datengrundlage, auf die bei einer Suchanfrage durch einen Nutzer zurückgegriffen wird.
Diese Suchanfrage setzt dann einen komplexen Algorithmus in Gang, um die bestmöglichen Ergebnisse ausliefern zu können. Die Reihenfolge dieser Ergebnisse wird dann als Ranking bezeichnet. Welche Webseite an Position 1 der organischen Ergebnisse steht, wird durch unterschiedliche Ranking-Faktoren bestimmt.

Werner, Claudia: Crawling und Indexierung von Webseiten: Theorie und Praxis. In: www.more-fire.com, 28.09.2020

M3 PageRank-Algorithmus

1. Starte auf einer beliebigen Webseite.
2. Folge irgendeinem Link von dieser Seite und erhöhe den Wert der Zielseite.
3. Starte wieder bei Schritt 2. Springe von Zeit zu Zeit wieder zu Schritt 1.

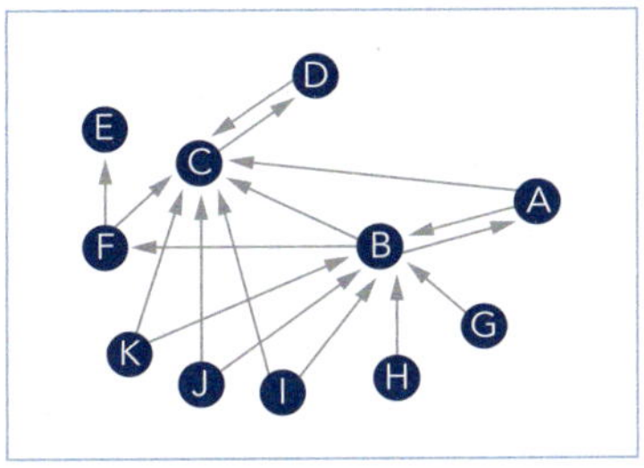

Webseiten mit Verlinkungen

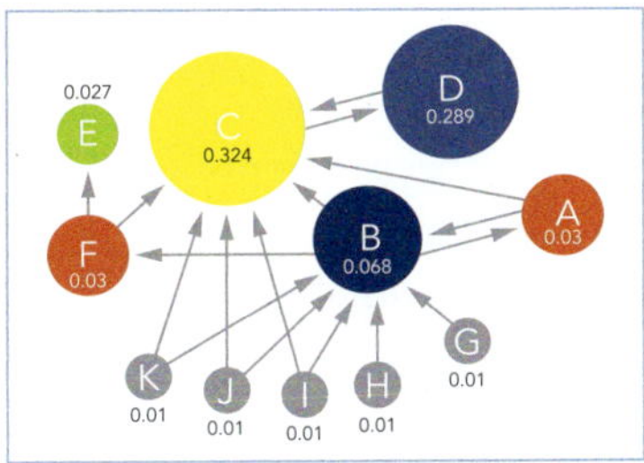

Ergebnis des PageRank Algorithmus

Bearbeiter

Aufgaben

1 Geben Sie in eine Suchmaschine einen Begriff mit mehreren Bedeutungen (z. B. Bank, Absatz, Schlange) ein. Versuchen Sie nun Ihre Suchanfrage so zu ergänzen, dass nur Suchergebnisse mit der gewünschten Bedeutung erscheinen (M1).

2 Erklären Sie, welche weiteren Ergebnisse die Suchalgorithmen neben den gefundenen Webseiten bereitstellen (M1).

3 Vollziehen Sie die Arbeit eines Web-Crawlers nach, indem Sie drei zufällig ausgewählte Seiten nach folgenden Kriterien indizieren: z. B. Datum der letzten Einträge, verwendete Keywords, Verweise auf andere Seiten (M2).

4 Beschreiben Sie, wie das Ergebnis des PageRank-Algorithmus in M3 zustande kommt.

5 Zeigen Sie auf, dass nach Veröffentlichung des PageRank-Algorithmus (M3) die Ergebnisse manipuliert werden konnten und erklären Sie die Notwendigkeit zur Weiterentwicklung des Algorithmus.

2.3 Wann kann man einen Algorithmus verwenden?

Bestimmt haben Sie in der letzten Zeit ein Produkt im Internet bestellt. Neben den kurzen Lieferzeiten überzeugt oft auch das große Angebot, bei dem klassische Einzelhändler vor Ort nicht immer mithalten können. Aber wie können Onlineversandhändler Ihre Bestellung bei einem so großen Sortiment so schnell finden und rechtzeitig versenden?

24/7:
24 Stunden an 7 Tagen die Woche

Ladungsträger:
tragendes Mittel zur Zusammenfassung von Gütern, wie z. B. Palette, Container.

Warenumschlag:
Ein- und Weiterverkauf von Waren.

M1 Automatisches Palettenlager

Kurze Bestellzyklen, geringere Losgrößen, kürzere Lieferzeiten: Automatiklager liefern Antworten auf gestiegene Marktanforderungen. Ihr Plus: höherer Durchsatz, mehr Schnelligkeit und Sicherheit im Materialfluss sowie selbstverständlicher Umgang mit unterschiedlichen Ladungsträgern. […]
Geschwindigkeit und Effizienz sind entscheidend, wenn Sie höchsten Warenumschlag realisieren wollen. Automatische Palettenlager spielen immer dann ihre Stärken aus, wenn im Mehrschichtbetrieb (bis 24/7) und/oder auf begrenztem Raum eine große Anzahl von Artikeln gelagert und umgeschlagen werden. Regalsystem, Software und alle eingesetzten Geräte müssen dabei perfekt zusammenspielen.

© Jungheinrich: Automatisches Palettenlager. Automatisierte Hochregalstapler. In: www.jungheinrich.de (Abruf am 24.11.2020)

M2 Chaotische Lagerhaltung

Bei der chaotischen Lagerhaltung werden alle Lagerplätze elektronisch verwaltet. Dabei muss für jeden Platz eine eindeutige Identifikation, die Größe sowie eine Information, ob er bereits besetzt ist, gespeichert werden. Bei Eingang neuer Waren ermittelt das Warenwirtschaftssystem ausgehend von der Größe, der Häufigkeit der Bestellung oder auch den Verpackungseinheiten, automatisch den besten Platz. In modernen Lagersystemen ordnet dann ein automatisierter Roboter die Neuzugänge ein. Bei der Entnahme von Produkten ermittelt das Warenwirtschaftssystem ausgehend von der Bestellmenge und der Lagerzeit der Produkte automatisch den passenden Lagerplatz zur Entnahme.

Bearbeiter

Stapler in Lagerverwaltung

M3 Gleichbleibende Abläufe modellieren

Um den Materialfluss im automatisierten Lagersystem mit chaotischer Lagerhaltung aufrecht zu erhalten, muss die digitale Verwaltung der Waren mit der Steuerung der automatisierten Fahrzeuge optimal zusammenarbeiten. Bei Bedarf müssen die Fahrzeuge sofort Waren an den angegebenen Platz einlagern oder von dort abholen, auf Probleme selbstständig flexibel reagieren und permanent Rückmeldung über abweichende Bestände oder sonstige Schwierigkeiten geben. Gleichbleibende Abläufe wie das Abholen oder Einlagern von Waren können dazu durch Algorithmen beschrieben werden. Diese regeln allerdings nicht nur die einfache Fahrt zu einem bestimmten Platz des Lagers, sondern sollen für eine Vielzahl von Aufgaben und auftretende Probleme eingesetzt werden können. Ein Algorithmus soll daher auch in allen Sonderfällen und unvorhergesehenen Situationen korrekt arbeiten. Um die Funktion dieser Algorithmen in der Praxis sicherzustellen, werden die Programmabläufe mithilfe von Modellen entwickelt und getestet.

Bearbeiter

chaotische Lagerhaltung: siehe S. 52 M2

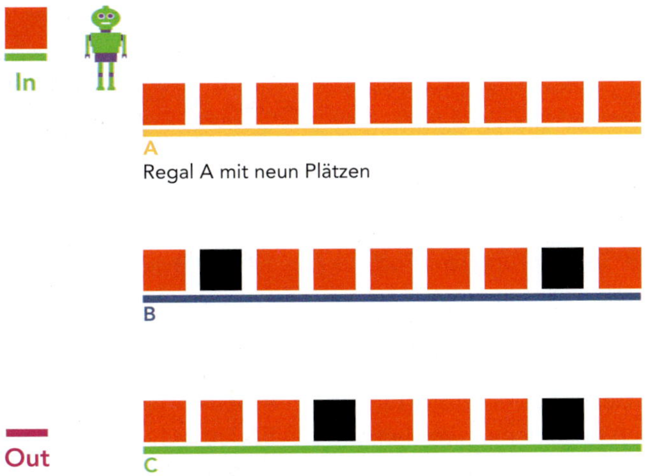

Modell eines automatisierten Lagers mit chaotischer Lagerhaltung

Aufgaben

siehe Aufgabenkasten S. 53

1. Stellen Sie die Vorteile eines automatisierten Lagersystems dar (M1).
2. Recherchieren Sie Vor- und Nachteile einer chaotischen Lagerhaltung (M2) und erklären Sie, in welchen Situationen der Einsatz eines solchen Systems sinnvoll ist.
3. Zeigen Sie Voraussetzungen für ein gut funktionierendes automatisiertes Lagersystem mit chaotischer Lagerhaltung auf (M1, M2).
4. Erklären Sie die Notwendigkeit der Modellbildung bei der Umsetzung von Algorithmen zur Lösung von Problemen (M3).
5. Stellen Sie Sonderfälle und unvorhergesehene Situationen dar, mit denen das in M3 dargestellte System umgehen können muss.

2.4 Wie arbeitet man in Scratch?

Link zu Scratch

Mediencode 82110-12

Programmieren kann man mit Text oder visuellen Elementen. Scratch ermöglicht schnell und einfach mithilfe vorgefertigter grafischer Blöcke eigene Algorithmen umzusetzen. Das Programm kann online ausgeführt oder am Computer installiert werden. Da die Oberfläche von der installierten Version und möglichen zukünftigen Updates abhängt, wird im Folgenden nur auf wichtige Bestandteile, die für die Implementierung von Algorithmen notwendig sind, eingegangen.
Die folgenden zwei Doppelseiten bieten die Möglichkeit, Informationen zu wichtigen Funktionen des Programms sowie Tipps zur Bedienung auch später noch einmal nachzulesen.

Erstellen, Öffnen und Speichern

Nach dem Öffnen von Scratch kann sofort ein neues Projekt erstellt werden. Zur Bearbeitung eines bestehenden Projekts wird dieses zuerst geöffnet. Dabei muss darauf geachtet werden, dass Scratch keine automatische Speicherfunktion besitzt! Schließt man das Programm ohne Speicherung der Fortschritte, sind diese verloren!

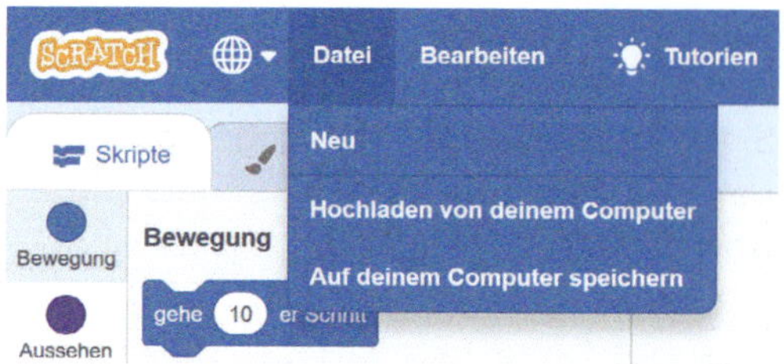

Abb. 1: Neues Projekt, Öffnen und Speichern

Tipp: Bei größeren Projekten sollten Arbeitsfortschritte in verschiedenen Dateien gespeichert werden, um bei Bedarf auf eine frühere Instanz zurückgreifen zu können. Diese Dateien sollten nach dem Fortschritt benannt und durchnummeriert werden. Auf die Verwendung von Sonder- und Leerzeichen wird in der Programmierung meist verzichtet: z. B. „2023_07_22_Lager.sb3", „230722_Lager_v1.sb3".

Bühne und Figuren erstellen und verändern

Bühne ist der Hintergrund des Programms.

In Scratch können Elemente wie Bühnen und Figuren verwendet werden. Um eine Umgebung für die programmierbaren Figuren zu erstellen, muss zuerst eine Bühne bestimmt werden. Diese kann aus einer Vielzahl bestehender Bilder ausgewählt, leer gelassen oder selbst mit Formen und Farben gestaltet werden. Die Figuren können dann später z. B. abhängig von den Farben im Hintergrund unterschiedliche Aktionen ausführen. Figuren können aus einer vorgegebenen

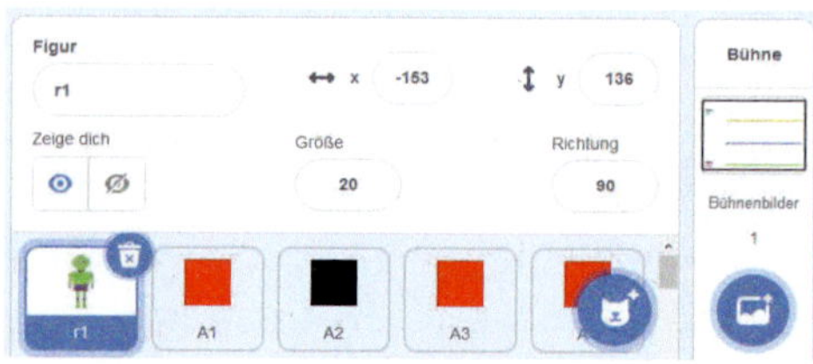

Abb. 2: Eigenschaften einer Figur

Bibliothek, vom Computer hochgeladen oder im Editor selbst erstellt werden. Name, Größe und Position können nach dem Klick auf die Figuren abgelesen und auch verändert werden. Um auch das Aussehen von Figuren im Programmablauf einfach zu verändern, können unterschiedliche Kostüme hinterlegt und grafisch einfach angepasst werden.

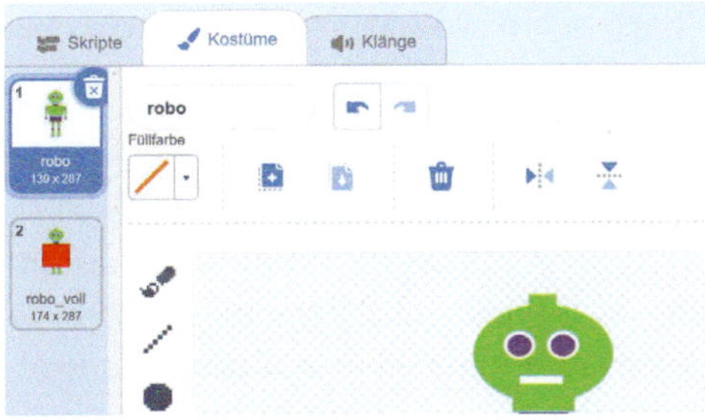

Abb. 3: Kostüme einer Figur

Kostüme sind unterschiedliche Ansichten eines Objekts.

Tipp: Darüber hinaus lassen sich alle Elemente mit den zugehörigen Kostümen, Programmen und Eigenschaften leicht (mit der rechten Maustaste) duplizieren. Hierzu sollte erst ein Element fertiggestellt und dann kopiert werden, um doppelte Arbeiten zu vermeiden.

Verwenden des Programmierbereichs

Sind Figuren und Bühnen angelegt, können für die jeweiligen Elemente Programme verfasst werden. Um ein Programm zu verfassen, werden nacheinander Code-Teile aus der Bibliothek per Drag and Drop in den Programmierbereich übernommen und wo nötig Parameter angepasst. Dabei ist zu beachten, dass erstellte Programmblöcke nur für die Bühne oder die Figur gelten, in der sie programmiert werden (hier im Roboter).

Parameter sind zusätzliche Informationen, die einige Methoden zur korrekten Ausführung benötigen.

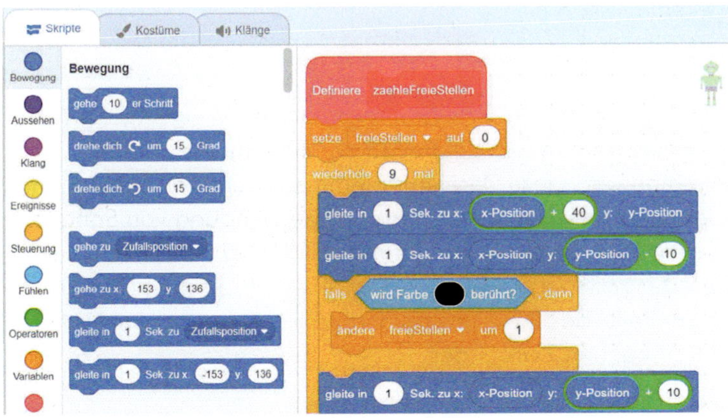

Abb. 4: Programmierbereich

Tipp: Programmteile können durch Ziehen auf ein anderes Element leicht kopiert werden.
Zum Kopieren von Programmteilen aus anderen Projekt-Dateien exportiert man die Figur, welche den Ablauf enthält. Wird diese Figur in das neue Projekt importiert, kann der Code wieder durch Ziehen in die aktuelle Figur übernommen werden. Anschließend kann die importierte Figur wieder gelöscht werden.

Programmablauf starten und beenden

Programme sollten so konzipiert werden, dass sie mit einem Klick auf das Startsymbol (grüne Fahne) ausgeführt werden. Die vom Programm ausgelösten Veränderungen an Bühnen und Figuren, werden in der Modell-Übersicht in Echtzeit ausgeführt. Ein Klick auf das Stoppsymbol hält die Programmausführung an. Alle Aktionen werden so unterbrochen und die Bühne und die Figuren verbleiben im aktuellen Zustand. Der Ablauf des Programms startet immer mit dem aktuellen Zustand der Figuren und Bühnen. Gegebenenfalls muss man diesen Zustand erst wieder zurücksetzen.

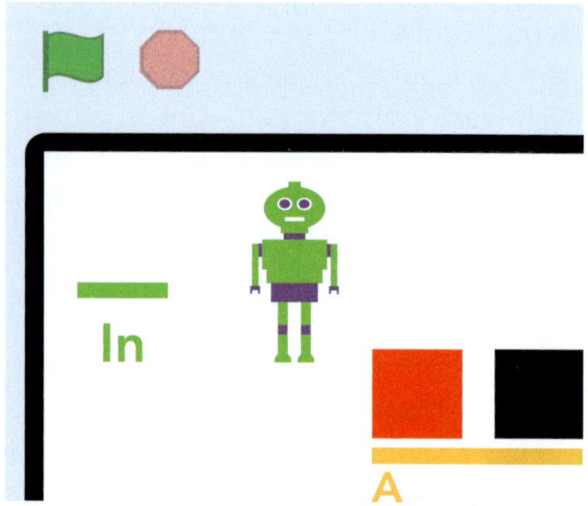

Abb. 5: Programm starten und beenden

Initialwerte definieren den Anfangszustand des Programms.

Tipp: Um dann aber schnell den Ausgangszustand wiederherstellen zu können, empfiehlt es sich, hier einen Block mit den Initialwerten zu erstellen, den man bei Bedarf immer wieder ausführen kann (z. B. durch drücken der Leertaste).
Ist eine Figur aus dem anzeigbaren Bereich geraten, kann seine Position über die Eingabe von x- und y-Koordinaten (siehe Abb. 2) neu gesetzt werden. Über das Stoppsymbol (rotes Achteck) kann der Programmablauf beendet werden.

Testen von Programmen

Beim Testen von Programmen wird stichprobenartig die Funktion bei korrekten Eingaben, vor allem an den Grenzen der Gültigkeit, und falschen Eingaben geprüft. Um zu erkennen, ob Teile des Algorithmus korrekt arbeiten, können Zwischenergebnisse oder Meldungen ausgegeben werden. Damit kann bei der Programmausführung schnell erkannt werden, welcher Programmteil gerade ausgeführt wird und wo sich Fehler befinden.

Abb. 6: Ausgabe erzeugen

Dazu kann man in Scratch die Objekte etwas mitteilen lassen. Durch die Verbindung von vordefiniertem Text und den aktuellen Werten in Variablen (siehe Abb. 6) wird die Aussagekraft von Fehlermeldungen erhöht und die Fehlersuche beim Programmtest vereinfacht.

Tipp: Ein Programm zur Lösung eines Problems sollte vor der Implementierung zuerst in Teilprobleme oder Teilaufgaben zerlegt werden. Erst wenn das Programm für ein Teilbereich korrekt arbeitet, sollte es um zusätzliche Bestandteile erweitert werden. Der Weg zu einem Lagerplatz kann beispielsweise zuerst direkt implementiert und getestet und erst im Anschluss um eine Hindernisüberprüfung erweitert werden. Implementierungen werden sonst zu komplex, um schnell mögliche Fehler ausfindig zu machen.

Implementierung kommentieren

Kommentare sind Hinweise des Programmierers, die bei der Ausführung des Programms nicht berücksichtigt werden (siehe Abb. 7). Durch sie wird der Code für all jene verständlicher, die ihn nicht selbst verfasst haben. Dies ist besonders bei kollaborativem Arbeiten unabdingbar. Darüber hinaus ermöglichen Kommentare aber auch einen Rückblick oder eine Dokumentation bereits gelöster Probleme und zeigt die eigene Progression bei der Softwareentwicklung.

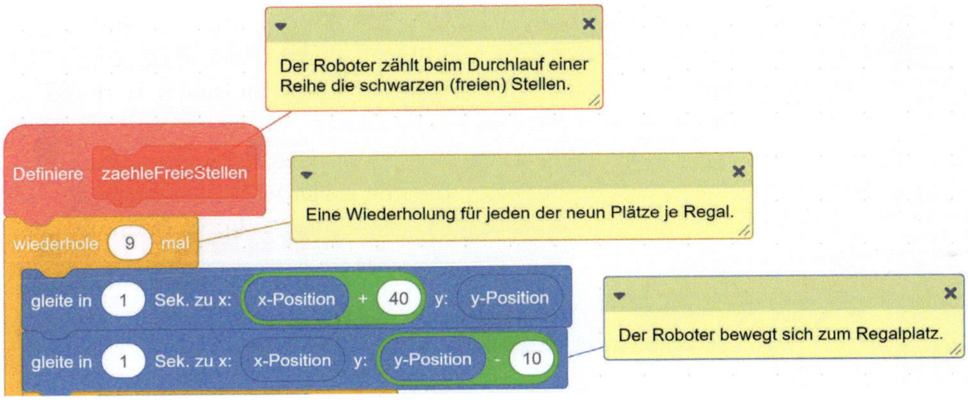

Abb. 7: Kommentare in Scratch

Tipp: Grundsätzlich sollten nur Bereiche des Quelltextes kommentiert werden, bei denen die Hinweise zum besseren oder schnelleren Verständnis notwendig sind. So sollte bei der ersten Verwendung von Variablen angegeben werden, für welchen Zweck sie eingesetzt werden. Bei Methoden, Wiederholungen und bedingten Anweisungen sollen Kommentare die grundlegende Funktion, den Ablauf nach der Ausführung oder nötige Eingabeparameter beschreiben.

Bearbeiter

2.5 Was kann der Roboter und was muss man ihm noch beibringen?

Zum Aufbau eines Möbelstücks oder zum Kochen eines neuen Gerichts braucht man eine Anleitung, in der die Abfolge der durchzuführenden Schritte vermerkt ist. Anweisungen wie „Legen Sie die Regalböden ein." oder „Braten Sie die Zwiebeln an." sind Ihnen sicher bekannt und daher auch leicht ausführbar. Verlangt die Anleitung aber komplexere Vorgehensweisen, die aus mehreren Teilschritten bestehen, wie z. B. „Scharnier einstellen" oder „Zucker karamellisieren", ist ein Erlernen neuer Fertigkeiten nötig. Ähnlich ist es auch bei der Programmierung des Roboters. Aber wie bringt man ihm neue Vorgehensweisen bei und welche kennt er schon?

M1 Roboter in Position bringen

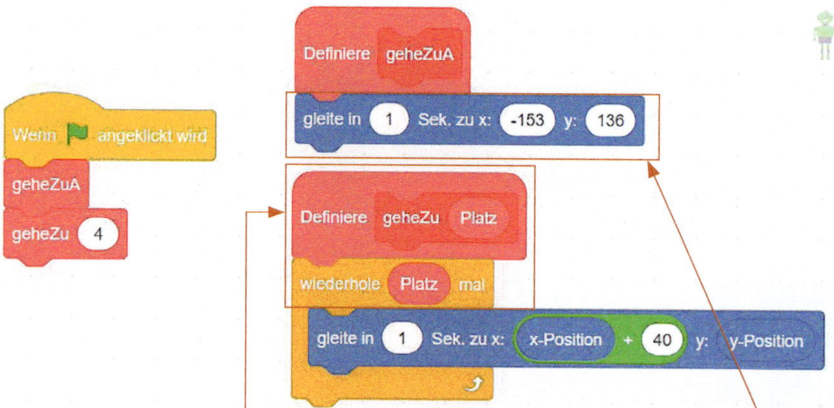

Abb. 1: Programmierbereich

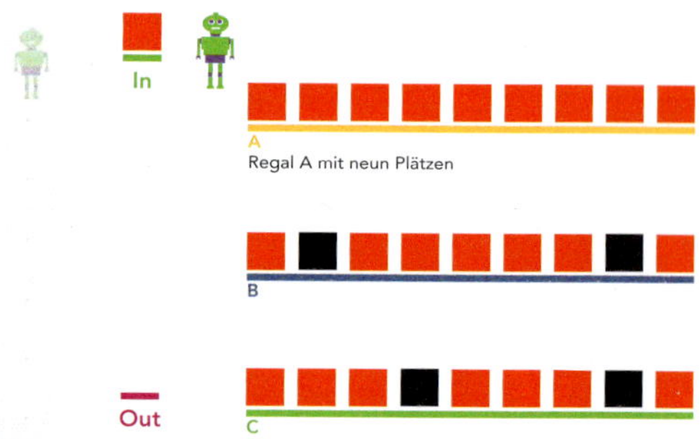

Abb.2: Bühne mit Objekt Roboter

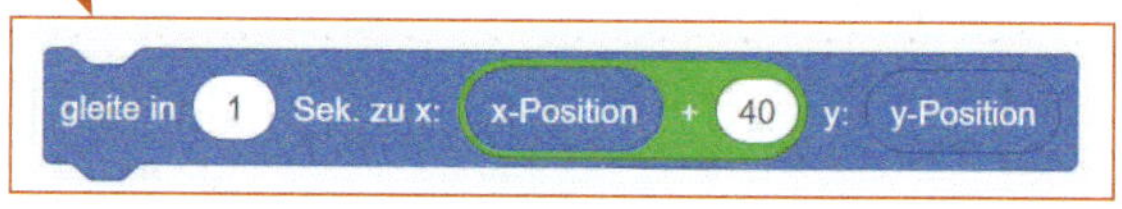

Abb. 3: Methode mit Übergabeparameter

Wird bei der Programmierung der Methode ein Übergabeparameter angegeben, so muss beim Aufruf auch ein Wert übergeben werden.

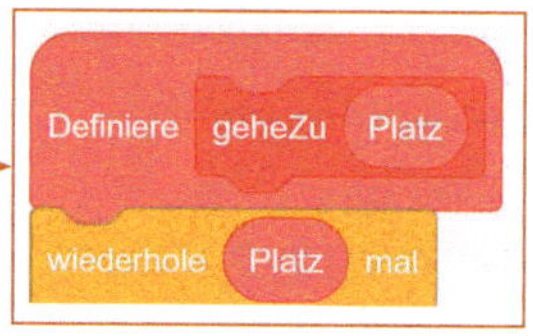

Abb. 4: Eingabewerte für Methoden

Eingabewerte von Methodenaufrufen können als Zahlen eingegeben, neu berechnet oder in Form von Attributwerten von Objekten übernommen werden.
Bearbeiter

Methode:
Eine neue Fähigkeit, die dem Objekt beigebracht wurde.

Übergabeparameter:
Benötigt eine Methode zur Ausführung weitere Informationen (z. B. hier: zu welchem Platz gegangen werden soll), muss ein Übergabeparameter verwendet werden. Dieser ist ein Platzhalter, der beim Aufruf der Methode mit konkreten Werten gefüllt wird.

M2 Methoden erstellen und verwenden

Mithilfe von eigenen Methoden (in Scratch „Blöcke") können Fertigkeiten der Bühnen und Figuren um neue Handlungsmöglichkeiten erweitert werden, der Roboter lernt also eine neue Methode. Dafür muss zuerst ein neuer Block un-

ter Angabe des Namens und der Übergabeparameter angelegt werden. Der zugehörige Block (siehe Abb. 3) erscheint dann automatisch im Programmierbereich und kann mit Anweisungen befüllt werden. Erst dann kann diese Methode in der Bibliothek ausgewählt und verwendet werden. Die Benennung der Methoden erfolgt im CamelCase Stil (z. B. **`geheZuA()`**, **`laufeBisZurWand()`**).
Braucht eine Methode weitere Informationen zur Erfüllung ihrer Aufgabe, müssen bei ihrer Erstellung Parameter angegeben werden. Dazu können die Datentypen Zahlen (siehe Abb. 3), Texte oder Wahrheitswerte verwendet werden. Beim Aufruf dieser Methode müssen dann konkrete Werte eingesetzt werden.
Methoden sollten immer dann angelegt werden, wenn die enthaltenen Anweisungen im Algorithmus mehrfach verwendet werden. Damit wird redundanter Code verhindert. Gleichzeitig sollen die Methoden mithilfe von Übergabeparametern oder Fallunterscheidungen aber auch eine Vielzahl an möglichen Anwendungsfällen abdecken können. Eine Methode **`setzeFarbeRot()`** sollte daher eher als **`setzeFarbe(Farbe)`** implementiert und dann mit dem Wert „rot" aufgerufen werden.
Bearbeiter

CamelCase Stil: Methodennamen aus mehreren Wörtern werden zusammengeschrieben, wobei der Anfangsbuchstabe jedes Wortes groß geschrieben wird.

Redundanter Code: Überflüssige, weil doppelt vorhandene Programmbestandteile.

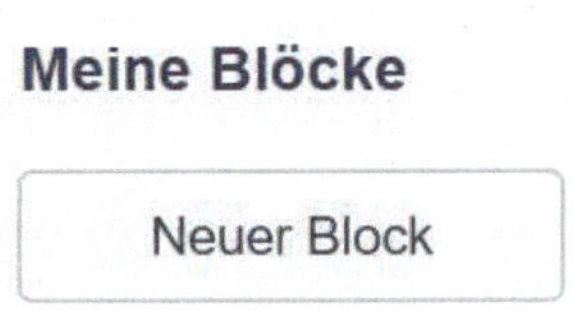

Neue Methode anlegen

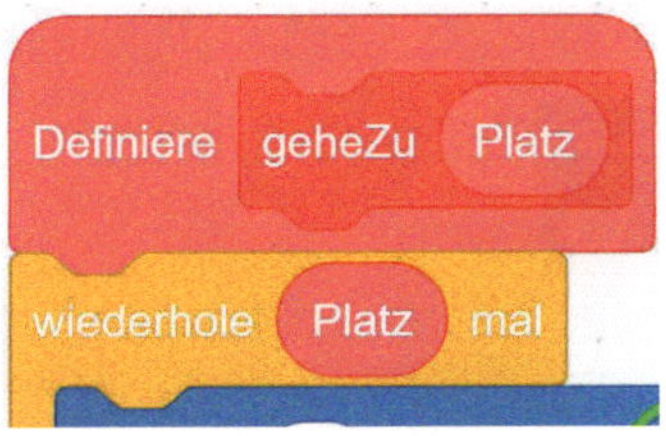

Mit Anweisungen füllen

Aufrufen

Aufgaben

1 Vollziehen Sie die Ausführung des Programms in M1 anhand der Bühne in M1 für unterschiedliche Übergabeparameter nach. Beschreiben Sie anschließend die Funktionsweise des Algorithmus in eigenen Worten.

2 Geben Sie für folgende Aufgaben passende Methodennamen an und entscheiden Sie jeweils, ob und wenn ja welche Parameter benötigt werden.
- Der Roboter soll nacheinander alle seine Kostüme zeigen lassen.
- Der Roboter soll zu einer übergebenen Position und wieder zurück gehen.

3 Implementieren Sie in Scratch das Programm in M1. Testen Sie Ihr Programm für unterschiedliche Eingaben. Verwenden Sie dazu die Datei *5_A3_geheZuA_Vorlage*.

4 Implementieren Sie die Methoden **`geheZuB()`** (x = -153, y=24) und **`geheZuC()`** (x= -153, y= -88). Duplizieren Sie dazu die Anweisung in der Methode **`geheZuA()`** und passen Sie diese an. Testen Sie anschließend die Methoden, in dem Sie den Roboter an einen bestimmten Platz in den Regalen B und C gehen lassen. Achten Sie darauf, dass der Roboter nicht durch die Regale läuft.

5_A3_geheZuA_Vorlage

Mediencode 82110-13

2.6 Wie handelt der Roboter in Entscheidungssituationen?

Ein Algorithmus soll in Situationen mit unterschiedlichen Gegebenheiten und Umständen korrekt arbeiten. Dazu muss er, abhängig von der Sachlage, die passenden Handlungsalternativen ausführen. Der Roboter trifft keine Entscheidungen selbst. Eine Methode legt fest, was passieren soll, wenn eine bestimmte Situation eintritt. Welche Situationen müssen bei welchem Algorithmus berücksichtigt werden?

M1 Freie Stellen zählen

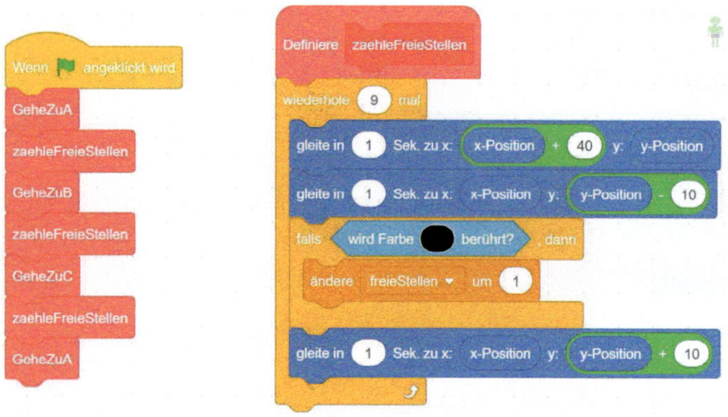

Abb. 1: Programmierbereich

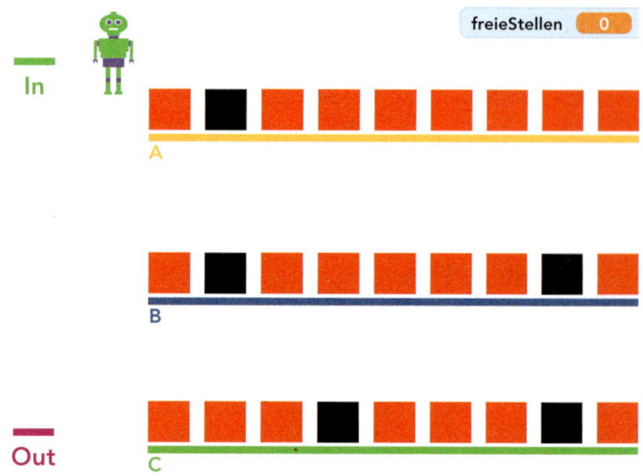

Abb. 2: Bühne mit Objekt Roboter

M2 Variablen verwenden

Um Werte, z. B. hier die Anzahl der freien Stellen, zu sichern, müssen Variablen angelegt werden (siehe Abb. 3). Im Gegensatz zu den Übergabeparametern (siehe Kapitel 2.5 M2) können die Variablen für alle Bühnen und Figuren verwendet werden. Variablen werden, wie auch die Methoden, mit aussagekräftigen Namen (CamelCase-Notation) angelegt. Anschließend kann deren Wert geändert, ausgelesen oder wieder als Eingabeparameter für andere Methoden verwendet werden. Darüber hinaus kann der aktuelle Wert auf der Bühne angezeigt werden (siehe Abb. 2).
Variablen müssen vor einem neuen Programmstart, z. B. mit einer Anweisung, auf den Startwert zurückgesetzt werden.

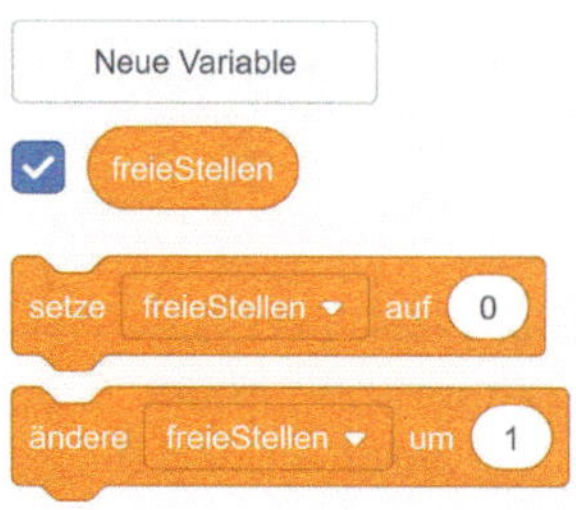

Abb. 3: Anlegen und Verwendungsmöglichkeiten von Variablen

M3 Bedingung und bedingte Anweisung

Damit der Roboter beim Programmablauf automatisch auf die vorliegenden Umstände reagieren kann, werden zur Programmierung bedingte Anweisungen verwendet. Eine Bedingung ist meist als Frage formuliert, die nur mit Ja oder Nein beantwortet werden kann (z. B. „wird Farbe (schwarz) berührt“, „x>50“). Ist die Bedingung erfüllt, wird der Programmteil bei „falls“ ausgeführt, ansonsten der „sonst“-Teil oder die weiteren Programmschritte. Soll keine Anweisung ausgeführt werden, wenn die Bedingung falsch ist, so kann auch die kürzere Form ohne „sonst“-Teil verwendet werden.

Zur mehrfachen Fallunterscheidung können bedingte Anweisungen auch ineinander verschachtelt werden (siehe Abb. 4). Dazu wird einfach im Dann- oder Sonst-Teil der ersten bedingten Anweisung eine weitere mit der nächsten Bedingung implementiert. Dies kann beliebig fortgesetzt werden.

Abb. 4: Mehrfache Fallunterscheidung

Durch die Verwendung der bedingten Anweisungen, sind die Methoden vielseitiger einsetzbar, da sie für unterschiedliche Gegebenheiten das jeweils korrekte Ergebnisse zurückliefern können.

Aufgaben

1 Vollziehen Sie die Ausführung des Programms in M1 anhand der vorliegenden Bühne nach. Beschreiben Sie anschließend die Funktionsweise des Algorithmus in eigenen Worten.

2 Implementieren Sie in Scratch das Programm in M1. Testen Sie Ihr Programm für unterschiedliche Belegungssituationen. Färben Sie dazu beliebige Quadrate per Kostümwechsel um. Verwenden Sie dazu die Datei *6_A2_zaehleFreieStellen_Vorlage*.

6_A2_zaehleFreieStellen_ Vorlage

Mediencode 82110-14

3 Erstellen Sie eine neue Methode, welche die belegten Stellen zählt. Duplizieren Sie dazu Bestandteile der bestehenden Methode `zaehleFreieStellen()`.

4 Fassen Sie die Methoden aus Kapitel 2.5 Aufgabe 4 in einer Methode `geheZu(Reihe, Platz)` zusammen. Dabei soll der Roboter beim Aufruf `geheZu(B, 3)` zum dritten Platz in der Reihe B gehen.

2.7 Wie kann man Algorithmen absichern?

„Ohne Netz und doppelten Boden" kann man ziemlich tief abstürzen. Diese Redewendung, die ihren Ursprung im Zirkus hat, hat auch in der heutigen Zeit in vielen Bereichen unseres Lebens noch Geltung. Oft müssen Sie die Ersteingaben von Passwörtern noch einmal wiederholen oder Beträge, die Sie mit einem Onlinebezahldienst versenden wollen, zusätzlich bestätigen. Sicher ist Ihnen aber trotzdem auch schon einmal eine Fehleingabe unterlaufen. Kann ein Algorithmus diese Fehler nicht schon selbst erkennen?

M1 Freie Stellen zählen

Die erste Arbeit macht im Finanzamt der Computer. Er scannt jede Erklärung und prüft die Angaben auf Plausibilität. Ist es wahrscheinlich, dass ein Gutverdiener keine Mieteinnahmen angibt? Kann es sein, dass sich die Fahrtkosten zum Arbeitsplatz im Vergleich zum Vorjahr stark erhöht haben, obwohl der Arbeitgeber und die Wohnadresse die Gleichen sind? Warum entstehen mit der nebenberuflichen Tätigkeit so viele Ausgaben, dass sie seit Jahren nur Verluste einbringt? Nur wer zusammenpassende und nicht übertrieben hohe Angaben macht, fällt also nicht auf. Der Computer spuckt die Erklärung dann als unbedenklich aus.

Scherff, Dyrk: Nicht jede Steuererklärung wird geprüft. In: www.faz.net (Abruf am 23.11.2021)

Screenshot aus dem ELSTER-Online-Portal, auf dem Steuererklärungen und -anmeldungen eingereicht werden können.

M2 Hunderte Waren für einen Penny verkauft

Aufgrund einer Panne bei einem Tool für automatische Preisanpassung gingen bei [...] [einem Online-Marktplatz] in Großbritannien [...] Waren aller Art für 1 Penny (1 Eurocent) über den Ladentisch – unabhängig von ihrem eigentlichen Preis. Wie Sky News berichtet, ist eine Panne bei RepricerExpress verantwortlich für die viel zu niedrige Preisfestsetzung, die einige Händler Zehntausende Pfund kosten könnte. RepricerExpress stellt gegen Bezahlung Software zur Verfügung, die Produktpreise abhängig vom Preis bei der Konkurrenz automatisch festlegt. Am Freitagabend habe die aber fehlerhaft gearbeitet, weswegen Hunderte Produkte für lediglich 0,01 Pfund [...] – inklusive Lieferung – verkauft wurden. Die [...] verlangten Gebühren seien aber gleichgeblieben.

Holland, Martin: Fehler bei Amazon: Hunderte Waren für einen Penny verkauft. In: www.heise.de, 15.12.2014

M3 Absichern von Methoden

Jedes Programm muss so gestaltet werden, dass ungültige Benutzereingaben bei der Ausführung erkannt werden. Mit diesen Fehlern kann auf zwei Arten umgegangen werden:
Zum einen kann ein Standard-Wert gesetzt werden, wenn keine der vorgesehenen Bedingungen erfüllt wird. Im Fall des Lagersystems kann man die dritte bedingte Anweisung weglassen und als Standardwert die Reihe C verwenden. Da der „Sonst-Teil" der zweiten Bedingung nur ausgeführt wird, wenn die beiden vorhergehenden Bedingungen falsch ergeben, gibt es für Eingaben, die nicht die Reihen A oder B betreffen, nur noch die Alternative „Reihe C".

Zum anderen können Eingaben auch nur akzeptiert werden, wenn sie korrekt sind. Hier geht der Roboter nur los, wenn der Platz zwischen 1 und 9 liegt. Andernfalls gibt er eine Meldung aus, dass der Platz nicht vorhanden ist und bleibt stehen.
Sind einzelne Bedingungen mit dem Operator „und" verbunden, müssen alle zutreffen, um die gesamte Bedingung zu

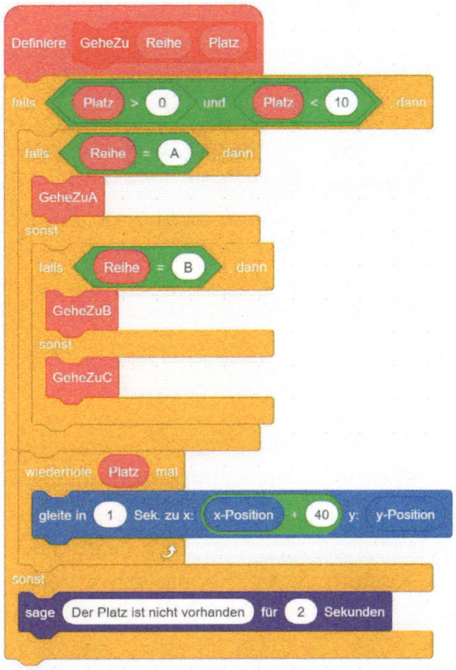

Programmierbereich mit Methode `GeheZuPlatz(Reihe, Platz)` mit Absicherung

erfüllen. Verbindet man sie mit „oder" genügt ein Treffer. Mit dem „nicht" Operator können Bedingungen negiert formuliert werden.
Bearbeiter

Aufgaben

1 Erklären Sie den Begriff der Plausibilitätsprüfung am Beispiel M1. Sammeln Sie weitere Beispiele aus Ihrem Alltag, in denen eine automatische Plausibilitätsprüfung zum Einsatz kommt.

2 Erläutern Sie, wie ein Algorithmus für eine automatische Überprüfung arbeiten müsste, um die falsche Preissetzung in M2 zukünftig zu verhindern. Verfassen Sie dazu klare Regeln in Stichpunkten.

3 Erklären Sie, welche Fehleingaben mit der Absicherung in M3 zukünftig verhindert werden.

4 Beurteilen Sie die Absicherung der Eingabe der Reihe in der Methode `geheZu(Reihe, Platz)`.

5 Setzen Sie die Absicherung der Methode `geheZu(Reihe, Platz)` in Scratch um. Testen Sie Ihr Programm. Verwenden Sie dazu Ihr Ergebnis (siehe vorne) oder die Datei *7_A5_geheZu(Reihe,Platz)_Vorlage*.

7_A5_geheZu(Reihe,Platz)_Vorlage

Mediencode 82110-15

2.8 Wie interagieren Objekte miteinander?

In der Praxis hat sich gezeigt, dass durch Arbeitsteilung die Produktivität gesteigert und Zeit eingespart wird. Eine Spezialisierung führt in der Regel zu Qualitätssteigerung, Kostenersparnis und Versorgungssicherheit. Ein Automobilhersteller produziert daher Fahrzeuge, ein Bäcker versorgt uns mit Backwaren und ein Friseur schneidet uns die Haare. Wollen Sie ein bestimmtes Ergebnis erzielen, müssen Sie sich immer an den Akteur wenden, der den dafür nötigen Dienst anbietet. Aber wie finden Sie immer den Richtigen?

M1 Objektorientierung – Objekte kommunizieren

Jedes Objekt kann Methoden anbieten. Der Roboter kann Schritte gehen, zu einem bestimmten Platz gleiten oder leere Stellen zählen. Er kann aber nicht direkt das Kostüm eines Regalplatzes verändern. Somit kann ein Objekt nur Methoden eines anderen Objekts anstoßen oder aufrufen, welche dieses auch anbietet. Der Zustand eines Objekts kann daher nicht von außen verändert werden. Dies schützt die Integrität (Korrektheit) von Daten und verhindert Inkonsistenzen (Widersprüche im Datenbestand).

Im Fall des Lagersystems sind Bühne, Regalplätze, In- und Out-Plätze sowie der Roboter einzelne Objekte.

Bearbeiter

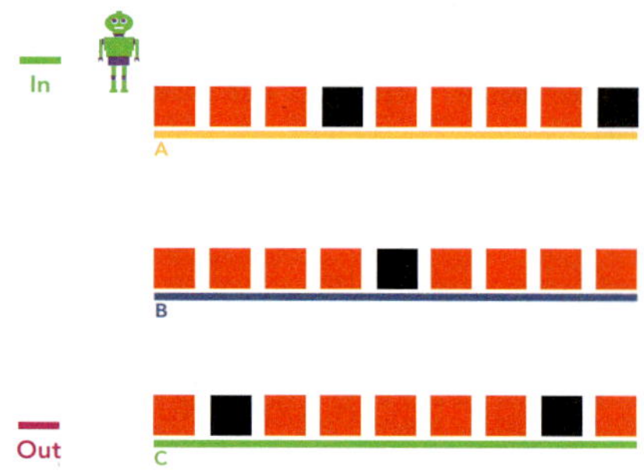

Abb. 1: Bühne mit leeren und vollen Stellen

M2 Programme für Roboter und Regalplatz

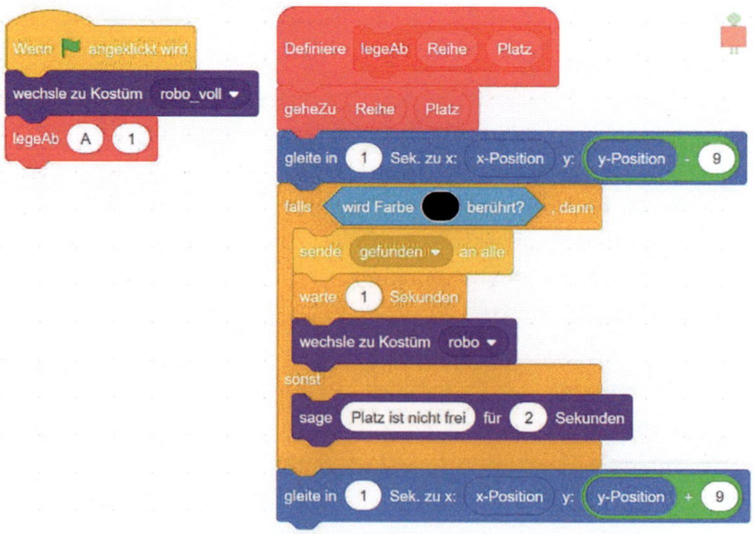

Abb. 2: Programm zum Ablegen eines Elements

Abb. 3: Programm für die Regalplätze

M3 Roboter „spricht mit dem Regalplatz"

Soll etwa die Farbe des Regalplatzes auf Rot geändert werden, wenn der Roboter dort etwas abgelegt hat, muss das entsprechende Objekt diese Möglichkeit auch anbieten. Stellt der Roboter bei der Überprüfung eines Regalplatzes fest, dass dieses tatsächlich noch leer (Schwarz) ist, verständigt er alle Regalplätze (siehe Abb. 2). In diesem Moment startet in allen Regalböden die Methode aus Abb. 3, die überprüft, ob einer gerade vom Roboter berührt wird. Liegt ein Kontakt vor, wechselt der entsprechende Regalplatz das Kostüm zu einer roten Füllung. Ist die aufgesuchte Stelle nicht frei (Rot), gibt der Roboter eine Fehlermeldung aus.
Um in allen Regalplätzen den notwendigen Algorithmus zu implementieren, reicht es, diesen in einem Objekt zu erstellen und zum Kopieren auf alle anderen Objekte zu ziehen.

Bearbeiter

Aufgaben

1 Beschreiben Sie Situationen im Alltag, in denen Objekte untereinander kommunizieren.

2 Vollziehen Sie für unterschiedliche Regalplätze in der Bühne aus M1 den Algorithmus aus M2 Schritt für Schritt nach. Die Methode `geheZu(Reihe, Platz)` finden Sie in Kapitel 2.7.

3 Setzen Sie die Methode `legeAb(Reihe, Platz)` aus M2 in Scratch um. Testen Sie Ihr Programm. Verwenden Sie dazu Ihr Ergebnis (siehe Kapitel 2.7) oder die Datei *8_A3_legeAb_Vorlage*. (M2, M3)

4 Implementieren Sie einen Algorithmus, der den Roboter ein neues Element von einem übergebenen Regalplatz abholen lässt. Verwenden Sie dazu die Datei aus Aufgabe 3 oder die Datei *8_A4_holeAb_Vorlage*. Ein mögliches Vorgehen sieht folgendermaßen aus:

Schritt 1: Der Roboter geht zu dem übergebenen Platz in der passenden Reihe und entnimmt das Objekt (Kostümwechsel Roboter und Platz).

Schritt 2: Dann begibt sich der Roboter zum Out-Platz (x= -187, y = -118) und legt dort das Element ab (Kostümwechsel Roboter).

Schritt 3: Passen Sie Ihr Programm so an, dass der Roboter beim Ablegen des gefundenen Elements nicht durch die Regale läuft.

5 Testen Sie Ihren Algorithmus aus Aufgabe 4. Wann arbeitet er nicht korrekt? Sichern Sie anschließend Ihre Methoden passend ab.

8_A3_legeAb_Vorlage

Mediencode 82110-16

8_A4_holeAb_Vorlage

Mediencode 82110-17

2.9 Wie automatisiert man komplexe Abläufe?

Bei der Bestellung eines Produkts im Onlineshop greifen viele Einzelschritte ineinander. Nachdem Sie das Produkt in den Warenkorb gelegt haben, wird die verfügbare Anzahl reduziert. Bei ausbleibender Aktivität des Nutzers, wird der Bestand automatisch wieder erhöht. Bestätigen Sie aber den Kauf, wird der Versand eingeleitet, die Zahlung autorisiert und die Bestellung abgeschlossen. Aber wie können diese unterschiedlichen Abläufe so reibungslos ineinandergreifen?

M1 Modelle

Bei Ablauf dieses Algorithmus (M1) zeigt sich deutlich, dass die Funktionsweise des Modells stark von der Realität abweicht. Das In-Element wird nicht transportiert, es zeigt nur durch verstecken oder sich zeigen an, ob ein neues Objekt zur Einlagerung bereitliegt. Die Elemente des Regalsystems enthalten keine Gegenstände, sie ändern nur in Abhängigkeit des Zustands ihre Farbe. Für das System der Lagerverwaltung reicht es hier, die einzelnen Lagergegenstände nur als abstrakte Objekte zu verwalten und grafisch darzustellen. Das erleichtert

Modell der Innenstadt Münchens

die Modellierung und legt den Fokus auf die wesentlichen Aspekte bei der Problemlösung.

Bearbeiter

M2 Einlagern

Abb. 1: Programmierbereich des Roboters

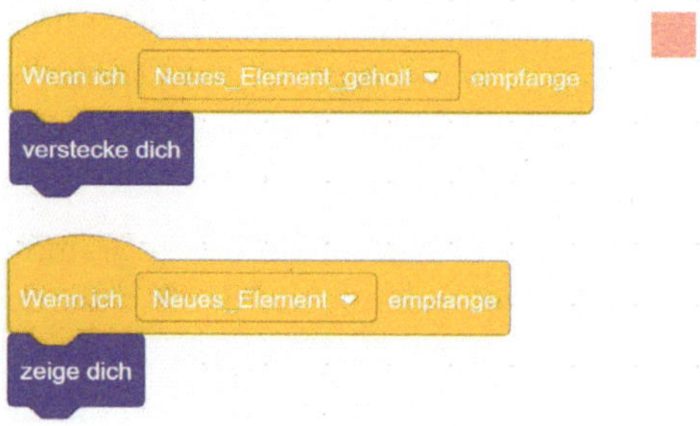

Abb. 2: Programmierbereich des In-Objekts

Das Programm wird durch den Aufruf „Neues_Element" gestartet. Dies dient als Signal, dass ein neues Objekt zur Einlagerung bereitsteht. Auf diese Nachricht hin erscheint das In-Element. Der Roboter reagiert darauf, indem er zur In-Stelle geht und die Nachricht „Neues_Element_geholt" sendet. Auf diese Nachricht reagiert wiederum das In-Element, indem es sich wieder versteckt. Nach kurzer Wartezeit wechselt er sein Kostüm und ruft die Methode `legeAb(Reihe, Platz)` mit vom Nutzer gewählten Werten, auf. Hier zeigt sich wieder, dass Objekte miteinander kommunizieren, um ihre Handlungen und Zustände untereinander abzustimmen und die Abläufe zu synchronisieren.

Bearbeiter

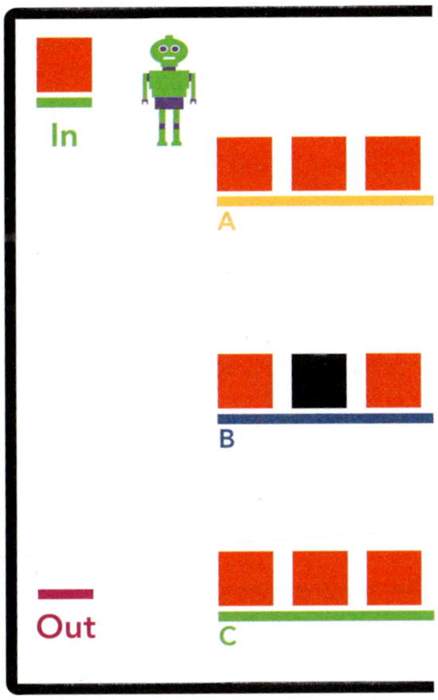

Abb. 3: Ausschnitt der Bühne mit Objekt Roboter

Aufgaben

1 Stellen Sie dar, auf welche Bestandteile der Realität im Modell der Innenstadt München in M1 verzichtet wurde. Sammeln Sie weitere Beispiele aus Ihrer Erfahrungswelt, in denen zur Problemlösung unwesentliche Aspekte weggelassen wurden.

2 Setzen Sie das Programm aus M2 in Scratch um. Verwenden Sie dazu Ihr Ergebnis (siehe Kapitel 2.8) oder die Datei *9_A1_legeAbVonIn_Vorlage*.

3 Testen Sie Ihr Programm. Wann arbeitet es nicht korrekt? Sichern Sie den Algorithmus wo nötig ab.

4 Erweitern Sie die Methode `holeAb(Reihe, Platz)` aus Kapitel 2.8 Aufgabe 4 folgendermaßen:

Schritt 1: Hat der Roboter ein Objekt aufgenommen, bringt er es zum Out-Platz, meldet dies an alle Objekte und wechselt dann sein Kostüm.

Schritt 2: Erhält das Out-Objekt die Meldung, zeigt es sich.

Verwenden Sie dazu ihr bisheriges Ergebnis oder die Datei *9_A3_holeAb ZumOut_Vorlage*.

5 Zeigen Sie wichtige Bestandteile auf, die einem automatisierten Lagersystem neben den Funktionen aus den Aufgaben 2 bis 4 noch fehlen.

9_A1_legeAbVonIn_Vorlage

Mediencode 82110-18

9_A3_holeAbZumOut_ Vorlage

Mediencode 82110-19

2.10 Wann enden automatisierte Abläufe?

Bestimmt haben Sie schon einmal einen Namen in einer Liste, ein Buch im Regal oder eine Datei im Ordnersystem gesucht. Das Auffinden fällt in Registern, wie einem Telefonbuch oder Lexikon leichter, da sie sortiert sind. Liegt aber keine Sortierung vor, ist die Suche oft mühsam. So müssen im schlimmsten Fall alle Stellen überprüft werden, nur um festzustellen, dass das gesuchte Element fehlt. Eine elektronische Verwaltung der Einträge hilft hier. Aber wie schaffen Computerprogramme diese Aufgabe effizienter?

M1 Element finden

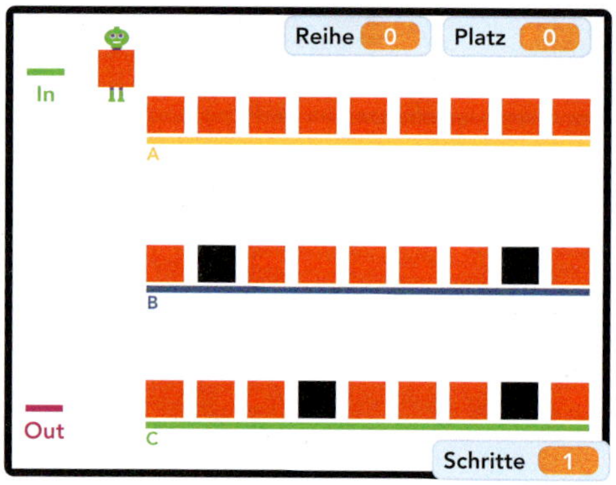

Abb. 1: Bühne in Ausgangslage

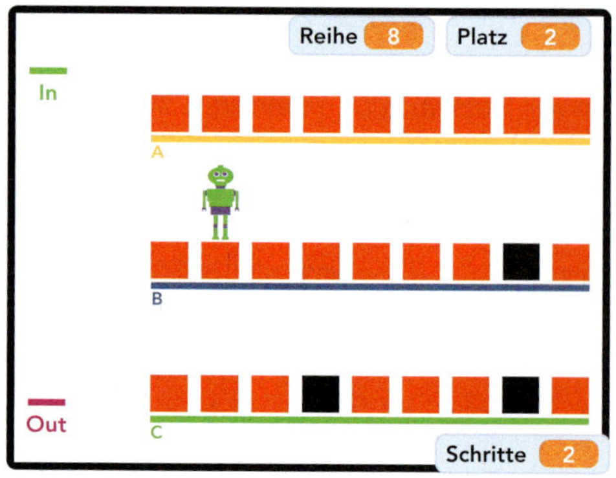

Abb. 2: Bühne nach Durchlauf des Algorithmus

M2 Bedingte Wiederholung

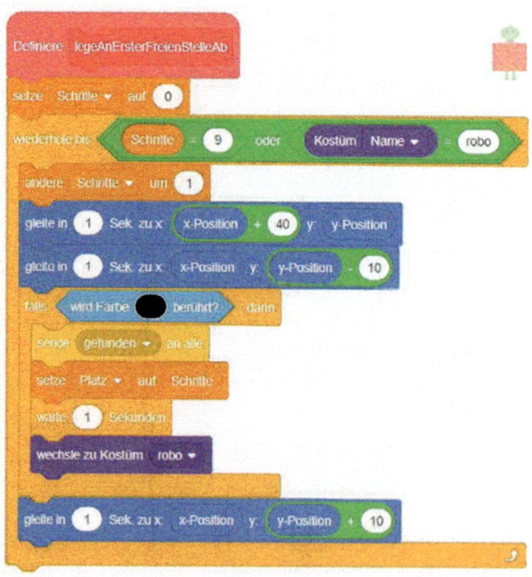

Abb. 3: Programm für den Roboter

Die bedingte Wiederholung erlaubt Anweisungen nur so oft auszuführen, bis eine oder mehrere Bedingungen erfüllt sind. Dann endet die Wiederholung. Durch die Verwendung des Operators ODER beendet der Roboter im vorliegenden Fall die Suche, wenn eine der beiden abbrechenden Bedingungen (Kostüm = Roboter oder Schritte = 9) erfüllt ist. Der Roboter geht nicht weiter, wenn er die maximale Länge des Regals, hier neun, erreicht hat. Er bricht allerdings auch ab, wenn er sein Kostüm gewechselt hat. Das ist das Zeichen, dass er ein leeres Regalfach gefunden und das Objekt abgelegt hat. Der Algorithmus ist dahingehend effizient, weil er bei einem Treffer nicht bis zum Ende der Reihe oder in den darauffolgenden weitersuchen muss.

In der Variable Platz wird gespeichert an welchem Regalplatz das Objekt abgelegt wurde.

Bearbeiter

M3 Methoden mit gleichem Namen

Methoden können den gleichen Namen tragen, wenn Sie sich in den Übergabeparametern unterscheiden.

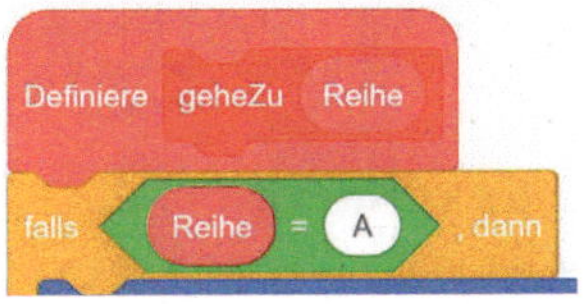

Abb. 4: Methode für den Weg zur Reihe

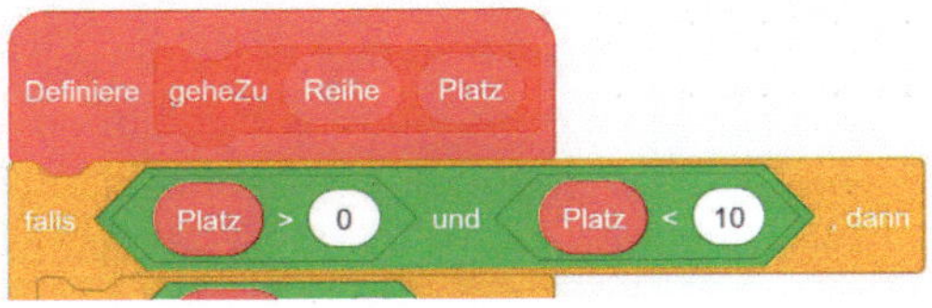

Abb. 5: Methode für den Weg zu einem bestimmten Platz

Hier wird eine Hilfsmethode `geheZu(Reihe)` (Abb. 4) verwendet, die den Roboter zum Anfang eines bestimmten Regals gehen lässt.

Die Methode `geheZu(Reihe, Platz)` (Abb. 5) lässt den Roboter nur zu gültigen Platznummern 1-9 gehen.
Bearbeiter

Aufgaben

1 Verfassen Sie einen Algorithmus in eigenen Worten, der den Roboter das Objekt am ersten freien Regalplatz (Reihenfolge des Durchlaufs A, B, C) ablegen lässt. Zeigen Sie dabei entstehende Probleme auf.

2 Öffnen Sie die Datei *10_A2_legeAnErsterFreienStelleAbEineReihe_Loesung*. Erklären Sie, wie der Platz für die erste gefundene freie Stelle bestimmt wird.

3 Erstellen Sie einen Algorithmus, der den ersten freien Regalplatz in allen Reihen findet und dort das Objekt ablegen lässt. Verwenden Sie dazu die Vorlage *10_A3_legeAnErsterFreienStelleAbAlleReihen_Vorlage*. Ein mögliches Vorgehen mit bedingter Wiederholung sieht folgendermaßen aus:

a) Die Methode `legeAnErsterFreienStelleAb()` wird solange ausgeführt, bis der Roboter sein Kostüm gewechselt hat oder den letzten Platz in der Reihe C erreicht hat.

b) Nach der bedingten Wiederholung muss noch überprüft werden, ob der Roboter einen Platz gefunden hat (Kostümwechsel) oder eine Fehlermeldung ausgeben soll. War seine Suche erfolgreich, zeigt der Wert der Variable „aktuelleReihe" nach der bedingten Wiederholung die Reihe, in der das Objekt abgelegt wurde.

4 **Für Schnelle:** Implementieren Sie einen Algorithmus, der die Plätze und die Reihe von zwei nebeneinanderliegenden freien Regalplätzen zurückgibt. Gibt es diese nicht, wird ein Fehler ausgegeben. Verwenden Sie dabei Programmteile aus Aufgabe 2 und 3 oder die Vorlage *10_A4_zweiLeere PlaetzeNebeneinanderFinden_Vorlage*.

10_A2_legeAnErsterFreien-StelleAbEineReihe_Loesung
Mediencode 82110-20

10_A3_legeAnErsterFreien StelleAbAlleReihen_Vorlage
Mediencode 82110-21

10_A4_zweiLeerePlaetze NebeneinanderFinden_ Vorlage
Mediencode 82110-22

2.11 Wie verwaltet man Daten?

Ordnung ist das halbe Leben. Stifte werden in ein Mäppchen sortiert, Milch in den Kühlschrank eingeräumt. Beim Herausnehmen oder Suchen der Elemente ist aber deren Anordnung entscheidend. Bei der Milch sollte die als erstes verbraucht werden, die als erstes abläuft. Stifte im Mäppchen können zum schnelleren Auffinden nach Farben geordnet werden. Hier kann das Einordnen von neuen Stiften aber zu Platzproblemen führen, wenn vorher kein Platz gelassen wurde. Welche Art der Anordnung von Elementen ist für welchen Zweck die richtige?

M1 Superlotteriezahlen – Datenstruktur „Feld"

Sonntagabend werden die Gewinnzahlen der aktuellen Superlotterie gezogen. Dazu werden live in Anwesenheit eines Notars aus den Zahlen 1 bis 50 die sechs Gewinnzahlen und eine Superzahl gezogen. Das Ziehen mit einer Trommel soll sicherstellen, dass die Zahlen zufällig gezogen werden. Eine Zahl, die einmal gezogen wurde, kann nicht noch einmal ausgewählt werden. Nur wer die sechs gezogenen und die Zusatzzahl auf seinem Tippzettel richtig angegeben hat, kann den Jackpot knacken.
Bei der Ziehung der sechs Zahlen werden diese in einer Datenstruktur mit fester Größe, einem sogenannten „Feld" gespeichert, die Zusatzzahl in einer eigenen Variable. Zum Auslesen oder Einfügen von Zahlen kann auf Elemente des „Felds" über Angabe der entsprechenden Stelle einfach zugegriffen werden. Auch die maximale Anzahl an Schritten zur Durchsuchung des „Feldes" ist bereits im Vorfeld bekannt. Nachträglich können aber keine Feldelemente mehr hinzugefügt werden. Eine Sortierung ist nur durch die Verwendung von einer Hilfsvariable möglich, um nicht einzelne Werte zu überschreiben.

Bearbeiter

M2 Umsetzung in Scratch

Aufgrund der festen Größe kann mithilfe der Wiederholung mit fester Anzahl (Abb. 1) durch die Datenstruktur Lottozahlen (Abb. 2) gelaufen werden. Die Hilfsvariable Zähler ermöglicht dabei in jedem Durchlauf auf das aktuelle Element zugreifen zu können und den Wert 0 einzutragen.
Eine neue Lottozahl kann mit einer Zufallszahl zwischen 1 und 50 bestimmt und in der Variable neueZahl gespeichert werden (Abb. 3). Diese wird aber nur in die gezogenen Lottozahlen übernommen, wenn Sie in der Datenstruktur noch nicht vorkommt.

Bearbeiter

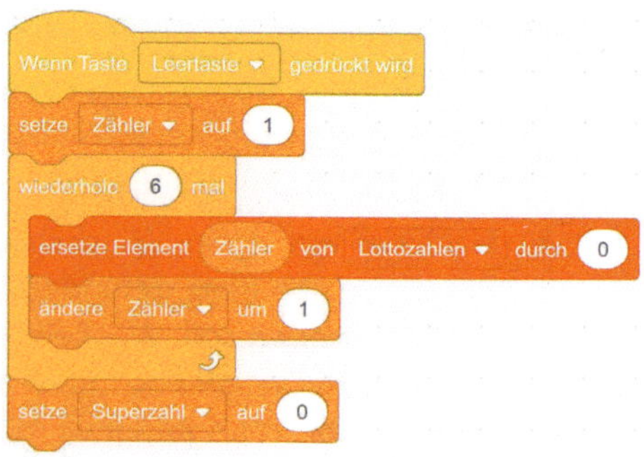

Abb 1.: Listenelemente zurücksetzen

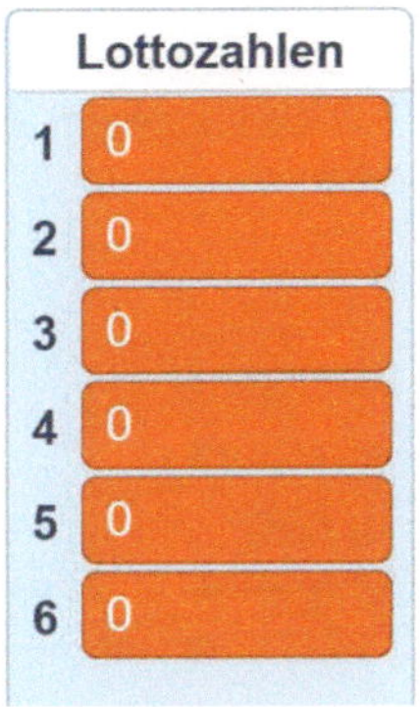

Abb 2.: Feldelemente zurücksetzen

Abb 3.: Zufallszahl einfügen

Aufgaben

1 Stellen Sie dar, welche Funktionalität die Datenstruktur „Feld" für die Anforderungen in M1 bereitstellen muss.

2 Implementieren Sie ein Programm zur automatischen Ziehung der Lottozahlen unter Verwendung der Vorlage *11_A2_LottozahlenAutomatische Ziehung_Vorlage*. Ein mögliches Vorgehen sieht folgendermaßen aus:

Schritt 1: Implementieren Sie einen Algorithmus, der automatisch zufällig sechs Zahlen, die zunächst auch identisch sein dürfen, bestimmt und in der Reihenfolge der Ziehung in das Feld Lottozahlen einträgt.

Schritt 2: Ergänzen Sie den Algorithmus um die Ausgabe einer Fehlermeldung, wenn die neue Zahl bereits im Feld vorkommt. Achten Sie in diesem Fall darauf, dass der Algorithmus erst endet, wenn sechs gültige Zahlen gezogen wurden.

Schritt 3: Erweitern Sie Ihre Implementierung um die automatische Bestimmung und Eintragung einer Superzahl. Diese darf mit den vorherigen Zahlen nicht übereinstimmen.

Für Schnelle: Schritt 4: Erweitern Sie den Algorithmus, so dass für jede neue Zahl deren Wert und der ihr zugewiesene Platz im Feld ausgegeben wird.

Für Schnelle: Schritt 5: Erweitern Sie Ihre Fehlermeldung so, dass sie angibt, an welcher Stelle welcher Wert nicht eingetragen wird, weil er schon vorhanden ist.

11_A2_Lottozahlen AutomatischeZiehung_ Vorlage

Mediencode 82110-23

3 Beschreiben Sie anhand des Beispiels in M1, wie ein Lottofeld mit Werten in allen sechs Feldelementen sortiert werden kann, ohne Werte zu verlieren. Verwenden Sie dazu ein zweites Feld mit gleicher Größe.

4 Erweitern Sie Ihre Implementierung aus Aufgabe 2. Nach Drücken der Leer-Taste soll das Feld Lottozahlen aufsteigend sortiert werden. Verwenden Sie dazu gegebenenfalls die Vorlage *11_A4_LottozahlenAutomatische ZiehungMitSortierung_Vorlage*.

11_A4_Lottozahlen AutomatischeZiehung MitSortierung_Vorlage

Mediencode 82110-24

2.12 Wie funktioniert eine automatisierte Lagerverwaltung?

Das Angebot in Streaming Apps scheint beinahe unbegrenzt zu sein. Sollen aber Musiktitel zum passenden Anlass gefunden werden, müssen die Suchergebnisse geordnet dargestellt werden. Hier kann eine Sortierung nach Künstlernamen, das Datum der Aufnahme des Songs oder das Genre eine Rolle spielen. Aber wie verwaltet das Programm diese Listen?

M1 Liste in Scratch

In der Programmierung werden oftmals komplexere, vorgefertigte Datenstrukturen wie die Feld-Liste verwendet. Diese erlaubt, wie beim Feld, den Zugriff auf einzelne Elemente über eine Indexierung. Gleichzeitig kann ihre Länge bei Bedarf erweitert oder verkürzt werden.

Abb. 1: Liste in Scratch

Die Datenstruktur Liste in Scratch (Umsetzung siehe Abb. 1) erlaubt nicht nur den Zugriff auf einzelne Elemente an einer bestimmten Stelle. Daneben können Elemente an einer beliebigen Stelle eingefügt oder entfernt und somit die Größe der Datenstruktur verändert werden. Um durch eine Liste, deren Größe unbekannt oder veränderbar ist, zu laufen, kann die Länge abgefragt werden (siehe Abb. 2).

Bearbeiter

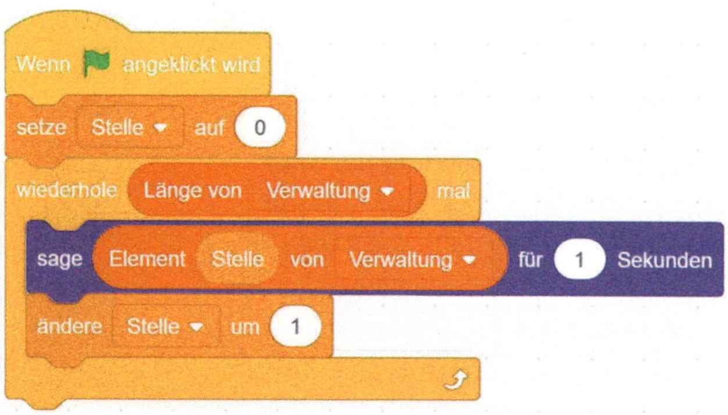

Abb. 2: Durchlauf durch eine Liste mit variabler Länge

M2 Automatische Verwaltung des Lagersystems

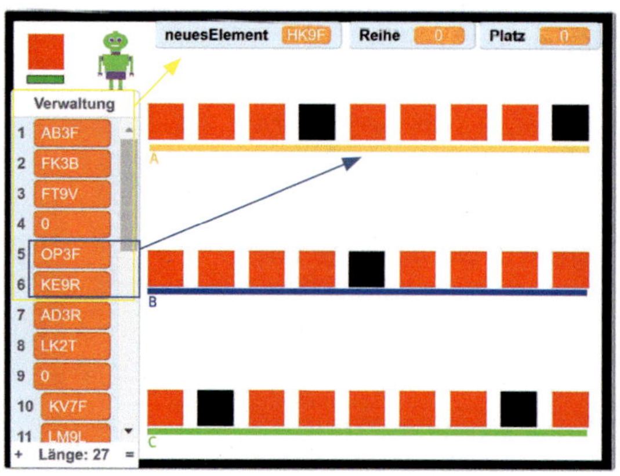

Abb. 3: Datenstruktur und Modell der Lagerhaltung

Im automatisierten Lagersystem wird die Belegung der Regalplätze in einer Datenstruktur verwaltet (siehe Abb. 3). Für belegte Plätze wird der Identifikationscode des eingelagerten Produkts, für leere Stellen eine 0 eingetragen.

Die Datenstruktur zur Verwaltung der Plätze unterscheidet nicht nach Regalen. Da es für die Speicherung der Identifikationscodes der Elemente nicht von Bedeutung ist, an welchem Platz in der Halle die Elemente untergebracht sind, werden alle Plätze nur durchnummeriert (Index der Liste).

Beim Einlagern muss diese Indexierung in der Datenstruktur in die Ordnung der Regale im Modell umgerechnet werden (siehe Abb. 4).

Die Trennung von Datenstruktur und visueller Modelldarstellung erleichtert den Austausch einzelner Programmbestandteile (z. B. Lagermodell) und erhöht die Wiederverwendbarkeit von Algorithmen.

Bearbeiter

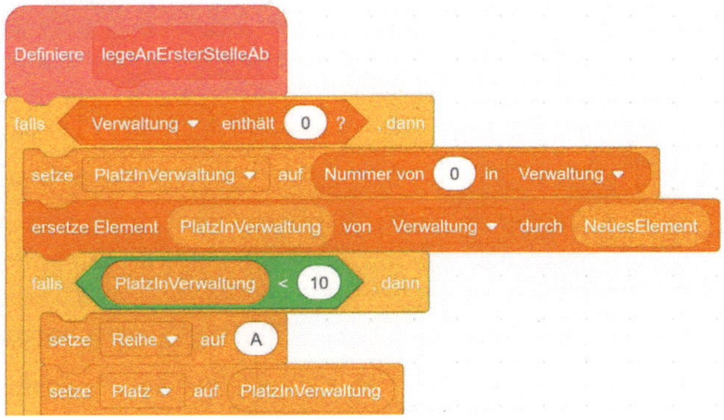

Abb. 4: Einfügen eines Elements in Datenstruktur und Modell

Aufgaben

1 Stellen Sie dar, wie sich die Datenstruktur Liste in Scratch von dem Feld in Kapitel 2.11 unterscheidet (M1, Kapitel 2.11 M1).

2 Vollziehen Sie den Algorithmus in M1 für den angegebenen Ausschnitt aus der Liste in Scratch nach.

3 Beschreiben Sie den Algorithmus zur Umrechnung der Indexierung der Elemente in der Datenstruktur zur Darstellung im Modell mit eigenen Worten (M2). Sammeln Sie Sondersituationen, die bei der Erstellung des Algorithmus berücksichtigt werden müssen.

4 Implementieren Sie ein Programm, das ein neues Element an der ersten freien Stelle in der Liste Verwaltung und in der grafischen Oberfläche einträgt. Verwenden Sie dazu die Methode `LegeAb(Reihe, Platz)` (Kapitel 2.8 Aufgabe 3) oder die Datei *12_A5_legeAbAnErsterFreienStelle-MitVerwaltung_Vorlage*. Ein mögliches Vorgehen sieht folgendermaßen aus:

a) Das Eintragen eines neuen Elements in die Verwaltung ist nur möglich, wenn ein Feldelement den Wert 0 besitzt. Ansonsten wird eine aussagekräftige Fehlermeldung ausgegeben (Abb. 4 M2).

b) Für die Stelle des gefundenen ersten freien Verwaltungsplatzes müssen nun die richtige Reihe und der richtige Platz (z. B. Verwaltungsplätze 10 – 18 sind die Plätze 1 – 9 in Reihe B) bestimmt werden (Abb. 4 M2).

c) Nach erfolgreicher Eintragung in die Verwaltung kann die Methode `legeAb(Reihe, Platz)` verwendet werden, um den Vorgang auf der grafischen Oberfläche abzuschließen.

12_A4_legeAbAnErsterFreienStelleMitVerwaltung_Vorlage

Mediencode 82110-25

5 Implementieren Sie eine Methode `holeAb(ElementID)`, die den Roboter das Element mit der ElementID aus dem Lager holen lässt, zum Out-Platz bringt und es aus der Verwaltung löscht. Dazu können Sie das Ergebnis aus Aufgabe 4 oder die Datei *12_A5_holeAbMitVerwaltung_Vorlage* nutzen. Dabei können Sie große Teile der Methode aus Aufgabe 4 wiederverwenden.

12_A5_holeAbMitVerwaltung_Vorlage

Mediencode 82110-26

6 **Für Schnelle:** Bei der Inventur soll sichergestellt werden, dass gespeicherte Objekte auch tatsächlich noch in den Regalplätzen eingelagert sind. Implementieren Sie hierzu einen Algorithmus, der überprüft und ausgibt, ob die Belegung im Modell mit den Eintragungen in der Liste übereinstimmt.

2.13 Wie funktionieren komplexe Algorithmen?

Früher enthielten Einladungskarten zu Geburtstagen oftmals einen Anfahrtsplan, damit auch jeder die Feier finden konnte. Heute findet man Orte mit aktuellen Satellitenbildern ohne großen Aufwand kostenlos über Apps und den Browser. Darüber hinaus werden auch, teilweise in Echtzeit, Routen mit dem schnellsten, kürzesten oder kostengünstigsten Weg angeboten. Aber wie funktioniert das eigentlich?

M1 Kürzeste Wege: Dijkstra-Algorithmus

Zur Vereinfachung werden Orte als Knoten in einem Graphen dargestellt, welche durch Kanten verbunden sind. Diese Kanten sind mit den entsprechenden Kantenkosten oder Kantengewichten beschrieben, in diesem Fall die Entfernung zwischen zwei Orten in Kilometer. Den kürzesten Weg von einem Startknoten zu allen anderen liefert der Dijkstra-Algorithmus zurück:

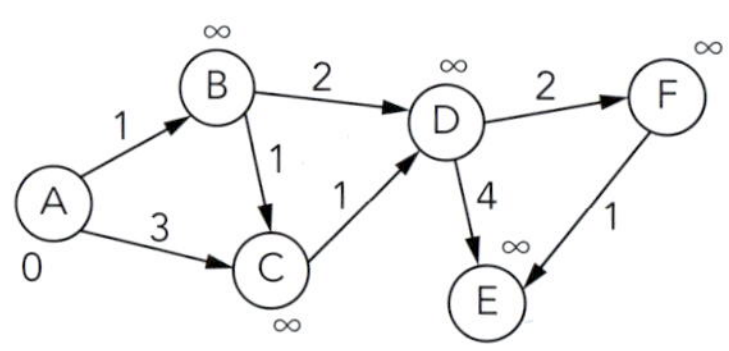

Aktueller Knoten mit Kosten	A (0)
Abgearbeiteter Knoten mit Vorgänger	
Nächste Knoten	

Der Startknoten ist immer mit 0 erreichbar.
Da noch kein Weg zu den restlichen Knoten bekannt ist, werden ihre Gesamtkosten auf unendlich gesetzt.
Der Startknoten wird als aktueller Knoten markiert.

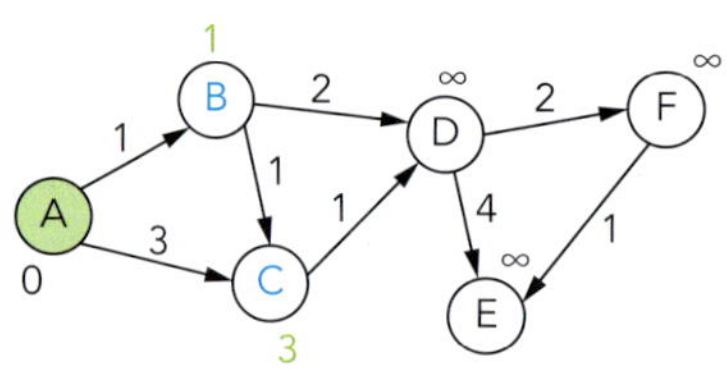

Aktueller Knoten mit Kosten	A (0)
Abgearbeiteter Knoten mit Vorgänger	
Nächste Knoten	**B (1), C (3)**

Für den aktuellen Knoten A wird bestimmt, welche Nachbarn hiervon unter welchen Kosten erreichbar sind. Diese werden für die weitere Bearbeitung in aufsteigender Reihenfolge gespeichert. Hier sind B und C von A erreichbar.

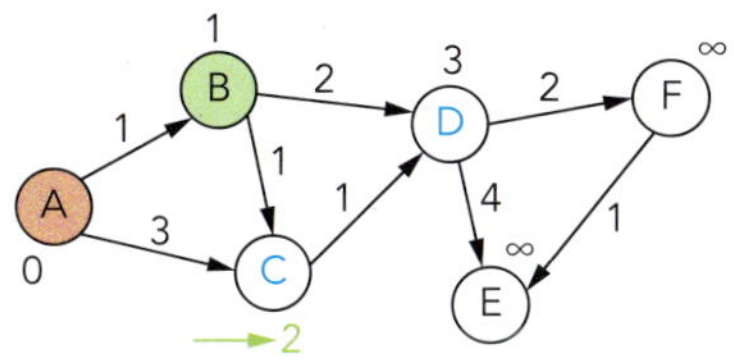

Aktueller Knoten mit Kosten	B (1)
Abgearbeiteter Knoten mit Vorgänger	A (-)
Nächster Knoten	C (**2**), D (3)

Sobald A abgearbeitet wurde, wird der nächste Knoten vorne aus der Reihe abgearbeitet. Somit werden jetzt die Nachbarn von B überprüft. Von B ist jetzt D erreichbar und wird mit den Gesamtkosten 3 eingeordnet.
C befindet sich schon in der Reihe, ist aber jetzt über B mit geringeren Kosten erreichbar. Daher werden die Informationen zu B aktualisiert.

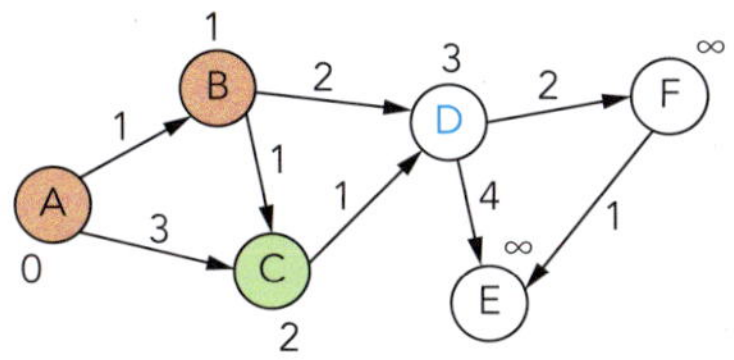

Aktueller Knoten mit Kosten	C (2)
Abgearbeiteter Knoten mit Vorgänger	A (-), B (A)
Nächster Knoten	D (**3**)

Ist B abgearbeitet, wird C als nächster Nachbar ausgewählt. Von C ist auch D erreichbar. Da dieser bereits mit den Kosten 3 gespeichert ist, muss hier keine Aktualisierung vorgenommen werden.

... ...

Der Algorithmus wird solange weiter ausgeführt, bis es keine nächsten unbesuchten Knoten mehr gibt.
Der kürzeste Weg zu einem bestimmten Knoten kann nun rekonstruiert werden, indem man vom Zielknoten über die jeweils gespeicherten Vorgängerknoten bis zum Startknoten zurückläuft.
Bearbeiter

Visualisierung von Graph-Algorithmen (englischsprachig)

Mediencode 82110-27

M2 Optimierung von Routenplanungen

„In der Regel gehen unsere Touren rechts herum", sagt ein Sprecher [...] [eines Transportdienstleisters in] Deutschland. So lassen sich viele Zusammenstöße mit anderen Verkehrsteilnehmern vermeiden. Statistiken belegen, dass das Kreuzen des Gegenverkehrs eine der Hauptursachen für Unfälle ist. Zudem spart der „Rechtsverkehr" [...] Zeit ein, was wiederum den Verbrauch von Benzin oder Diesel verringert und damit auch den Ausstoß von Schadstoffen – selbst wenn die Strecke in einigen Fällen dadurch länger wird. [...] [Das Unternehmen] hat eine eigene Software für die Routenplanung entwickelt [...]. Sie berechnet aus den Abgabe- oder Annahmestellen der Pakete die Touren. Das System vermeidet – wann immer möglich – das Linksabbiegen und gestaltet die Touren in Kreisbewegungen. Im Durchschnitt werden dadurch nur noch zehn Prozent aller Abbiegungen nach links gelenkt. [...]
Nach Berechnungen [...] [spart der Paketdienst] durch diese Taktik im Jahr rund 38 Millionen Liter Kraftstoff und 20.000 Tonnen Kohlendioxid ein. Die hauseigene Routenführung sorgt zudem dafür, dass rund 350.000 Pakete im Jahr mehr ausgefahren werden können. [...] [Das Unter-

nehmen] arbeitet in rund 220 Ländern und stellt jeden Tag gut 18 Millionen Paketsendungen zu. Allein in den USA beschäftigt [...] [der Transportdienstleister] 362.000 Menschen.

Nicolai, Birger: Warum UPS-Fahrer fast nur noch rechts abbiegen. In: www.welt.de, 08.02.2017

M3 Sortieren: Bubble-Sort

Folgende Personen sollen der Größe nach aufsteigend sortiert werden.

Erster Durchlauf

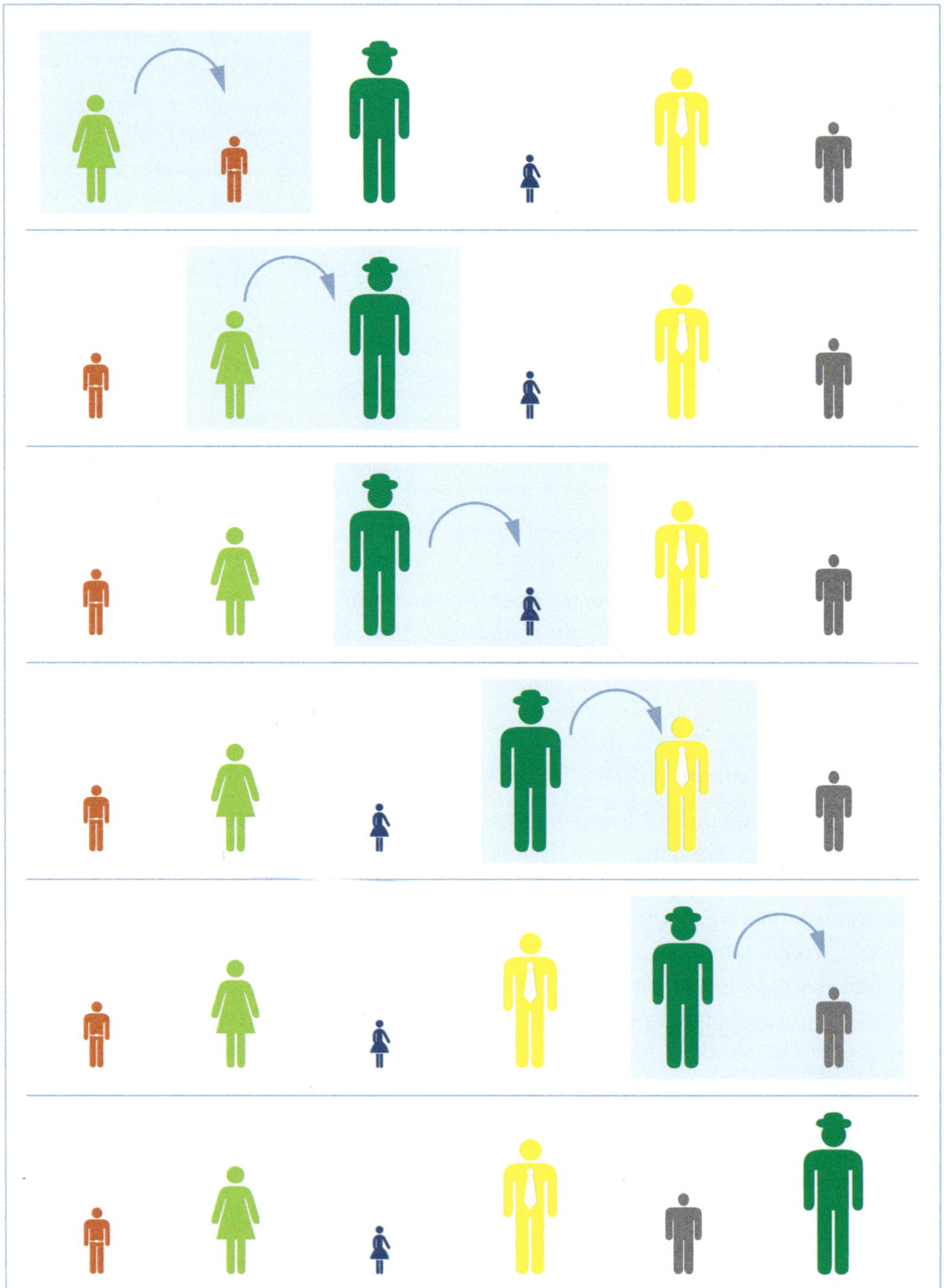

Zweiter Durchlauf

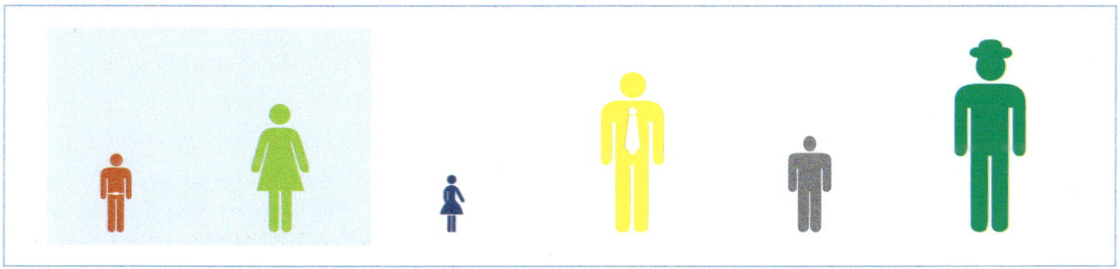

Der Algorithmus beendet seine Arbeit, wenn in einem Durchlauf kein Tausch mehr durchgeführt wird.

Aufgaben

1 Führen Sie den Dijkstra-Algorithmus in M1 fort. Bestimmen Sie anschließend den kürzesten Weg von A nach E.

2 Begründen Sie, dass einmal abgearbeitete Knoten vom Dijkstra-Algorithmus nicht noch einmal überprüft werden müssen (M1).

3 Erklären Sie, wie der Dijkstra-Algorithmus hinsichtlich der Laufzeit (Dauer des Algorithmus) verbessert werden kann. Recherchieren Sie anschließend im Internet die Funktion weiterer Kürzeste-Wege-Algorithmen (M1).

4 Stellen Sie mithilfe der Karte (vgl. QR Code) oder einem Kartenabschnitt Ihres Wohnorts dar, wie eine der Software für Routenplanung (M2) geplante Tour aussehen könnte.

5 Sammeln Sie weitere Parameter, die ein Routenalgorithmus für Paketzustellfahrzeuge beachten könnte, um sicherer und schneller zu den Zielen zu gelangen (M2).

6 Erklären Sie, dass beim beschriebenen Sortierverfahren nach einem Durchlauf der größte Mensch in der Liste wirklich an der richtigen Stelle steht (M3).

7 Beschreiben Sie in eigenen Worten die Funktion des Sortierverfahrens Bubble-Sort (M3).

8 Führen Sie die Sortierung in M3 mit dem Sortierverfahren Bubble-Sort fort.

9 Recherchieren Sie nach weiteren Suchalgorithmen und vergleichen Sie diese mit dem Bubble-Sort Algorithmus (M3), z. B. hinsichtlich Laufzeit und Komplexität (z. B. Schwierigkeit und Ressourcenverbrauch).

10 **Für Schnelle:** Implementieren Sie den Bubble-Sort Algorithmus für die Sortierung der gezogenen Lottozahlen mit der Vorlage *13_A10_Lottozahlen BubbleSort_Vorlage*.

Karte zur Bearbeitung der Aufgabe

Mediencode 82110-28

2.14 Wie beeinflussen Algorithmen das Leben in der Gesellschaft?

Pulsmesser, Schrittzähler, Kalorienverbrauch und Schlafüberwachung: Diese und viele Funktionen mehr bieten aktuelle Smartwatches. Dazu erhebt das Gerät Daten des Nutzers und ermöglicht so die Verwendung nützlicher Programme. Aber nicht nur der Nutzer selbst profitiert von derartigen Algorithmen. Auch für die Tarifbestimmung von Krankenversicherungen, die Marktanalyse von Unternehmen und die Forschung im medizinischen Bereich ist die automatisierte Auswertung solcher Daten verlockend. Welche Auswirkung hat die Verwendung dieser Algorithmen auf die Gesellschaft?

M1 Einsatzmöglichkeiten von Algorithmen in der Medizin

Vorhersage von psychischen Erkrankungen bei Nutzern sozialer Medien
Forscher haben eine Software zur Analyse in sozialen Medien geposteter Bilder entwickelt, die in der Lage ist, typische Merkmale einer Depression zu erkennen – anhand der von Nutzern eingestellten Bilder sowie weiterer Aspekte wie z. B. „Likes".

Sprache als Indikator für psychische Erkrankungen
Anhand von Sprachaufzeichnungen können Algorithmen bestimmte Merkmale beispielsweise für eine Depression identifizieren und von anderen Krankheitsbildern wie etwa posttraumatischen Belastungsstörungen unterscheiden.

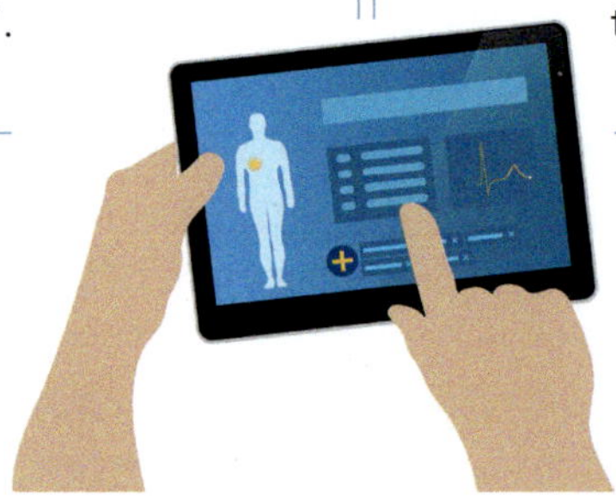

Tablet zur Darstellung medizinischer Daten

Datenbasierte Unterstützung bei ärztlichen Therapieentscheidungen
Algorithmen können vorhersagen, welche Therapie für einen bestimmten Patienten zu einem bestimmten Zeitpunkt anzuraten ist und wie der Patient darauf ansprechen wird.

Vorhersagemodelle für Krankheiten und Arzneimittelwirkungen
Das System „Deep Patient" greift auf alle in einer elektronischen Patientenakte verfügbaren Daten zurück und kann so Vorhersagen über die Wirksamkeit von Therapien oder den voraussichtlichen Verlauf der Krankheit treffen.

Kostera, Thomas; Thranberend, Timo: Algorithmen – Technologische Entwicklung in der Medizin braucht gesellschaftlichen Diskurs über Möglichkeiten und Grenzen. In: Daten, Analysen, Perspektiven Nr. 1. Bertelsmann-Stiftung, 2019

M2 Wenn Algorithmen Meinung machen

Zunehmenden Einfluss auf Inhalte und Tonalität von Online-Diskussionen haben auch Bots. Hier haben wir es mit Algorithmen zu tun, die weitgehend automatisch sich wiederholende Aufgaben abarbeiten. Dabei sind sie eigenständig und benötigen keine Interaktion mit menschlichen Nutzern. Bots werden häufig eingesetzt, um Meinungen zu manipulieren, zum Beispiel indem sie automatisierte Kommentare in Internetforen platzieren. [...]

Jenseits geplanter Manipulationsversuche birgt der Versuch, dem Online-Nutzer nur relevante Informationen zur Verfügung zu stellen, ebenfalls Gefahren. Algorithmen können auf Basis der Signale von Text und Nutzer einzelne Inhalte bevorzugen und andere Meinungen in den Hintergrund rücken. Sie versperren dem Nutzer unter Umständen den Blick auf ein breiteres Meinungsspektrum. Über Existenz und Effekt dieser sogenannten Filterblasen gibt es unterschiedliche Ansichten: Während manche meinen, dass die algorithmengesteuerte Inhalteselektion die einseitige Meinungsbildung verstärkt, betonen andere den subjektiven Wahrnehmungswunsch des einzelnen, der auch aus einem breiteren Meinungsspektrum nur die Informationen auswählt, die sein Weltbild bestätigen. [...]

Lernende Algorithmen können [aber auch] dabei helfen, die Anzahl von Nutzerbeiträgen in den Griff zu bekommen, indem zum Beispiel Posts in einem Forum daraufhin überprüft werden, ob bereits ähnliche Antworten und Argumente vorhanden sind. Diese Technologie verhindert, dass sich eine Diskussion im Kreis dreht, weil immer wieder die gleichen Argumente genannt werden.

Geißler, Holger; Tesch, Henrik: Wenn Algorithmen Meinung machen. In: www.politik-kommunikation.de, 22.10.2019

„Algorithmen müssen transparent sein, und jeder muss die Möglichkeit haben, zu erfahren, wie sie zustande kommen." – Angela Merkel bei den Medientagen in München 2016.

Aufgaben

1. Erläutern Sie anhand der Beispiele, welche Vorteile der Einsatz von Algorithmen in der Medizin mit sich bringt (M1).
2. Stellen Sie technische, rechtliche und ethische Grenzen der Verwendung von Algorithmen in der Medizin dar (M1).
3. Erklären Sie, was man unter einer Filterblase in sozialen Netzwerken versteht (M2), und nennen Sie Beispiele, in denen Sie derartige Effekte bereits erlebt haben.
4. Erklären Sie, wie Social-Bots im Vorfeld von Wahlen zur Beeinflussung der Wähler eingesetzt werden können. Nehmen Sie anschließend begründet Stellung zum Einsatz dieser Algorithmen im Prozess der politischen Meinungsbildung (M2).
5. Verfassen Sie konkrete Handlungsempfehlungen für mündige Staatsbürger, die dazu beitragen, eine einseitige Meinungsbildung zu verhindern (M2).
6. Diskutieren Sie die Aussage der ehemaligen Bundeskanzlerin (Randspalte) vor dem Hintergrund des Spannungsverhältnisses von betriebswirtschaftlicher Notwendigkeit und dem Mehrwert für den Nutzer.

Social Bots
Programme, die mithilfe von Profilen und Beiträgen in sozialen Netzwerken gezielt Einfluss auf den Meinungsbildungsprozess nehmen sollen.

2.15 Wie werden Algorithmen von Unternehmen eingesetzt?

„Als ich das letzte Mal nachgesehen habe, war das Produkt aber doch noch viel günstiger": So geht es vielen bei überlegten Kaufentscheidungen. Im Laufe der Recherche von Produktdetails und Anbietern ändern sich die Preise der Onlineartikel teils stündlich. Dies ist aber nicht nur auf die personalisierte Preisbildung durch z. B. Cookies, sondern auch auf andere Systeme der Unternehmen zurückzuführen. Aber welche Algorithmen werden hier verwendet und warum?

M1 Algorithmen zur Preisgestaltung

Die Preisüberwachung [...] [verschafft] jede[m] E-Commerce ein Wettbewerbsvorteil. [...] Es geht [dabei aber] nicht [nur] darum, wie viele annehmen, [...] durch Preissenkungen auf den Wettbewerb zu reagieren. [...] Ein Wettbewerbsanalyse-Tool ermöglicht Ihnen [vielmehr], Gelegenheiten für intelligente Preiserhöhungen zu erkennen. Im Allgemeinen tritt diese Situation bei Produkten im niedrigen Angebotsbereich des Marktes ein. Durch Vergleiche mit dem Wettbewerb stellt man z. B. fest, dass der Unterschied zum nächsten Wettbewerber zu groß ist. Das ist eine interessante Preiserhöhungsmöglichkeit, die Ihnen erlaubt, den Preis zu erhöhen und trotzdem eine wettbewerbsfähige Position beizubehalten. [...]

Mit dem gleichen Überwachungstool bringt die Analyse Produkte der Konkurrenten mit niedrigeren Preisen hervor. Wenn diese Situation bei überbewerteten Produkten eintritt, bei denen der Kaufpreis und die Gewinnspanne einen etwas niedrigeren Preis zulassen, ist dies eine Gelegenheit, die Preise gleichzusetzen und für eine begrenzte Zeit Werbeaktionen oder Rabatte zu generieren. [...]

Wenn die Lagerbestandsüberwachung der Konkurrenz zeigt, dass ein Produkt in dessen E-Commerce ausverkauft ist, bietet dies Gelegenheit, die Preise nach oben zu verändern und neue Kunden zu gewinnen. Jetzt wird es interessant: wenn Sie die Vergangenheitsdaten der Produktbewegungen der Konkurrenz analysieren, bei denen es aktuell keine Vorräte gibt, können Sie die Zeitspanne erkennen, die der Mitbewerber zur Wiederverfügbarkeit des Produktes benötigt. Nun bieten Sie das Produkt, welches der Wettbewerb derzeit nicht vorhält, für den gleichen Zeitraum mit einem höheren Preis an, mit der zusätzlichen Chance neue Kunden zu gewinnen und eine hervorgehobene Positionierung auf dem Markt zu erreichen.

De la Vieja, Angela: Repricing-Maßnahmen, um wettbewerbsfähiger zu sein. In: www.minderest.com (Abruf am 23.11.2021)

M2 Lieferproblem

Speditionen versuchen ihre Lastkraftwagen (LKWs) möglichst optimal auszulasten. Schwierig wird dies, weil beispielsweise die Größe von Lastwagen oder Gewichtsbeschränkungen den Transport mehrerer Lieferungen in einer Fahrt verhindern können. Da sich aber die einzelnen Lieferungen in Gewicht, Auftragswert und spätestem Lieferdatum unterscheiden müssen diese Aspekte Beladung der LKWs berücksichtigt werden. Folgende Tabelle zeigt die geplanten Lieferungen der Spedition, die nicht alle gleichzeitig in dem LKW der Spedition transportiert werden können.

Lieferungen	Gewicht	Wert	Lieferdatum
A	7	4	22.06.
B	2	3	24.06
C	2	1	26.06.
D	1	3	22.06.
E	5	5	24.06.
F	4	3	22.06.
G	3	2	23.06.

M3 Predictive Shopping

Karikatur: Cloud Science, 2018

Aufgaben

1 Erläutern Sie die Funktionen des Wettbewerbsanalyse-Tools in M1.

2 Sammeln Sie weitere Informationen, die ein Algorithmus zur automatischen Preisanpassung berücksichtigen sollte. Zeigen Sie damit die Grenzen derartiger Systeme auf (M1).

3 a) Beschreiben Sie ein allgemeines Vorgehen bei der Auswahl der Lieferung für das Beladen eines LKWs in M2.

b) Vergleichen Sie Ihr Vorgehen mit denen Ihrer Mitschülerinnen und Mitschüler.

c) Stellen Sie Schwierigkeiten dar, die sich bei der Umsetzung eines Algorithmus zur optimalen Beladung von LKWs ergeben könnten (M2). Welche weiteren Informationen bräuchten sie dazu noch?

4 Beschreiben Sie mit eigenen Worten, wie ein Algorithmus arbeitet, der vorhersagen kann, was ein Konsument als nächstes bestellen wird (M3).

5 Beurteilen Sie das Konzept des Predictive Shopping vor dem Hintergrund betriebswirtschaftlicher Interessen, informationeller Selbstbestimmung und dem Mehrwert für den Nutzer (M3).

Fachwissen im Zusammenhang

Algorithmus ➥ Kapitel 2.1; 2.2	Ein Algorithmus ist eine ausführbare Folge von Anweisungen, welche zur Lösung eines bestimmten Problems aus Eingabewerten einen Ausgabewert erstellt. Der Ersteller muss dabei bereits im Vorfeld für alle Eventualitäten Handlungsalternativen berücksichtigen. Nur so kann der Algorithmus in unterschiedlichen Situationen korrekt arbeiten. Tagtäglich nutzen wir Algorithmen, indem wir Navigationssysteme bedienen, Suchanfragen im Internet starten oder andere Apps am Smartphone verwenden. Unter der Implementierung eines Algorithmus versteht man die Umsetzung in einem Programm mittels einer visuellen oder textuellen Programmiersprache. Bei dieser Programmierung werden Handlungsanweisungen und Kontrollstrukturen in einer Sequenz aneinandergereiht und anschließend ausgeführt.
Verwendung von eigenen Methoden ➥ Kapitel 2.5	Um Programmteile leichter wiederverwenden zu können und die Algorithmen besser zu strukturieren, werden eigene Methoden, in Scratch „Blöcke“ genannt, verwendet. Erst wenn diese erstellt und mit Anweisungen gefüllt wurden (z. B. in Abb. 1), können sie aufgerufen (Abb. 2) werden. Braucht die Methode zur Erfüllung ihrer Aufgabe weitere Informationen, so verlangt sie Übergabeparameter, z. B. „Platz“ in geheZu(**Platz**) in Abb. 1. Beim Aufruf der Methode (Abb. 2) müssen dafür konkrete Werte mit dem passenden Datentyp (Art der Daten, die darüber entscheidet, welche Operationen mit dem gespeicherten Wert ausgeführt werden können) eingesetzt werden. Hier wird der Methode beim Aufruf der Wert „4“ übergeben (Abb. 2). 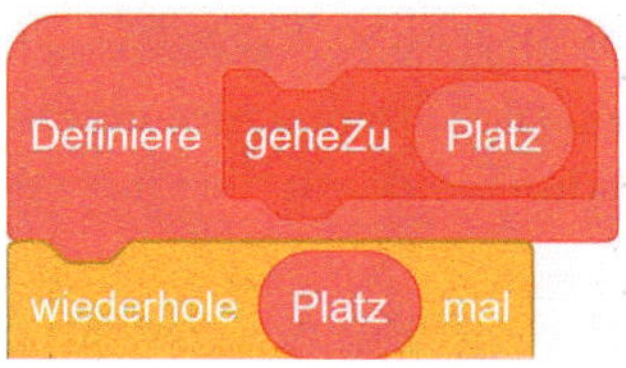 Abb. 1: Methodendefinition  Abb. 2: Methodenaufruf

Bedingte Anweisungen
➥ Kapitel 2.6

Um einen reibungslosen Programmablauf auch bei unvorhergesehenen Ereignissen zu gewährleisten, müssen besonders **Methoden abgesichert** werden. Dazu eignet sich die Verwendung von **bedingten Anweisungen**. Eine Bedingung ist immer so formuliert, dass sie mit Ja oder Nein beantwortet werden kann: z. B. „Hintergrundfarbe = Weiß", „Kostümname = Robo". Mit **bedingten Anweisungen** (siehe Abb. 3) kann im Vorfeld festgelegt werden, wie mit unterschiedlichen Situationen im Programmablauf automatisch verfahren werden soll. Je nachdem, ob die Bedingung erfüllt ist, führt das Programm unterschiedliche Handlungsalternativen aus.
Die Ausführung des Programms kann dabei von der Erfüllung mehrerer Bedingungen (UND) (Abb. 3), mindestens einer (ODER) oder dem Nichtvorliegen einer Bedingung (NICHT) (Abb. 4) abhängen.

Um eine mehrfache Fallunterscheidung zu erreichen, können bedingte Anweisungen beliebig oft ineinander geschachtelt werden (Abb. 3). Durch diese Kontrollstrukturen können beispielsweise Werte, die vom Nutzer übergeben werden, auf Korrektheit und Gültigkeit überprüft werden. Im Fehlerfall wird dem Benutzer eine aussagekräftige Meldung ausgegeben (Abb. 3).

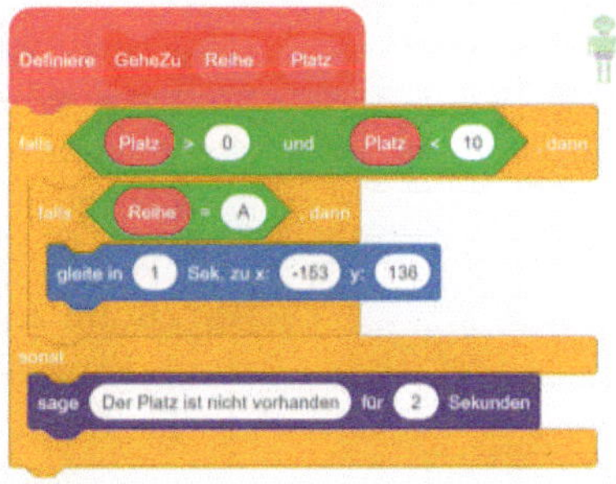

Abb. 3: Bedingte Anweisung zur Absicherung der Methode Gehe-Zu(Reihe,Platz)

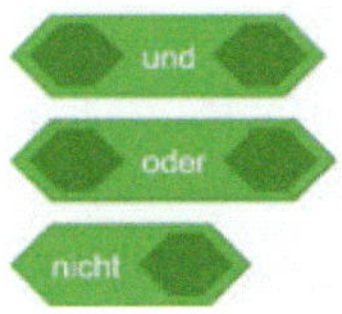

Abb. 4: Operationen für Bedingungen

Objekte kommunizieren miteinander
➥ Kapitel 2.8

Ein Objekt kann den Zustand anderer Objekte nicht direkt verändern, sondern nur die Methoden aufrufen, die es anbietet. So müssen **Objekte** zur synchronisierten Zusammenarbeit miteinander **kommunizieren**. In Scratch können Nachrichten an alle (Abb. 5) oder ein bestimmtes Objekt gesendet werden. Objekte können dann die programmierten Abläufe ausführen, wenn sie die Nachricht empfangen (Abb. 6).

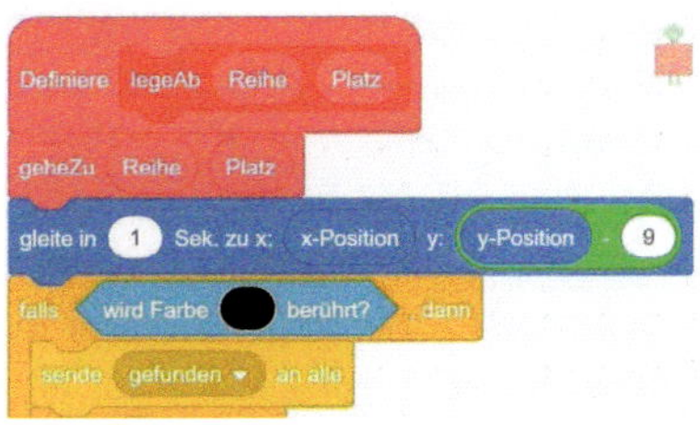

Abb. 5: Senden einer Nachricht

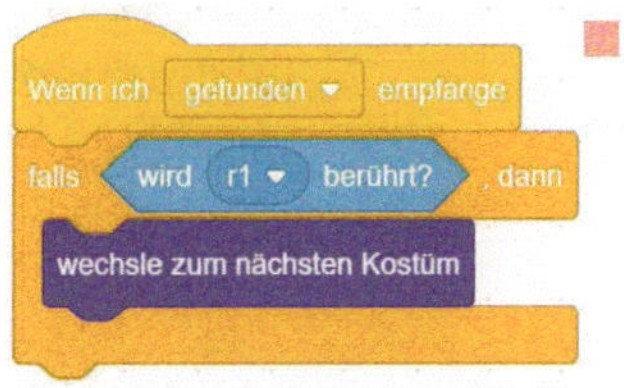

Abb. 6: Empfang und Reaktion auf eine Nachricht

Datenstrukturen
➥ Kapitel 2.11; 2.12

Zur Verwaltung von Informationen gleicher Art, z. B. zum Führen von Registern oder der Verwaltung von Plätzen, werden in Computerprogrammen Datenstrukturen verwendet. Die Informatik unterscheidet zwei Grundkonzepte:
Das Feld zeichnet sich durch eine beschränkte Anzahl an Einträgen sowie direktem Zugriff auf jedes Feldelement aus. Die Liste hat eine variable Größe und erlaubt den Zugriff auf einzelne Elemente nur mit einem Durchlauf durch die Datenstruktur.
Abhängig von der verwendeten Programmiersprache und Entwicklungsumgebung gibt es Datenstrukturen, welche die Vorteile beider Konzepte vereinen. Scratch bietet beispielsweise eine Datenstruktur mit dem Namen „Liste" (z. B. Abb. 8) an.
Diese ist nicht nur beliebig erweiterbar, sondern erlaubt auch einen direkten Zugriff auf Feldelemente über die Nummerierung, das Einfügen neuer Elemente an einer gewünschten Stelle und die Verwendung der aktuellen Listenlänge (Abb. 9) für beispielsweise Wiederholungen mit fester Anzahl.

Abb. 8: Liste in Scratch

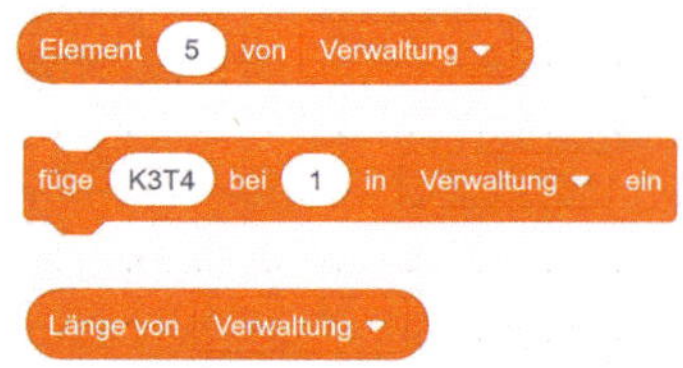

Abb. 9: Operationen für die Liste in Scratch

Bedeutung der Algorithmen für Individuen und Gesellschaft
➥ Kapitel 2.14

Komplexe Algorithmen bestimmen unseren Alltag und unser tägliches Handeln. Bewusst nutzen wir Navigationssysteme, die Algorithmen zum Auffinden des schnellsten Wegs verwenden. Aber auch hinter Suchfunktionen in Dokumenten, Sozialen Netzwerken oder der Sortierfunktion in Tabellenkalkulationsdokumenten stecken solche Algorithmen. Obwohl diese Programme im Detail sehr komplex sind, kann man deren Ablauf und Funktionsweise oft mit einfachen Beispielen und Modellen nachvollziehen. Dies gilt vor allem für Algorithmen, die wir erkennbar selbst starten und ausführen.
Andere Algorithmen werden durch uns unbewusst aktiviert und führen sich, oft von uns unerkannt, im Hintergrund aus. Diese werden von Unternehmen verwendet, um unser Surf- oder Suchverhalten auszuwerten, Werbung zielgruppengerecht zu schalten oder die Meinungsbildung zu beeinflussen.
Im Alltag bedeutet das, die Augen nach potentiellem Missbrauch durch den Einsatz computergestützter Systeme offenzuhalten. Vor der Nutzung von Diensten sollte immer der Mehrwert gegen die möglichen Nachteile abgewogen werden. Hier trifft aber auch Unternehmen die Pflicht, ihre Algorithmen nicht nur auf Rentabilität und Gewinnmaximierung, sondern auch auf die gesellschaftliche Verantwortung hin auszurichten.

Algorithmen im Unternehmen
➥ Kapitel 2.15

Auch fernab vom Umgang mit den Kunden haben **Algorithmen** längst Einzug in die **Prozesse** der **Unternehmen** gehalten. Computerprogramme berechnen beispielsweise blitzschnell Modelle, planen in Abhängigkeit von der Auftragslage den Einsatz von Maschinen und Mitarbeitern in der Produktion und verwalten selbstständig das Lager. Neben den daraus entstehenden Vorteilen zeigt sich in der Praxis aber auch die Notwendigkeit menschlichen Eingreifens. Menschliche Entscheidungsträger zeichnen sich durch ein Verständnis der Gesamtsituation, kreative Denkweisen für neue Lösungsansätze und höhere Akzeptanz bei den Mitarbeitern und Kunden aus. Außerdem hängt die Qualität eines Algorithmus entscheidend von seiner Implementierung ab. Nur wenn alle möglichen Fehleingaben, unvorhergesehene Ereignisse einkalkuliert und das System ausreichend getestet wurde, kann er einen Mehrwert für das Unternehmen bieten.

Kompetenzcheck

In modernen Lagerhäusern, Verteilzentren und Produktionsbetrieben findet die Kommissionierung und der Transport von angeforderten Waren, Produkten oder Rohstoffen schon lange nicht mehr per Hand, sondern mithilfe automatisierter Robotersysteme statt. Die dafür eingesetzten Picker-Roboter können auf individuelle Anforderungen reagieren, die gewünschten Produkte auch in chaotischen Lagersystemen schnell und zuverlässig finden und zum Ziel bringen. Hier soll ein einfaches Picker-Roboter-System entwickelt werden.

M1 Übersicht

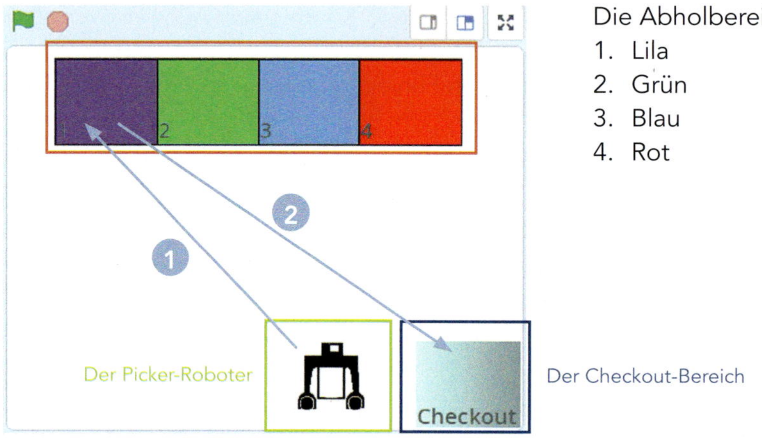

Die Abholbereiche:
1. Lila
2. Grün
3. Blau
4. Rot

Die Kommissionier-Automatisierung

M2 Verfügbare Elemente im Feld verwalten

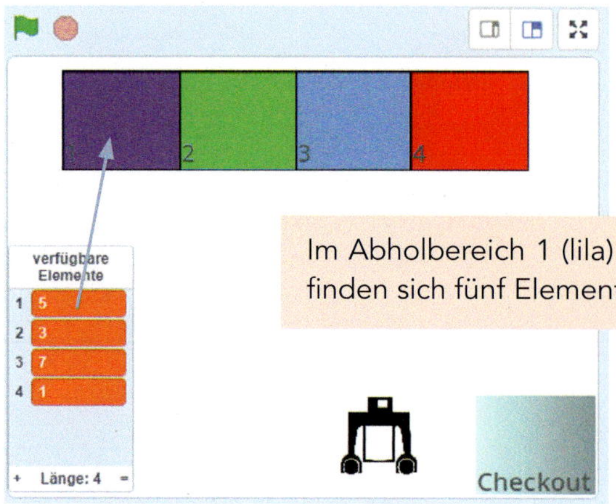

Im Abholbereich 1 (lila) befinden sich fünf Elemente.

Die Kommissionier-Automatisierung mit Verwaltung

Aufgaben

1 Implementieren Sie eine Steuerung per Pfeiltasten für den Picker-Roboter (M1). Verwenden Sie dazu die Datei *Picker_Roboter_Vorlage*.

Picker_Roboter_Vorlage

Mediencode 82110-29

2 Verfassen Sie einen Block `fahreZuCheckout()`, der den Picker-Roboter zum Checkout-Bereich fahren lässt. Testen Sie Ihr Programm mit passenden Aufrufen (M1).

3 Verfassen Sie einen Block `fahreZuFarbe(Farbe)`, der den Picker-Roboter zu der übergebenen Farbe fahren lässt. Testen Sie Ihr Programm mit passenden Aufrufen.

4 Sichern Sie Ihr Ergebnis aus Aufgabe 3 gegen Falscheingaben ab (M1).

5 Automatisieren Sie die Abläufe des Picker-Roboters (M1):

a) Erweitern Sie Ihr Programm dahingehend, dass die Abholbereiche Nachrichten senden können, die den Picker-Roboter zum entsprechenden Bereich fahren lässt.

b) Dort soll er sein Kostüm auf „voll" wechseln, zum Checkout-Bereich fahren, hier sein Kostüm auf „leer" wechseln und stehen bleiben.

6 Legen Sie ein Feld „verfügbare Elemente" an und füllen Sie es nach der Vorgabe in (M2).

7 Verfassen Sie ein Programm, das berechnet, wie viele Elemente insgesamt in allen Abholbereichen bereitliegen. Verwenden Sie dazu Variablen (M2).

8 Erweitern Sie Ihr Programm aus Aufgabe 5 dahingehend, dass der Picker-Roboter alle verfügbaren Elemente abholt (M2):

a) Der Picker-Roboter fährt bei erhaltener Meldung zum entsprechenden Abholbereich.

b) Solange im Feld „verfügbare Elemente" für den Abholbereich (z. B. Feldelement an der Stelle 1 für den lila Abholbereich) noch mindestens ein Element angegeben ist, wird ein weiteres von diesem Bereich zum Checkout-Bereich transportiert.

c) Nach jeder Fahrt muss der Wert im entsprechenden Feldelement angepasst werden.

d) Der Picker-Roboter beendet seine Arbeit, wenn das entsprechende Feldelement leer ist.

9 Erklären Sie, dass die Umsetzung von Algorithmen zur Automatisierung betriebswirtschaftlicher Prozesse im Unternehmen eine hohe Abstraktion erfordert (M1, M2). Welche Probleme sind damit verbunden?

10 Erklären Sie, welchen Einfluss die Automatisierung von gleichbleibenden Prozessen, wie dem Kommissionier-Prozess, auf Kunden, Arbeitnehmer und Unternehmer haben kann (M1, M2).

Die Städte von morgen sind grüner und der Mensch steht im Mittelpunkt.

Leben auf dem Mars.

Roboter als Führungskräfte und Entscheider, nicht nur in Unternehmen.

Die Mobilität der Zukunft ist autonom und verändert Unternehmen.

Aufgaben

1. Beziehen Sie zu den dargestellten Zukunftsszenarios Stellung. Welche Zukunft halten Sie für wahrscheinlich?
2. Entwickeln Sie Vorschläge, welche Innovationen zum Eintritt der Szenarios noch notwendig sind.
3. Erläutern Sie die Schwierigkeit der Prognose von Zukunftsszenarien.

3 Informationstechnologische Zukunftstrends

[Aktuelle und zukünftige informationstechnologische Entwicklungen basieren auf dem Megatrend Digitalisierung. Dieser Begriff ruft ganz unterschiedliche Reaktionen hervor:] […] Während er bei den einen Zukunftsvisionen einer gerechteren und schöneren Welt heraufbeschwört, löst er bei anderen Befürchtungen vor tiefgreifenden Veränderungen aus – bis hin zur Angst, von Maschinen ersetzt zu werden.
Dabei ist die Digitalisierung in den vergangenen Jahrzehnten in vielen Bereichen mehr oder weniger unbemerkt zum vertrauten Alltagsbegleiter und unentbehrlichen Bestandteil moderner Gesellschaften geworden. Ihre Weiterentwicklung wird als unabdingbar angesehen, um mittelfristig Fortschritt, Wissenserweiterung und Wohlstand zu garantieren.

Nach: Hesse, Christine: Zu diesem Heft, In: bpb izpb Nr. 344, Digitalisierung, S. 3, März 2020

Das können Sie nach diesem Kapitel:

- aktuelle informationstechnologische Entwicklungen aus Konsumenten-, Arbeitnehmer-, Unternehmer- und Staatsbürgerperspektive bewerten und dabei ethische Normen beachten.
- aus aktuellen informationstechnologischen Entwicklungen Konsequenzen für Ihr Handeln im eigenen Lebensumfeld sowie für Ihre berufliche Orientierung ableiten.

Methode

Wie kann Zukunft gestaltet werden?

Da wir alle unsere Zukunft selbst beeinflussen, sollten wir wissen, wo wir eigentlich hinwollen. Das heißt, wir brauchen ein Bewusstsein für unsere privaten und beruflichen Handlungsfelder und wir benötigen vor allem Ziele und Werte, die unser Handeln im Hinblick auf informationstechnologische Zukunftstrends leiten können. Gestalten Sie diese Zukunft doch einfach mit.

Aufgabe

1. Lesen Sie die Methodenseiten und bilden Sie Gruppen von sinnvoller Größe.
2. Wählen Sie einen aktuellen Zukunftstrend aus (Kap. 3.1). Mögliche Vorschläge für informationstechnologische Entwicklungen sind: Künstliche Intelligenz (M1 – M3), cyberphysische Systeme (M4, M5), Blockchain (M6 – M8), Natural Language Processing (M9 – M12).
3. Führen Sie die drei unten beschriebenen Schritte durch. Berücksichtigen Sie, dass die Materialien in den Kapiteln durch Recherchen zu vertiefen sind.
4. Bereiten Sie die Ergebnisse so auf, dass sie präsentiert werden können.

Gegenwart

aktuelle informationstechnologische Innovationen

Schritt 1: Die Entwicklungen abschätzen (Kap. 3.1)

Analysieren Sie die relevanten Materialien und recherchieren Sie weitere aktuelle Entwicklungen des gewählten Zukunftstrends. Arbeiten Sie dazu Zusammenhänge und Kontexte strukturiert heraus.

Leitfragen:

- Welche Innovation würden wir (und andere) in welchen Lebenssituationen, in welchen alltäglichen Kontexten gerne nutzen?
- Welche Vorteile, welches Mehr an Lebensqualität und welche materiellen Gewinne würden wir von der genutzten Technik erwarten?

Schritt 3: Die Entscheidungen ableiten (Kap. 3.3)

Nun sind Fantasie, Kreativität und Ideen gefragt: Entwickeln Sie Ansätze für Strategien sowie mögliche Umsetzungsmaßnahmen, die Ihr Handeln im eigenen Lebensumfeld und Ihre berufliche Orientierung leiten.

Leitfragen:

- Welche individuellen und gesellschaftlichen Handlungsimplikationen ergeben sich?
- Welche Auswirkungen hat das für unsere berufliche Zukunft?
- Welche Anforderungen und Möglichkeiten bietet die zukünftige Berufswelt und was ist nötig, um darauf vorbereitet zu sein?
- Welche Schritte sind notwendig, um Chancen zu realisieren und Risiken zu vermeiden?
- Wer sollte für etwaige Entwicklungen Verantwortung übernehmen müssen?

Schritt 2: Die Auswirkungen bewerten (Kap. 3.2)

Bewerten Sie die Entwicklungen des gewählten Zukunftstrends unter Beachtung ethischer Normen. Berücksichtigen Sie dabei auch die Auswirkungen auf Konsumentinnen und Konsumenten, Arbeitnehmerinnen und Arbeitnehmer, Unternehmerinnen und Unternehmer und Staatsbürgerinnen und Staatsbürger.

Leitfragen:

- Welche Konsequenzen hat das für unser Handeln im eigenen Lebensumfeld?
- Auf welche Probleme, Hindernisse, Risiken könnten wir stoßen?
- Sind die Auswirkungen in sozialer, ökonomischer oder demokratie-politischer Hinsicht gewollt? Gibt es „blinde Flecken" oder vernachlässigte Aspekte?

3.1 Welche informationstechnologischen Entwicklungen beeinflussen die Zukunft?

Analysieren Sie die relevanten Materialien und recherchieren Sie weitere aktuelle Entwicklungen des gewählten Zukunftstrends. Arbeiten Sie dazu Zusammenhänge und Kontexte strukturiert heraus.

Leitfragen:

- Welche Innovation würden wir (und andere) in welchen Lebenssituationen, in welchen alltäglichen Kontexten gerne nutzen?
- Welche Vorteile, welches Mehr an Lebensqualität und welche materiellen Gewinne würden wir von der genutzten Technik erwarten?

M1 Interview mit dem Forschungsdirektor einer Cyberagentur

Sie müssen mir erst mal erklären, was man unter […] KI verstehen kann?

Bis heute ist KI so etwas wie eine Denkfabrik der Informatik. Hier entstehen viele neue Impulse, abgeleitet aus der Beobachtung menschlichen Verhaltens und dem Versuch, dieses durch Computer nachzuahmen. […] Und es gilt auch für menschliche Kognitionen und Aktionen.

Was bedeutet das?

Kognitionen meint ja all jene Vorgänge, die im Kopf vorgehen, wie das Denken. Auch hier versucht man, Computer intelligent zu machen. Und Aktionen meinen etwa das Greifen, das Laufen und Gehen, aber auch das Handeln in Arbeitssituationen. […] Wir versuchen somit also der menschlichen Intelligenz näher zu kommen.

[…] Künstliche Intelligenzen sind also nicht schlauer als der Mensch?

Bei kognitiven Aufgaben ist Künstliche Intelligenz zweifelsohne dem Menschen in ausgewählten Anwendungen überlegen. In der Sensomotorik hingegen ist KI in einem frühen Entwicklungsstadium und weit von menschlicher Motorik entfernt. Emotionales Verhalten oder soziale Intelligenz sind bislang in der KI nur wenig erforscht, hier ist der Mensch ganz klar besser. […]

Warum [machen Sie sich trotzdem Sorgen um uns Menschen]?

Wenn die KI-Entwicklungen rasch voranschreiten und Menschen feststellen, dass sie immer mehr Aufgaben an eine KI übertragen können – was bleibt dann für uns? Wie erfahren wir Wertschätzung? Was werden unsere Aufgaben sein? Was ist dann unser Lebenssinn?

[…] Wo begegnet uns KI überhaupt schon?

[…] Auf Online-Plattformen, wenn Empfehlungen ausgesprochen werden. Beim Autofahren und der Nutzung von Navigation auf Basis aktueller Verkehrsmeldungen. Oder zu Hause mit Alexa, Siri und Co. Es ist wichtig, dass wir uns dies bewusst machen. […]

Wir nutzen KI also schon vielfach, ohne es wirklich zu merken.

[D]enken wir nur an die intelligenten Suchmaschinen […]. Da haben wir die KI nicht mal bemerkt. […] Es ist wichtig, sich damit auseinanderzusetzen. Und aus der Wohlfühlzone rauszukommen, sich zu qualifizieren und positiv nach vorne zu blicken.

© Südkurier: „Ich mache mir Sorgen um uns Menschen" – Im Interview erklärt Professor Christoph Igel was Künstliche Intelligenz ist. In: www.suedkurier.de, 12.02.2019

M2 KI entwirft perfekten Krabbelroboter

Wozu braucht man noch Menschen? Ein neues System des MIT (Massachusetts Institute of Technology) macht es möglich, dass Roboter neue Roboter entwerfen und für ein Problem das optimale Design finden. Bei den ersten Versuchen ging es um Maschinen, die sich auf schwierigem Gelände vorwärtsbewegen können.

Basierend auf: Kramper, Gernot: Wenn Maschinen Maschinen entwickeln: KI entwirft den perfekten Krabbelroboter. In: www.stern.de, 08.12.2020

Krabbelroboter

M3 Sensor Armband erkennt Hand-Befehle des Gehirns

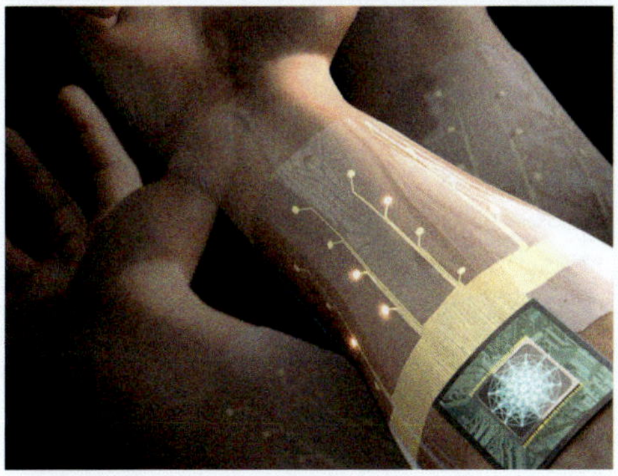

Sensor Armband zur Gestenerkennung

Ingenieure der University of California am Standort Berkeley greifen mit einem neuen Gerät zur Gestenerkennung, elektrische Signale des Gehirns zur Bewegung der Hände am Unterarm ab. Damit lässt sich ein Computer ohne Tastatur bedienen, Videospiele ohne Control[l]er spielen und Autos ohne Lenkrad fahren […].

Kempkens, Wolfgang: Sensor Armband erkennt Hand-Befehle des Gehirns, In: www.pressetext.com, 24.12.2020

M4 Industrie 4.0 und Smart Factory

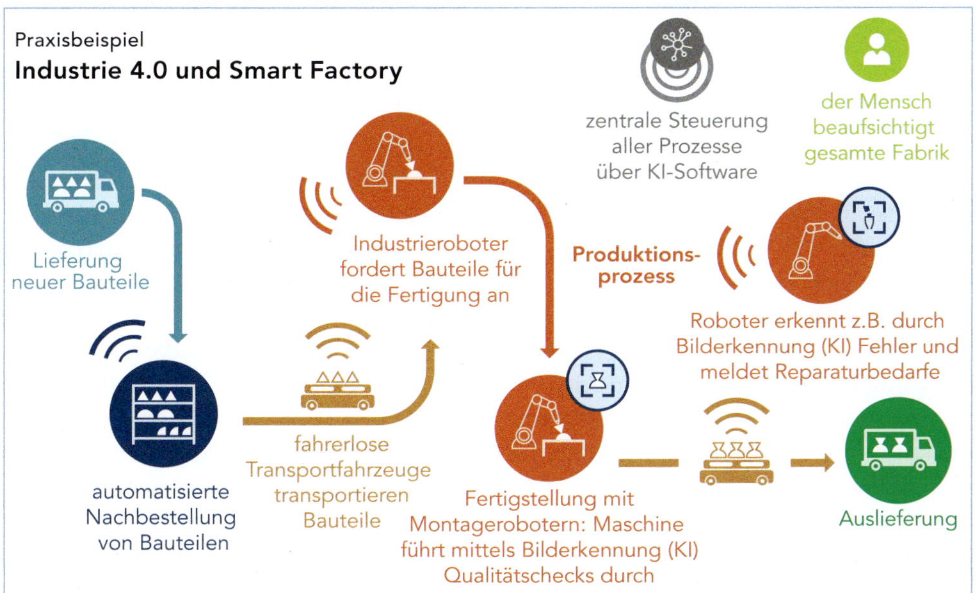

© Siemens Stiftung 2019

M5 Künstliche Intelligenz und Cobots helfen in der LKW-Produktion

[Die] Nutzfahrzeugproduktion setzt [...] auf Künstliche Intelligenz. Roboter und Fahrerlose Transportfahrzeuge (FTF) unterstützen die Mitarbeitenden bei ihrem täglichen Werk. Ausgestattet mit Kamera, Sensoren und Software transportieren Letztere im spanischen Valladolid Gegenstände mit einem Gewicht zwischen 10 und 20 Kilogramm. Die intelligenten Helfer kommen dabei auf eine Geschwindigkeit von etwa fünf Kilometern pro Stunde. Jedes dieser Systeme wisse genau, [...] wo das benötigte Materialstück abgeholt und wohin es an die Produktionslinie gebracht werden muss. Die Kameras und Sensoren sorgten dafür, dass es nicht mit Menschen oder anderen Hindernissen kollidiert und bei Bedarf anhält beziehungsweise ausweicht. Die FTF unterstützen so die Mitarbeiterinnen und Mitarbeiter bei Aufgaben, die körperlich anstrengend und ständig wiederholend sind.

Im norditalienischen Produktionswerk in Brescia greifen die Mitarbeiter im Lager gerne auf die Hilfe von speziell angefertigten Cobots zurück. Das Kunstwort steht für eine Kombination aus „collaborative" und „robot". Dank ihres langen flexiblen Arms können sie die benötigten Artikel auswählen und an den jeweiligen Arbeitsplatz umlagern. Das spare nicht nur Zeit und Arbeitsaufwand, sondern reduziere auch körperliche und ermüdende Belastungen. Die Cobots bieten auch für künftige Aufgaben ein enormes Potenzial, denn dank einer intelligenten „Haut" ist es ihnen möglich neue Aufgaben zu erlernen, wenn ein Mensch die erforderliche Bewegung zeigt. Anwendungssicherheit ist gegeben, weil die Cobots sofort zum Stillstand kommen, wenn sie die Anwesenheit eines Menschen registrieren.

Reichel, Johannes: Iveco: Künstliche Intelligenz und Cobots helfen in der Produktion. In: www.logistra.de, 10.12.2020

M6 Funktionsweise der Blockchain-Technologie

Blockchain – ein Begriff, bei dem oftmals allenfalls Kenner wissen, was genau dahintersteckt. Die Technologie trat erst mit dem Erfolg von Kryptowährungen wie Bitcoin ins Licht der breiten Öffentlichkeit und gehört zu den „Distributed Ledger Technologies", auf Deutsch: Technologien verteilter Kassenbücher. Im Gegensatz zur zentralen Verwaltung durch eine Institution haben dabei alle Teilnehmer identische Kopien der Datenbank auf ihrem Rechner.

So basieren digitale Zahlungsmittel wie Bitcoin auf einer Verschlüsselungstechnik („Kryptografie"), die den Zahlungsverkehr im virtuellen Raum absichert. Die Internetwährung besteht aber nicht aus Scheinen und Münzen, sondern aus einer Kette von verschlüsselten Datenblöcken – der Blockchain. [...] Vereinfacht gesagt funktioniert die Blockchain-Technologie wie ein von vielen Menschen genutztes digitales Kontobuch mit unendlich vielen Seiten, das von jeder Person, für die Transaktionen vorgenommen werden, separat gespeichert wird und jederzeit eingesehen werden kann. Findet eine neue Transaktion statt, werden die entsprechenden Daten auf einer neuen Seite – einem neuen Block – registriert, gespeichert, sicher verschlüsselt und schließlich dem Buch beziehungsweise der Blockchain hinzugefügt. Die Datenblöcke liegen dabei nicht auf einem zentralen Server, sondern sind dezentral in einem Netzwerk verteilt, wobei jeder Rechner eine identische Version des virtuellen Kontobuchs besitzt.

Demary, Markus: Blockchain-Unternehmen auf dem Vormarsch. In: www.iwd.de, 25.03.2021

M7 Einsatz von Blockchain-Technologien

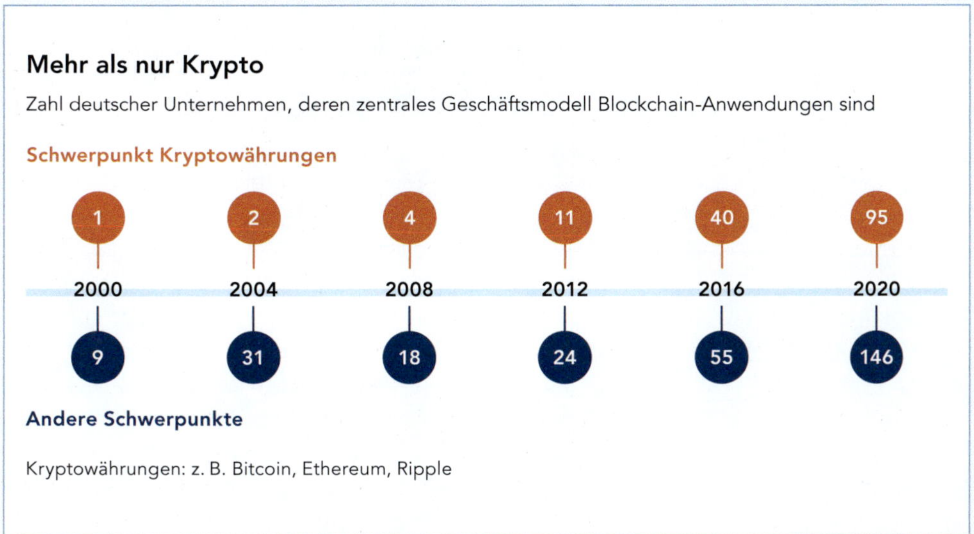

M8 Fünf weit fortgeschrittene Maßnahmen der deutschen Blockchain-Strategie

Die Bundesregierung …

… wird Rechtssicherheit für Handelsplattformen und Krypto-Verwahrer schaffen.

… fördert die Erprobung Blockchain-basierter Verifikation von Hochschulbildungszertifikaten.

… analysiert die Blockchain-Technologie hinsichtlich ihrer Informationssicherheit.

… pilotiert Blockchain-basierte digitale Identitäten und evaluiert geeignete weitere Anwendungen.

… wird bestehende Open-Data-Initiativen ausbauen […].

Nach: Bundesministerium für Wirtschaft und Energie/Bundesministerium der Finanzen: Blockchain-Strategie der Bundesregierung. In: www.bmwk.de, 2019

M9 Natural Language Processing als Helfer im Auto

In Fahrzeugen ist der Nutzen einer Verarbeitung der natürlichen Sprache mithilfe von Algorithmen leicht nachvollziehbar.

M10 Chatbot hilft beim Checkout

Die Mehrheit der Nutzer sieht den größten Nutzen von Chatbots bei der Produktbestellung

Welches Chatbot-Einsatzszenario bietet für Sie den grössten Nutzen?

© Elaboratum / DieProduktMacher: Chatbot-Studie 2019

M11 Ewiges Leben dank digitaler Seele?

Künstliche Intelligenz kann verstorbene Menschen wieder zum Leben erwecken: virtuell als Avatare. Sie sehen aus, reden, empfinden wie ihr Ebenbild. Tech-Giganten sehen darin einen Riesen-Markt mit Milliarden-Umsätzen.

Lehmann, Elisabeth: Ewiges Leben dank digitaler Seele? In: www.dw.com, 29.09.2021

Video-Beitrag virtuelle Avatare

Mediencode 82110-30

M12 Wenn der Roboter zum fürsorglichen Mitbewohner wird

Roboter, die in unserem Zuhause für uns da sind und uns unterstützen – diese Vision liegt gar nicht so weit in der Zukunft. Denkt man hier wohl zuerst an eine unterstützende Hand bei der Hausarbeit, geht die Idee des VIVARoboters, an dessen Entwicklung Informatikerinnen und Informatiker der Universität Augsburg beteiligt sind, in eine andere Richtung. Er soll – wie ein aufmerksamer, empathischer Mitbewohner – den Gemütszustand des Gegenübers wahrnehmen und einfühlsam darauf mit einfachen Dialogen reagieren. Durch gezieltes Nachfragen geht er auf die Bedürfnisse der Nutzerinnen und Nutzer ein, um so das Wohlbefinden zu steigern. Außerdem lernt der Roboter das Sozialgefüge des Menschen mit der Zeit und ermutigt ihn dazu, dieses zu pflegen. […]

„Erste Studien haben gezeigt, dass ein Näherkommen des Roboters immer besser bewertet wird – egal bei welcher gezeigten Emotion. Sprich: Wenn er dem Menschen Aufmerksamkeit schenkt", sagt [der Augsburger Informatiker Björn] Petrak. VIVA soll außerdem den persönlichen Raum von anderen respektieren und einen angemessenen Abstand einhalten. Doch was, wenn er diese Regeln brechen muss? […]

Die Befragten haben verschiedene Verhaltensweisen des Roboters bewertet, wenn dieser zwischen zwei miteinander sprechenden Menschen hindurchfahren muss, weil kein Weg daran vorbei möglich ist. Die Ergebnisse sollen helfen, Roboter wie VIVA den Bedürfnissen von Menschen anzupassen. „Die Befragten erwarten vom Roboter, dass er sich wie ein Mensch verhält, nicht wie zum Beispiel ein Tier oder eine Maschine", sagt [Gundula] Sopper.

Hallermayer, Michael: Wenn der Roboter zum fürsorglichen Mitbewohner wird. In: Wissenschaft und Forschung in Augsburg, S. 1. Ausgabe 16 Winter 2021, 25.02.2021

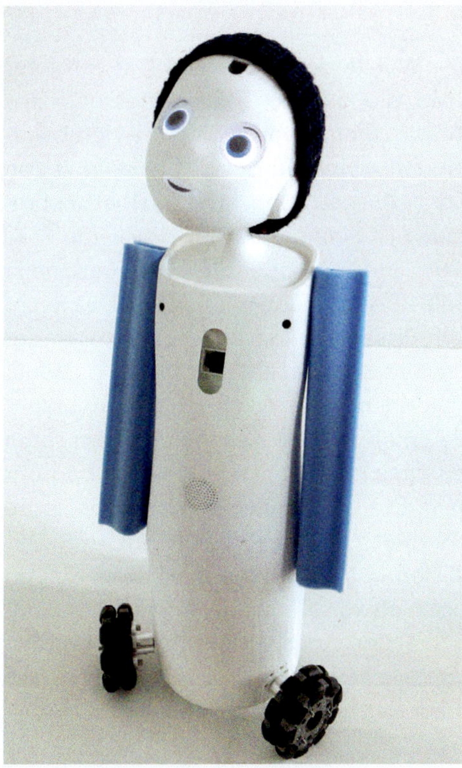

Beim Prototyp des VIVA-Roboters wird der Schwerpunkt auf die soziale Interaktion mit Menschen gesetzt. Dabei soll er dazu animieren, auch mehr Kontakt mit Freunden, Familie und Bekannten aufzunehmen. Der Augsburger Lehrstuhl für Menschzentrierte Künstliche Intelligenz erforscht, mit welchem Verhalten der Roboter am Besten ankommt.

3.2 Wie sind die Auswirkungen informationstechnologischer Entwicklungen auf Wirtschaft und Gesellschaft zu bewerten?

Bewerten Sie die Entwicklungen des gewählten Zukunftstrends unter Beachtung ethischer Normen. Berücksichtigen Sie dabei auch die Auswirkungen auf Konsumentinnen und Konsumenten, Arbeitnehmerinnen und Arbeitnehmer, Unternehmerinnen und Unternehmer und Staatsbürgerinnen und Staatsbürger.

Leitfragen:
- Welche Konsequenzen hat das auf unser Handeln im eigenen Lebensumfeld?
- Auf welche Probleme, Hindernisse, Risiken könnten wir stoßen?
- Sind die Auswirkungen in sozialer, ökonomischer oder demokratie-politischer Hinsicht gewollt? Gibt es vernachlässigte Aspekte?

M1 Allgemeine ethische und rechtliche Grundsätze und Prinzipien

Die **Würde des Menschen** […] verbietet etwa die digitale Totalvermessung des Individuums ebenso wie seine Herabwürdigung durch Täuschung, Manipulation oder Ausgrenzung. Die **Selbstbestimmung** ist elementarer Ausdruck von Freiheit und schließt die informationelle Selbstbestimmung mit ein. […] Das Recht auf **Privatheit** dient der Wahrung der Freiheit und der Integrität der persönlichen Identität. Sie kann durch umfassende Erhebung und Auswertung von Daten bis hin in die intimsten Bereiche bedroht sein. Die körperliche und emotionale **Sicherheit** des Menschen […] zu gewährleisten, stellt hohe Anforderungen beispielsweise in der Mensch-Maschine-Interaktion oder bezüglich der Resilienz von Systemen gegenüber Angriffen und missbräuchlicher Verwendung. Digitale Technologien sind systemrelevant für die Entfaltung der **Demokratie**. Sie ermöglichen neue Formen der politischen Beteiligung, können aber auch Gefahren im Hinblick auf Manipulation und Radikalisierung mit sich bringen. Angesichts der massiven daten- und technologieinduzierten Anhäufung von Macht […] ist die Gewährleistung von **Zugangs- und Verteilungsgerechtigkeit** eine dringliche Aufgabe. Digitalisierung sollte gesellschaftliche Teilhabe unterstützen und damit den **sozialen Zusammenhalt** fördern. […] Digitale Technologien sollten dazu beitragen, ökonomische, ökologische und soziale **Nachhaltigkeitsziele** zu verwirklichen.

Datenethikkommission der Bundesregierung BMI/BMJV (Hrsg.): Gutachten der Datenethikkommission der Bundesregierung. Berlin: Oktober 2019, S. 14f.

Resilienz (Wiederstandskraft) ist die Fähigkeit, schwierige Situationen ohne anhaltende Beeinträchtigung zu überstehen.

M2 Das Bewusstsein in der Cloud

[Eine Vision des Mental-Uploadings ist es, das Bewusstsein vom eigenen Körper in eine virtuelle Realität oder ein anderes Medium zu transferieren. Prof. Dr. Georg Gassner fragt, ob man danach noch derselbe Mensch wäre. Der Philosoph] befasst sich unter anderem damit, was es für uns bedeutet, einen Körper zu haben.

Dabei sind für ihn die Ideen des Transhumanismus interessant. Dessen Vision ist es, dass wir die Einschränkungen und Anfälligkeit unseres Körpers durch moderne Technik und Naturwissenschaft überwinden können.

Bernotat, Benjamin: Das Bewusstsein in der Cloud. In: Wissenschaft und Forschung in Augsburg, S. 2. Ausgabe 16 Winter 2021, 25.02.2021

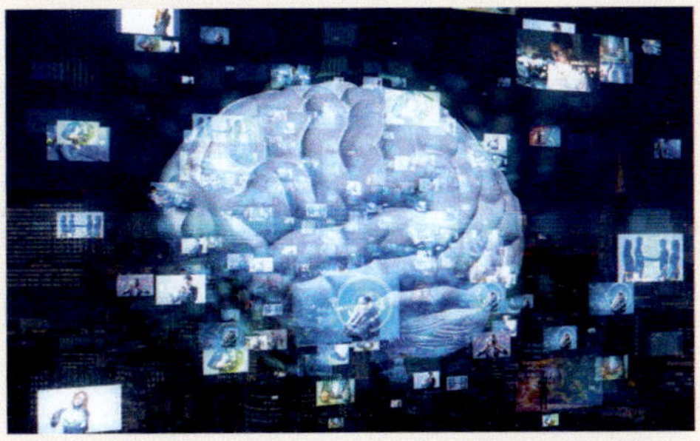

M3 Innovationen im sekundären Sektor

Der Weg zur Industrie 4.0

18./19. Jahrhundert *Die 1. industrielle Revolution*	**Anfang 20. Jahrhundert** *Die 2. industrielle Revolution*	**ab 1970er Jahre** *Die 3. industrielle Revolution*	**ab Beginn des 21. Jahrhunderts** *Die 4. industrielle Revolution*
• Übergang von der Agrar- zur **Industriegesellschaft** • Zunehmende Arbeitsteilung und **Effizienzsteigerung** • Erfindung der Dampfmaschine • Beginn der **Mechanisierung** der Arbeit	• **Elektrizität** • Zunehmende Mechanisierung • Industrielle Produktion • **Fließband** macht Massenproduktion möglich	• **Computer** und Automatisierung führen zu deutlichen Kostensenkungen • Aufbau weltweiter Kommunikationsnetze, **Internet**	• **Digitale Vernetzung** aller an Produktions- und Wertschöpfungskette beteiligten Menschen, Maschinen, Prozesse und Systeme • Individualisierung der Produkte und Steuerung fast in Echtzeit möglich • Ein Ziel: die „intelligente Fabrik" – **smart factory**

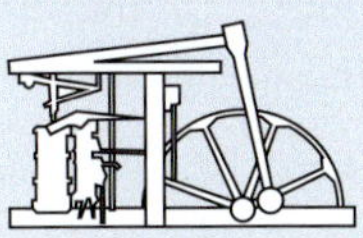

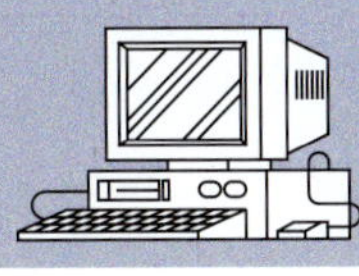

Quelle: BMWi; Globus-Grafik 12129

M4 Futuregram: Tagesablauf mit einem Artificial Coworker

07:00

Mia Futura ist Produktmanagerin bei einem Omnichannel-Retailer. Sie steht auf und genießt den Kaffee, den ihre „smarte Küche" automatisch zubereitet hat. Dann startet sie ihre Morgenroutine im Homeoffice.

08:00

Sie liest ihre Mails, die von Tim nach Relevanz sortiert wurden. Tim ist ihre Office-KI, die jedem Mitarbeiter für Routineaufgaben zur Verfügung steht. Zunächst muss Mia überprüfen, was Tim über Nacht erarbeitet hat. Diesmal hat er Priority-C-Mails automatisch beantwortet. Wichtige Nachrichten muss Mia persönlich beantworten, das ist Firmenpolicy und zeigt Wertschätzung gegenüber Geschäftspartnern und Kunden.

08:30

Mia überprüft Sales-Reportings. Ein KI-Programm hat die Zahlen analysiert und zeigt Handlungsoptionen. Auf Basis dessen trifft Mia Entscheidungen und delegiert Aufgaben an Teamkollegen und deren KI-Kopien.

09:30

Mia feilt an einem Text für eine neue Produktlinie. Sie füttert das Textmodul von Tim mit Schlagwörtern, deren Zeichenanzahl und stellt die Tonalität ein. Tim macht den Rest, nach einer 1/2 Stunde steht der Text.

11:00

Es wird spannend: Mias Teamlead hat zur Holokonferenz eingeladen. Sie müssen sprechen, weil Teammitgliedern ein neuer Artificial Coworker in der Marketingabteilung zu dominant sei. Also müssen sie zusammen die neuen Persönlichkeitsparameter und Trainingsmaßnahmen bestimmen.

11:45

Jetzt muss Mia noch einen Freelance-Bot engagieren, der einen Text in Mandarin übersetzt. Mia kann den Fortschritt in Echtzeit verfolgen, dem Bot Nachfragen beantworten und nach fünf Minuten ist der Text fertig.

12:00

Tim übernimmt wieder allein und Mia macht ihre Freizeitplanung.

Basierend auf: Von der Gracht, Heiko A.: Wertschöpfung neu gedacht: Von HUmanoiden, KI's und Kollege Roboter, S. 46 f.

M5 Prinzipien eines Software-Unternehmens für den Umgang mit KI

Diskriminierungsfreiheit:
Wir setzen uns dafür ein, dass KI alle Menschen fair behandelt.

Zuverlässigkeit:
Wir arbeiten daran, dass KI zuverlässig und sicher ist.

Schutz der Privatsphäre:
Wir wollen KI, die Datenschutz und Datensicherheit gewährleistet.

Barrierefreiheit:
Wir stehen für KI, die allen Menschen zu Gute kommt.

Transparenz:
KI muss uns ihre Entscheidungen erklären.

Verantwortlichkeit:
KI darf nur den Einfluss haben, den wir ihr zugestehen.

Nach: Böhm, Tanja: Künstliche Intelligenz und Ethik: Warum KI ethische Prinzipien braucht, um ein Erfolg zu werden. In: www.news.microsoft.com, 26.03.2019

M6 Informationstechnologien und ihr Beitrag zur Nachhaltigkeit

Digitaler Klimaschutz

Bis zu 120 Megatonnen Kohlendioxid können durch digitale Technologien bis 2030 eingespart werden. Das entspricht fast der Hälfte dessen, was Deutschland noch einsparen muss, um die selbstgesteckten Klimaziele zu erreichen.

Je nach Tempo der Digitalisierung kann bis 2030 so viel Kohlendioxid in diesen vier Bereichen gespart werden:

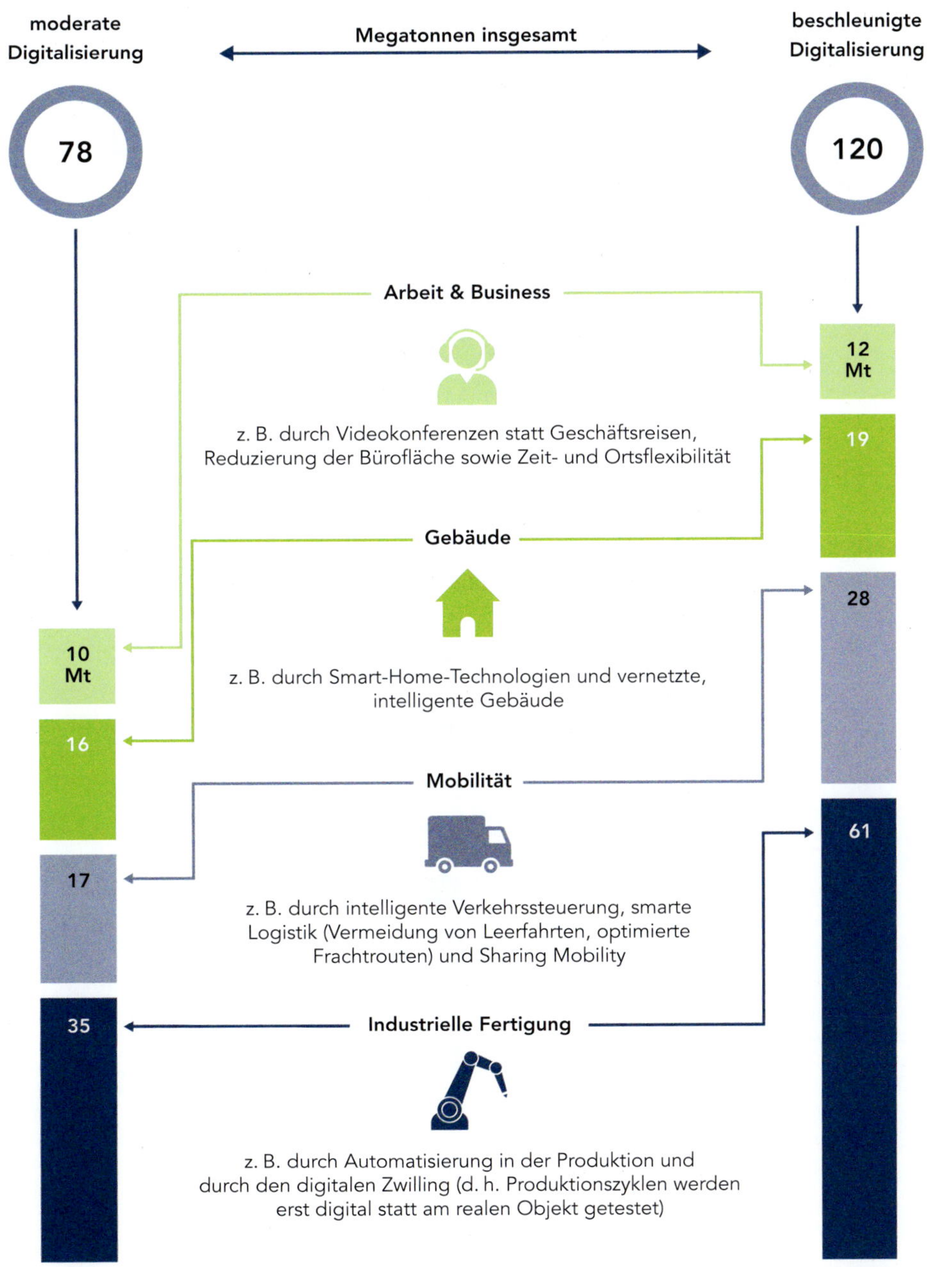

Quelle: Bitkom, Accenture; Globus-Grafik 14331

3.3 Welche Entscheidungen sind für eine verantwortungsvolle Gestaltung der Zukunft schon heute zu treffen?

Nun sind Fantasie, Kreativität und Ideen gefragt: Entwickeln Sie Ansätze für Strategien sowie mögliche Umsetzungsmaßnahmen, die Ihr Handeln im eigenen Lebensumfeld und Ihre berufliche Orientierung leiten.

Leitfragen:
- Welche individuellen und gesellschaftlichen Handlungsimplikationen ergeben sich?
- Welche Konsequenzen lassen sich für unsere berufliche Orientierung ableiten?
- Welche Anforderungen und Möglichkeiten bietet die zukünftige Berufswelt und was ist nötig, um darauf vorbereitet zu sein?
- Welche Schritte sind notwendig, um Chancen zu realisieren und Risiken zu vermeiden?
- Wer sollte für etwaige Entwicklungen Verantwortung übernehmen müssen?

M1 Diese Kompetenzen sind Unternehmen wichtig

Anteil der Stellenanzeigen in Deutschland, bei denen digitale Kompetenzen als Voraussetzung genannt werden nach Kompetenzart 2018

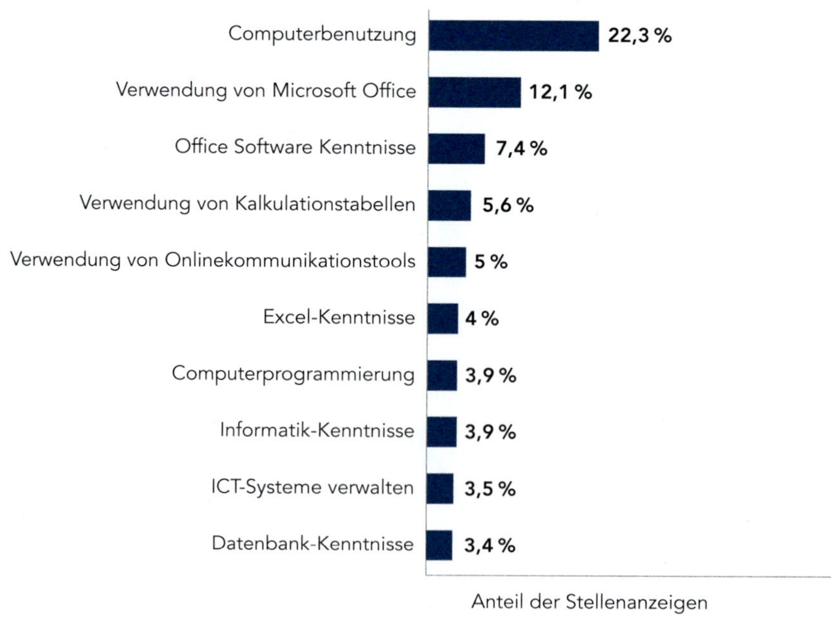

Quelle: © Statista

M2 Interview mit einer Digitalisierungs- und Bildungsexpertin

[Wenn] es um die Digitalisierung geht, bekommen die Menschen vor allem eines zu hören: Wer nicht abgehängt werden will, muss sich fortbilden. Wie soll man das anpacken?

Ich muss gleich sagen: Eine einfache Lösung gibt es für niemanden. Es führt nichts daran vorbei, dass sich die Menschen auch selbst damit beschäftigen, was Digitalisierung bedeutet und was sich dadurch für ihre Firma und ihren Arbeitsplatz ändert. Also: Welchen Einfluss haben zum Beispiel 3D-Druck, Roboter oder [K]ünstliche Intelligenz? Wie verändern sie Produktions- oder Verwaltungsprozesse? Ermöglichen sie neue Produkte? Welche Tätigkeiten machen sie künftig überflüssig? Wo entstehen neue Wettbewerber mit digitalen Geschäftsmodellen?

Gehen wir davon aus, dass der Mitarbeiter weiß, dass ein Computer bald Teile seiner Arbeit machen wird. Was tut er dann?

Er sollte sich Gedanken machen, welche dieser Tätigkeiten ein Computer nicht erledigen kann und was er benötigt an neuen Fähigkeiten und Kenntnissen, um sein Profil für diese Tätigkeiten weiterzuentwickeln. Man sollte viel mit anderen Menschen [...] sprechen und versuchen rauszufinden, wohin die Reise geht. Und dann braucht es auch eigene Transferleistung.

Ein konkretes Beispiel?

Wenn ich bei Playmobil arbeite, was bedeuten dann Entwicklungen wie 3D-Drucker für die Firma? Wahrscheinlich, dass sich die Menschen ihre Playmobil-Figuren künftig zu Hause selbst ausdrucken können. Wenn ich an der Herstellung oder dem Vertrieb dieser Figuren beteiligt bin, muss ich also darüber nachdenken, wohin ich mich künftig beruflich weiterentwickle.

Und das wäre?

Es könnte zum Beispiel sein, dass die Menschen ihre Figuren individuell gestalten wollen. Dann könnte man überlegen, ob man sich in Richtung Programmierung der dafür notwendigen Software entwickelt. Ich halte es für sehr wichtig, dass die Menschen sich in dieser Phase des Umbruchs klar darüber werden, welche Arbeit sie in Zukunft gerne machen würden. Denn man sollte die berufliche Weiterentwicklung positiv angehen. Laut Studien werden wir bis zu zwölf Mal in unserem Berufsleben den Job wechseln.

Wo erhält man grundlegende Informationen, die man über die Digitalisierung haben sollte?

Im Internet, bei Veranstaltungen und durch Lesen von Zeitschriften und Büchern zu dem Thema. Christoph Keese zum Beispiel hat sehr gute Bücher geschrieben. Da bekommt man einen guten Eindruck davon, wie die Welt in fünf bis zehn Jahren aussehen wird, auch wenn man es natürlich nicht genau vorhersagen kann. Und ich sage: Lesen Sie die Bücher vollständig, nicht die Abstracts davon. Man muss sich tiefer mit den Themen auseinandersetzen, um Zusammenhänge zu erkennen.

Welche Verantwortung kommt denn den Unternehmen zu?

Die sollten sich darum kümmern, dass sie die Mitarbeiter mitnehmen und gezielt weiterentwickeln. Aber: Die Firmen wissen häufig gar nicht genau, was ihre Beschäftigten für Fähigkeiten und Interessen haben. Sie wissen also auch nicht so gut, welche Fortbildungsmaßnahmen wirklich sinnvoll sind und entwickeln Jobprofile anstatt die Menschen.

Und was passiert mit den Menschen, die sich nicht vorstellen können, wie 3D-Drucker oder künstliche Intelligenz ihren Arbeitsplatz verändern werden? Oder die den Wandel nicht mitgehen können oder wollen?

Ich habe da kein Patentrezept. Es geht sicherlich darum, dass man die Menschen möglichst gut über anstehende Veränderungen aufklärt und ihnen Angebote zur Fortbildung macht. Man kann aber niemanden zwingen, sich fortzubilden. In den Firmen selbst beginnt man den Veränderungsprozess am besten mit denjenigen, die sich verändern möchten. Sie können ein positives Beispiel für Kollegen sein – und Interesse an Veränderung bei anderen entfachen.

Baumann, Daniel: „Die Neugierde am Wandel ist da.". In: www.fr.de, 30.10.2019

M3 Berufe der Zukunft mit dem Job-Futuromaten finden?

Job-Futuromat

Mediencode 82110-36

„[D]er Job-Futuromat gibt keine Prognose ab. Er zeigt vielmehr, welche Tätigkeiten in einem Beruf oder Tätigkeitsprofil potenziell automatisiert werden könnten. Als Bezugspunkt gilt der Stand der Technik 2019. Der Job-Futuromat sagt allerdings durchaus etwas über die Zukunft aus: Erstens kann man davon ausgehen, dass automatisierbare Tätigkeiten im Beruf an Bedeutung verlieren oder sogar vollständig automatisiert werden. Zweitens werden die Technologien aufgelistet, die künftig im Beruf eine Rolle spielen könnten. So wissen Sie, mit welchen Themen Sie sich beschäftigen sollten, um für den jeweiligen Beruf fit zu sein."

Institut für Arbeitsmarkt- und Berufsforschung: Job-Futuromat. In: www.job-futuromat.iab.de, 2021.

M4 Technikfolgenabschätzung als Grundlage für Entscheidungen

Technologischer Wandel – etwa in den Bereichen Biotechnologie, Gesundheit, Energie, Informationstechnik oder Mobilität – ist in der Regel mit ambivalenten Auswirkungen für Wirtschaft und Gesellschaft verbunden. Daher haben Entscheidungsträger:innen aus Politik, Wirtschaft und Gesellschaft großen Bedarf an Orientierungswissen sowohl über die Chancen als auch die Risiken, über intendierte und nicht-intendierte Folgen sowie die Akzeptabilität von zukünftigen technologischen Entwicklungen.
Technikfolgenabschätzung (TA) adressiert diesen Bedarf und trägt dazu bei, frühzeitig Herausforderungen zu identifizieren und offene Fragen zu klären, die im Zusammenhang mit technologischen Innovationen und Technisierung entstehen. Die möglichst frühzeitige, multiperspektivisch und interdisziplinär angelegte Analyse von Technikfolgen und gesellschaftlichen Bedarfen sowie die Untersuchung der Passfähigkeit zwischen Bedarfen und technischen Lösungen generiert Orientierungswissen für soziale Bewertungs- und politische Entscheidungsprozesse, um gesellschaftlich erwünschte soziotechnische Entwicklungspfade und Transformationen zu unterstützen.

Fraunhofer-Institut für System- und Innovationsforschung: Technikfolgeabschätzung. In: www.isi.fraunhofer.de, letzter Abruf am 28.06.2022

M5 Formulierung von Robotik-Gesetzen und deren Folgen

Der Schriftsteller Isaac Asimov formulierte für seine Science-Fiction-Werke drei Gesetze der Robotik, welche die Koexistenz von Robotern und Menschen betreffen: Menschen dürfen von Robotern in keiner Weise Schaden zugefügt bekommen, auch muss ein Roboter tätig werden, wenn einem Menschen Schaden von weiteren Akteur, sei es Mensch oder Roboter, zugefügt wird. Das zweite Gesetz besagt, dass ein Roboter den Anweisungen und Befehlen des Menschen Folge zu leisten hat. Eine Ausnahme kann nur gemacht werden, wenn durch das Ausführen des Befehls ein Mensch Schaden nehmen würde. Das dritte Gesetzt besagt, dass ein Roboter seine eigene Existenz sichern und beschützen muss. Dies gilt nicht, wenn dadurch das erste oder zweite Gesetz verletzt werden würde. Kurz gesagt suggerieren diese drei Gesetzte folgendes: Der Mensch muss mit Hilfe der Roboter vor sich selbst geschützt werden, da die umweltzerstörende und kriegstreiberische Natur des Menschen schlussendlich zu dessen Auslöschung führen könnte. Der Roboter muss demnach also den Menschen kontrollieren, nicht der Mensch den Roboter.

Bearbeiter, basierend auf: Schubert, Frank: I, Robot. In: www.spektrum.de, 09.08.2004

M6 Perspektiven und Ebenen ethischer Fragestellungen

<table>
<tr><th rowspan="11">Themenbereiche digitaler Ethik</th><th>Mikro-Perspektive (Individuum)</th><th>Meso-Perspektive (Gruppen)</th><th>Makro-Perspektive (Gesellschaft)</th></tr>
<tr><td colspan="3">Datafizierung und Messbarmachung der Welt</td></tr>
<tr><td colspan="3">Algorithmische Entscheidungsprozesse</td></tr>
<tr><td colspan="3">Verantwortungsverlagerung von Mensch auf Maschine</td></tr>
<tr><td colspan="3">Personalisierung von Onlinediensten und Verteilungsgerechtigkeit</td></tr>
<tr><td colspan="3">Veränderung der Kommunikation</td></tr>
<tr><td colspan="3">Datenschutz und Privatsphäre</td></tr>
<tr><td colspan="3">Virtualisierung von Lebensräumen</td></tr>
<tr><td colspan="3">Vernetzung von Menschen miteinander</td></tr>
<tr><td colspan="3">Mensch-Maschine-Interaktion</td></tr>
<tr><td colspan="3">...</td></tr>
</table>

Bundeszentrale für politische Bildung: Informationen zur politischen Bildung. Digitalisierung. Heft 344, März 2020, S. 73.

Methode: Wie geht man bei einer Projektarbeit vor?

4.1 Eine Betriebserkundung planen und durchführen

4.1.1 Fertigung bei einem Automobilhersteller

4.1.2 Lagerlogistik

4.2 Eine App implementieren

4.2.1 Share-It – Dein Portal zum Tauschen

4.2.2 Travelino – Das virtuelle Reiseerlebnis

4.3 Verschiedene Zukunftsszenarien entwickeln

4.3.1 Entwicklungen moderner Logistikkonzepte

4.3.2 Entwicklungen von Informationstechnologie

4.4 Einen Vortrag oder Projekttag für Unterstufenschüler planen und durchführen

4.4.1 Sicher im Internet unterwegs

4.4.2 Geheime Nachrichten – Verschlüsselung von Botschaften

4 Profilbereich

Methode

Wie geht man bei einer Projektarbeit vor?

Im Berufsleben ist Projektarbeit in den meisten Branchen nicht mehr wegzudenken, einige Unternehmen sind sogar rein auf Projektarbeit ausgerichtet. Allerdings ist nicht alles ein Projekt im engen Sinne, was in der Schule sonst auch umgangssprachlich als Projekt bezeichnet wird.
„Ein Projekt ist ein Vorhaben, das im Wesentlichen durch Einmaligkeit der Bedingungen in ihrer Gesamtheit gekennzeichnet ist, wie z. B.: Zielvorgabe, zeitliche, finanzielle, personelle oder andere Bedingungen, Abgrenzungen gegenüber anderen Vorhaben und projektspezifische Organisation."
(DIN-Norm 69901)

Projektphasen

Projektdefinition → Planung → Durchführung → Abschluss

Begleitend: Dokumentation, Sicherung und Kommunikation

Projektdefinition

Am Anfang eines Projekts steht die Projektdefinition. Oftmals werden Projekte durch einen externen Auftrag gestartet, das Projektteam muss dann aus dem Auftrag die eigentlichen Projektziele ableiten. Projektziele (und später auch die Teilziele während der Projektphase) sollten dabei SMART formuliert werden:

S	M	A	R	T
SPEZIFISCH	MESSBAR	ATTRAKTIV	REALISTISCH	TERMINIERT
Das Ziel ist konkret, unmissverständlich und detailliert beschrieben.	Das Ziel kann qualitativ und quantitativ beurteilt werden.	Das Ziel ist angemessen und attraktiv für alle Beteiligten.	Das Ziel kann mit den vorhandenen Ressourcen realistisch erreicht werden.	Das Ziel ist zu einem bestimmten Zeitpunkt umsetzbar.

Nach: Drucker, Peter F: People and Performance: The Best of Peter Drucker on Management. New York: Harper's College Press 1977

Ein möglicher Projektauftrag und Projektziele für Ihr Schulprojekt könnten z. B. lauten:

Projektauftrag:
Planung, Gestaltung und Durchführung eines Projekttages
Projektziele:
1. Durchführung eines Projekttages in der Unterstufe
   a) Am [Datum] wird in der Klasse 6a ein Projekttag im Stundenumfang von sechs Schulstunden zum Thema XY durchgeführt. Dabei soll auf eine altersgemäße und motivierende Methodik Wert gelegt werden sowie die inhaltliche Gestaltung fachlich fehlerfrei sein.
   Abgabetermin für die Materialien und das Konzept ist der [Datum].

b) Das Konzept sowie eine kritische Reflexion werden im Anschluss an die Durchführung in einer Präsentation (ca. 7 Min., am [Datum]) der eigenen Klasse vorgestellt.

2. Eine transparente und nachvollziehbare Projektdokumentation, Abgabetermin [Datum].

Die Projektziele sind hier SMART formuliert: Die geforderten Leistungen sind sehr konkret, ausführlich und unmissverständlich dargestellt („S", vgl. z. B. Auflistung 1a). Aufgrund dieser Klarheit und der Zeitvorgaben kann die Zielerreichung am Ende auch gut gemessen werden („M"). Das Ziel ist für die Beteiligten auch attraktiv und realistisch, es besitzt einen gewissen Aufforderungscharakter („A") und liegt im Rahmen der Möglichkeiten einer Schülerin/eines Schülers der 10. Jgst. („R"). Die Termine werden klar angegeben („T").

Planung

Ganz zu Beginn eines Projekts ist es sinnvoll, bestimmte Rollen im Team zu verteilen, damit grundlegende Zuständigkeiten geklärt sind:

- Wer ist der Teamsprecher und wer leitet die Teambesprechungen?
- Wer überwacht und erinnert an die Dokumentation und das schriftliche Festhalten von Ergebnissen?
- Wer organisiert die Verwaltung der Arbeitsergebnisse, so dass jeder immer den nötigen Zugriff hat, auch wenn einmal jemand krank ist?

Danach ist eine gute Planung Grundvoraussetzung für das Gelingen des Projekts. Auch wenn kaum ein Plan im Anschluss 1:1 umgesetzt wird, da die Realität doch immer wieder unerwartete Überraschungen bereithält (Erkrankungen, Fehleinschätzungen bezüglich der Zeit, ungeplante Probleme etc.), so ist doch der erste Plan der grobe Weg durch die Projektarbeitsphase. Man unterscheidet zwischen der Strukturplanung und der Ablaufplanung, die nacheinander durchgeführt werden.

a) Strukturplanung

In der Strukturplanung wird das Projekt in seine einzelnen Teilaufgaben untergliedert. Diese Planung sollte immer vor der Ablaufplanung erfolgen, da man sonst leicht wichtige Tätigkeiten übersieht. Diese einzelnen Tätigkeiten können in Form von Arbeitspaketen im Folgenden auch leichter an einzelne Teammitglieder vergeben werden.

b) Ablaufplanung

Nach der Strukturplanung geht es um den zeitlichen Ablauf des Projekts. Um diese Ablaufplanung übersichtlich zu visualisieren, nutzt man häufig Gantt-Diagramme. In einem solchen Diagramm wird die zeitliche Abfolge einzelner Aufgaben mithilfe eines Balkendiagramms und einer Zeitachse angezeigt. Es bietet sich an, hier „rückwärts" zu planen, also ausgehend vom Abgabetermin die Meilensteine (wichtige Wegpunkte während der Projektarbeit, oft auch Zwischenziele genannt) zu setzen. Diese Meilensteine sollten SMART formuliert werden.

Methode

Eine Vorlage für ein Gantt-Diagramm finden Sie im nebenstehendem QR-Code.
Diese Art der Planung ist allerdings nicht bei allen Projekten möglich, v. a. im Software- und IT-Bereich und bei schnelllebigen Entwicklungszyklen muss die Planung deutlich flexibler erfolgen und auch während der Projektlaufzeit immer wieder revidiert und angepasst werden.

Vorlage für ein Gantt-Diagramm

Mediencode 82110-31

Auch die Frage der Zuständigkeit sollte in dieser Phase geklärt werden, also wer welche Aufgaben bis wann übernimmt. Hier bietet sich z. B. eine Darstellung in Tabellenform für die einzelnen Meilensteine an, so wie sie auch in der Vorlage „Projektdokumentation" (siehe unten) zu finden ist:

Meilenstein: ...		**bis [Datum]**
Was ...	**... macht wer ...**	**... bis wann**

Durchführung

Während dieser Phase wird nach den Planvorgaben gearbeitet. Dabei sind regelmäßige Besprechungen, in denen der Stand des Projekts mit den Planungen abgeglichen und Feedback gegeben wird, unerlässlich (s. u.). Bei diesen kurzen Besprechungen kann dann auch der Plan an neu aufgetretene Problemstellungen angepasst werden. Ebenso können Zwischenziele und Teilaufgaben modifiziert werden, falls der reale Projektverlauf das zur Zielerreichung nötig macht. Wird Arbeitskapazität frei, weil einige Aufgaben oder Zwischenziele eher als geplant erledigt wurden (also Teammitglieder „nichts zu tun haben"), kann diese Kapazität auf andere Aufgaben verteilt werden.
In dieser Phase ist es wichtig, selbstständig und selbstreflektiert seine Aufgaben zu erledigen, um das Projektergebnis zu erreichen und um Fehlentwicklungen zu vermeiden.

Abschluss

In dieser Phase wird das Projekt inhaltlich abgeschlossen, die Ergebnisse werden präsentiert und evaluiert.
Bei der Evaluation wird jedoch nicht nur das Projektergebnis mit der Zielvorgabe abgeglichen. Ebenso wird hier der Arbeitsprozess kritisch reflektiert und hinterfragt, um daraus Verbesserungspotential für die Arbeit in anderen Projekten abzuleiten. Dazu kann z. B. auch ein Online-Feedbacktool verwendet werden, um die Rückmeldungen gleich visualisieren und im Team analysieren zu können.

Begleitprozess: Dokumentation, Sicherung und Kommunikation

Während der gesamten Projektlaufzeit muss auf eine nachvollziehbare und vollständige **Dokumentation** (vor allem der Ergebnisse der Besprechungen und der vereinbarten Termine) geachtet werden. Es bietet sich z. B. an, während der Arbeit einen Tätigkeitsbericht zu verfassen, in dem möglichst genau der eigene Beitrag zum Projekt dokumentiert wird – so ist es im Nachhinein leichter, seine Leistungen nachzuweisen. Eine Vorlage zur Projektdokumentation finden Sie in folgendem QR-Code:

Vorlage für eine Projektdokumentation

Mediencode 82110-32

Beim **Sichern** bzw. Speichern von Dateien (Projektergebnisse, Dokumentation, Tätigkeitsberichte) sollte auf eine sinnvolle und einheitliche Bezeichnung mit Zeitbezug geachtet werden, damit Ergebnisse nicht versehentlich gelöscht werden. Auch das regelmäßige Anlegen eines Backups für den Fall von Datenverlust hat sich hier bewährt. Zusätzlich können Cloud-Lösungen mit Onlinezugriff für alle Teammitglieder oder die Möglichkeit des kollaborativen Arbeitens in einem Onlinedokument sehr nützlich sein.

Der **Kommunikation** innerhalb des Projektteams kommt während der Projektarbeit eine große Bedeutung zu. Vereinbaren Sie deshalb regelmäßige Teamsitzungen, in denen

- der aktuelle Stand besprochen wird (jeder sollte über das Projekt gleich informiert sein),
- die Einhaltung des Zeitplans überprüft wird,
- Probleme und Herausforderungen diskutiert und gelöst werden,
- sich gegenseitig Feedback über die Arbeitsergebnisse gegeben wird und
- das bisherige Vorgehen evaluiert wird (auch um im weiteren Projektverlauf ggf. durch eine nötige Umstrukturierung besser werden zu können).

So ist Ihr Team immer auf dem aktuellen Sachstand und kann diesen auch nach außen hin kompetent vertreten.

Projekt Wirtschaftsinformatik

- ✓ Teilen Sie die oben beschriebenen Rollen in Ihrem Team zu.
- ✓ Wählen Sie ein Thema aus und erstellen Sie einen Erstentwurf für einen Strukturplan zu Ihrem Projekt. Anregungen und Rahmenthemen finden Sie auf den folgenden Seiten.
- ✓ Planen Sie mithilfe der Vorlagen „Gantt-Diagramm" und „Projektdokumentation" den Ablauf Ihres Projekts, soweit dies zum jetzigen Zeitpunkt möglich ist. Formulieren Sie nötige Zwischenziele SMART.

4.1 Eine Betriebserkundung planen und durchführen

Viele Lernbereiche und Themen der Jahrgangsstufe 10 bieten sich an, durch eine Betriebserkundung vertieft zu werden. Ziel ist es, arbeitsteilig im Klassenverband eigenständig eine Betriebserkundung zu planen, durchzuführen und auszuwerten. Dafür müssen zunächst lohnenswerte Themen und Unternehmen identifiziert, anschließend ein konkretes Ziel ausgewählt und die Planung und Durchführung der Erkundung umgesetzt werden. Dazu gehören sowohl die Kontaktaufnahme mit dem Unternehmen, das Formulieren von Anschreiben und Fragebögen als auch die Organisation der Anreise. Das Projekt findet punktuell im Klassenverband, ansonsten in Teilgruppen statt. Die Organisation soll mit den nachfolgenden Impulskarten sowie einer Information über drei mögliche Ziele unterstützt werden.

Information über das Projekt Betriebserkundung (ca. 1 Std.)	Unterricht zu Lernbereich „Das Unternehmen als vernetztes System", um einen Überblick zu gewinnen (ca. 3 Wochen)	Arbeitsteilige Recherche nach geeigneten Themen und Zielen (ca. 2 Std.)	Festlegung eines geeigneten Ziels, Aufteilen in Arbeitsgruppen, Festlegen der Tätigkeiten (ca. 2 Std.)
Impulskarte 1		**Material M1 bis M2**	**Impulskarte 2**
Arbeitsteilige Organisation der Erkundung, meist parallel zum Unterricht (ca. 4 Wochen)	Durchführung der Erkundung (ca. ein Vor-/ Nachmittag)	Nachbereitung der Erkundung, Auswerten der Beobachtungsaufträge (ca. 2 Std.)	Evaluation der Erkundung, Sammeln von Verbesserungsvorschlägen **(ca. 1 Std.)**
Impulskarte 3	**Impulskarte 4**	**Impulskarte 5**	

Hinweis: Gerade bei größeren Betrieben kann zwischen der Anfrage nach einer Erkundung und dem eigentlichen Termin eine Spanne von sechs bis zehn Monaten liegen.

Schülerinnen und Schüler bei einer Betriebserkundung

Grundlegende Fragestellungen vorab

- **Welcher Lernbereich/welches Thema bietet sich besonders für eine Erkundung an?**
  Als Anregung können hier das Schulbuch sowie die Materialien M1 bis M2 dienen.
- **Soll die Erkundung vor oder nach der Behandlung des Lernbereichs im Unterricht erfolgen?**
  Beide Varianten bieten Vorteile, was die Einbindung in den Unterricht und die Sicherung der Inhalte angeht.
- **Möchte man das gesamte Unternehmen besichtigen (Betriebserkundung) oder nur einen bestimmten Teilbereich (aspektorientierte Erkundung)?**
  Hier stehen sich die ganzheitliche Erfassung einer Unternehmensstruktur sowie ein vertiefter Einblick in einzelne Abteilungen gegenüber.
- **Soll neben der Erkundung auch die Möglichkeit zu einem Gespräch mit einem Mitarbeiter oder einer Führungskraft eingeplant werden?**
  Hier würde sich die Möglichkeit eröffnen, eigene, themenspezifische Fragen zu stellen, die man sich im Vorfeld der Erkundung überlegen und schriftlich festhalten müsste.
- **Sollen bei der Erkundung ggf. auch weitere Aspekte eine Rolle spielen?**
  Das könnte z. B. der Aspekt der Studien- und Berufsorientierung oder die IT-Sicherheit sein.

Auswahl eines geeigneten Ziels

- **Soll es ein Unternehmen in der Nähe der Schule oder ein weiter entfernter Betrieb sein?**
  Je nach Entfernung kann der Betrieb zu Fuß, mit dem Nahverkehr, der Bahn oder einem privaten Reisebus erreicht werden. Dabei müssen Kosten und Reisezeit geplant werden. Ebenso muss geklärt werden, ob die Erkundung während der Unterrichtszeit stattfinden kann.
- **Wer führt von Seiten des Unternehmens die Erkundung durch?**
  Ein externer Dienstleister bietet meist nur „Standardführungen". Eigene Mitarbeiter ermöglichen konkretere Einblicke und eröffnen die Chancen auf individuelle Schwerpunktsetzung.
- **Welche Kosten fallen für die Besichtigung an?**
  Neben den Kosten der Anreise verlangen manche Betriebe eine Gebühr für die Führung. Diese kann auch schon einmal mehrere hundert Euro pro Gruppe betragen.
- **Wie groß ist das Unternehmen?**
  So banal es auch klingt, aber manche Betriebe sind einfach zu klein, um eine große Schülergruppe aufzunehmen. Ebenso kann die Größe eine wichtige Rolle dabei spielen, wie viel man später zu sehen bekommt.

Vorbereitung der Erkundung

- **Wer informiert die Schulleitung und die anderen Lehrkräfte?**
Jede Aktivität, bei der die Schule verlassen wird, erfordert eine Genehmigung seitens der Schulleitung sowie eine Abstimmung mit anderen Lehrkräften der Klasse.
- **Wer nimmt Kontakt mit dem Unternehmen auf?**
Gibt es seitens des Unternehmens, z. B. auf der Homepage, einen konkreten Ansprechpartner für Erkundungen, ggf. sogar ein eigenes Kontaktformular? Muss vor Ort angefragt werden?
- **Wer informiert die Eltern/Erziehungsberechtigten?**
Neben den Mitgliedern der Schulfamilie müssen auch die Eltern informiert und deren Einwilligung in schriftlicher Form eingeholt werden. Dafür benötigt man ein Anschreiben.
- **Wer organisiert die An- und Abreise?**
Auch wenn die Anreise mit Nahverkehr oder Bahn erfolgt, muss geklärt werden, was geeignete Verbindungen sind, welche Kosten anfallen, wer die Fahrkarten kauft, etc.
- **Welche Vorbereitung findet im Rahmen des Unterrichts statt?**
Denkbar ist es, das Beispiel schon vor der Erkundung im Unterricht zu behandeln. Wenn die Möglichkeit besteht eigene Fragen zu stellen, sollten diese auch schon im Vorfeld der Erkundung formuliert werden. Ebenso sollten Beobachtungsaufträge für die Erkundung schriftlich festgehalten werden.

Durchführen der Erkundung

- **Welche Verhaltensregeln sind bei der Erkundung zu beachten?**
Der Arbeitsablauf im Unternehmen darf nicht behindert werden und mögliche Gefahren sind zu vermeiden.
- **Muss sich die Gruppe ggf. aufteilen?**
Je nach Betrieb ist es erforderlich, die Schülergruppe in kleinere Teilgruppen aufzuteilen. Pro Teilgruppe muss mindestens eine Lehrkraft vorhanden sein.
- **Wohin ggf. mit Taschen, Jacken und Wertsachen?**
Häufig können diese Gegenstände aus Sicherheits- und Platzgründen bei der Erkundung nicht mitgenommen werden. Daher ist zu klären, ob es Möglichkeiten zur sicheren Verwahrung gibt.
- **Was ist mit Smartphones?**
In modernen Betrieben kommunizieren Arbeitsstationen, Transportmittel, Maschinen etc. untereinander per Funk. Daher kann es erforderlich sein, Smartphones sogar zuhause zu lassen.
- **Darf man in dem Unternehmen fotografieren oder filmen?**
Vorab muss geklärt werden, ob auf dem Werksgelände Fotografieren und Filmen erlaubt ist. Zum einen könnten Mitarbeiter erkennbar sein, die ein Recht am eigenen Bild haben. Zum anderen möchten Betriebe bestimmte Informationen vor der Konkurrenz verbergen.

Nachbereiten der Erkundung

- **Wie soll eine Nachbereitung der Erkundung im Unterricht erfolgen?**
  Dies kann in Form eines Gesprächs in der nachfolgenden Unterrichtsstunde erfolgen, bei dem die Ergebnisse von Beobachtungsaufträgen vorgestellt werden oder auch durch eine bewusste Einbeziehung der Beobachtungen an passender Stelle im nachfolgenden Unterricht.
- **Welche unbewussten Eindrücke hat man mitgenommen?**
  Meist konzentriert man sich bei der Erkundung auf das Offensichtliche, d.h. den vorgestellten Prozess, die Herstellung des Produkts, die Maschinen. Viele Aspekte werden hingegen nur unbewusst wahrgenommen. Diese sollten im Rahmen einer Reflexion angesprochen werden:
  - Wie waren die Räumlichkeiten gestaltet?
  - Wie sahen die Mitarbeiter aus und wie verhielten sie sich?
  - Ließen sich Führungskräfte, z. B. Teamleiter, erkennen?
  - Welche akustischen Eindrücke gab es?
  - Gab es besondere Gerüche in verschiedenen Bereichen?
  - Welchen Eindruck sollte die Führung auf die Besucher machen?
- **Soll ein Artikel für die Schülerzeitung oder den Jahresbericht der Schule erstellt werden?**
  Viele Schulleiterinnen und Schulleiter sehen es gerne, wenn über besondere Aktivitäten ein kurzer Bericht in der Schülerzeitung oder dem Jahresbericht erscheint. Dies wirft ein positives Bild auf die Schule und zugleich kann der Fachbereich Wirtschaftsinformatik zeigen, was er über den Unterricht hinaus zu bieten hat. Sofern es möglich ist, könnte über eine solche Aktivität auch in einer regionalen Zeitung berichtet werden. Dafür ist aber die Genehmigung der Schulleitung erforderlich.

Basierend auf: Retzmann, Thomas: Methodentraining für den Ökonomieunterricht II. In: Wochenschau Verlag, 2011, S. 25-42

4.1.1 Vorschlag Betriebserkundung: Fertigung bei einem Automobilhersteller

M1 Blick in die Produktionshalle

M2 Wie verändert die Individualisierung die Automobilproduktion?

„Mass Customization" gilt unter Experten als einer der Megatrends innerhalb der industriellen Produktion – in vielen Branchen entsteht eine Massenproduktion von kundenindividuellen Produkten. Ein Vorreiter ist der Automobilbau: Das Auto wird zum Unikat. Der Käufer kann sein Wunschmodell mit ein paar Klicks im Internet individualisiert zusammenstellen. Immer mehr Elemente sind veränderbar von zahllosen Details der Innenausstattung über Motorspezifikation und Getriebeart bis zu verwendeten Assistenzsystemen. Wie relevant dieser Ansatz ist, zeigt beispielhaft eine Untersuchung der puls Marktforschung zur Bedeutung der Individualisierung. Demnach ist es fast rund 28 Prozent der Autokäufer wichtig oder sehr wichtig, dass sich das neue Auto von Serienfahrzeugen und -ausstattungen abhebt. Im Endeffekt stehen deshalb für jedes Modell Tausende von Kombinationen zur Verfügung, was wiederum Auswirkungen auf die Produktion im Automobilbau hat. So müssen Zulieferer bestimmte Komponenten und Bauteile in viel mehr Varianten herstellen als noch vor wenigen Jahren. Darüber hinaus fällt der Lebenszyklus der Bauteile immer kürzer aus, weil die technische Entwicklung so schnell voranschreitet.

Dass dieser Trend zur Individualisierung auch den Maschinen- und Anlagenbau betrifft, verdeutlichen zum Beispiel die Ergebnisse in der Studie „Deutscher Industrie 4.0 Index" der Unternehmensberatung Staufen. Die Autoren befragten die beteiligten Unternehmen unter anderem danach, ob „Losgröße 1" (also die extremste Form einer individualisierten Produktion) für sie eine Rolle spiele – mit einem durchaus überraschenden Ergebnis: Demnach ist für 77 Prozent der Unternehmen das Thema „Losgröße 1" ein wichtiges strategisches Thema. 20 Prozent sehen sich sogar heute bereits dazu in der Lage, weitere 28 Prozent in fünf bis zehn Jahren. Die Automobilindustrie ist laut „Industrie 4.0 Index" leicht skeptischer: Immerhin 47 Prozent der befragten Unternehmen sind hier der Meinung, dass „Losgröße 1" ein wichtiges strategisches Thema für die Branche sei.

Isgro, Markus: Wie verändert die Individualisierung die Automobilproduktion? In: www.emag.com (Abruf ab 18.10.2018)

4.1.2 Vorschlag Betriebserkundung: Lagerlogistik

M1 Kommissionierung von Waren im Lager

M2 Herausforderung Lagerlogistik – Kommissionierung 4.0

Die Kommissionierung dient der kundengerechten und mengenmäßigen Zusammenstellung von unterschiedlichen Artikeln. Früher erfolgte dieser Vorgang manuell nach dem „Mann zu Ware"-Prinzip. Das System „Ware zu Person" bietet heute Optimierungspotenziale durch Reduktion der Fahrwege und Suchzeiten. [...] Je einheitlicher Güter, Auftragsvolumen und Versandart sind, desto wahrscheinlicher ist theoretisch eine vollautomatisierte Kommissionierung. In der Realität sehen die Anforderungen oft anders aus. Kaum ein Unternehmen wird in der betrieblichen Praxis so homogene Prozesse aufweisen, die sich „mal eben" technologisieren lassen. Gewachsene Portfolios, heterogene Aufgabenbereiche, Kundenlandschaften und Auftragsstrukturen in unterschiedlichsten Ausprägungen müssen sukzessive angegangen werden. Dennoch: die Vollautomatisierung der Kommissionierung ist auch heute noch eine sehr große Herausforderung. Selbst in kleinen Unternehmen sind Aufgabenspektrum und Güter-Diversität häufig zu groß, um ganzheitliche Lösungen umzusetzen. Der Kommissionierer als Mensch-Maschine-Schnittstelle ist nach wie vor nicht aus den Prozessen wegzudenken.

Neue Technologien können die Kommissionierer zwar nicht ersetzen, unterstützen sie aber in entscheidendem Ausmaß. Auf neuen Wegen gehen bedeutet auch, den Job des „Pickers" neu zu formen. Maschinen übernehmen immer mehr körperlich anstrengende Aufgaben, sodass sich das Tätigkeitsfeld der operativen Fachkräfte um gestalterische, planerische und optimierende Aufgaben erweitert. Mit der Einbindung neuer Technologien reduziert man nicht zwingend menschliche Arbeitskraft, sondern steigert vielmehr die Qualität der Mitarbeiter-Leistungen. Maschinen assistieren, leiten die Kommissionierer und sorgen für ihr fehlerfreies Agieren. Ob Lichtsignale, Datenbrillen, Roboter, die ihnen zuarbeiten – in der Konsequenz schaffen die Lagermitarbeiter/innen mit digitaler Assistenz sowohl quantitativ als auch qualitativ weitaus mehr.

Vögele, Bernd: Kommissionierung 4.0. In: www.bvl.de, 19.07.2019

4.2 Eine App implementieren

Entwickeln Sie im Team eine neue App für Ihr Smartphone, Ihr Tablet oder Ihren Computer. Dazu überlegen Sie zuerst, welchen Zeck Ihre App erfüllen soll und prüfen, ob es schon derartige Anwendungen gibt. Sollte sich Ihre App-Idee von dem bestehenden Angebot unterscheiden, gestalten Sie die grafischen Oberflächen (Screendesign), spezifizieren die Funktionen und implementieren die App. Um Fehler zu beheben, die noch im Programm vorliegen, sollten Sie die Anwendung im Anschluss ausführlich testen.

Ideen finden (ca. 2 Std.) → Screendesign festlegen (ca. 2 Std.) → Funktionen der App bestimmen (ca. 3 Std.) → App Programmieren (ca. 5 Std.) → Testen und Fehler beheben (ca. 2 Std.)

Ideen finden

Sammeln Sie mithilfe eines digitalen elaborativen Tools Ideen für eine App. Achten Sie dabei bereits auf die Umsetzbarkeit Ihrer Projekte. Wählen Sie im Anschluss die vielversprechendste App für Ihre Gruppe aus. Erstellen Sie in Ihrer Gruppe einen Steckbrief zu ihrer App-Idee. Stellen Sie darin unter anderem die grundlegenden Funktionen, die Zielgruppe sowie einen Designvorschlag dar. Vielleicht gewinnen Sie dadurch ja noch Mitglieder für Ihr Team.

Screendesign festlegen

Erstellen Sie in einem digitalen Dokument die einzelnen Ansichten der App (Screendesign) und markieren Sie mit Pfeilen die Navigation über Buttons oder Menüs. Achten Sie dabei auf eine intuitive und verständliche Usability.

Funktionen der App bestimmen

Spezifizieren Sie für jede Ihrer Ansichten notwendige Funktionen: Wird die Kamera für den Scan eines QR-Codes gebraucht? Muss der Kalender eingebunden werden oder ist eine Verbindung zu einem Server nötig? So können Sie den Implementierungsaufwand besser abschätzen und Aufgaben an alle Gruppenmitglieder verteilen.

App programmieren

Teilen Sie unbedingt die Arbeit in Ihrem Team auf und führen Sie dann fertige Programmbestandteile zusammen.
Implementieren Sie die App nach Ihren Planungen. Dazu können Sie textuelle Editoren verwenden, die meist eine grafische Vorschau auf die fertige App bereitstellen. Sie können aber auch eine visuelle Programmierumgebung nutzen, die eine Implementierung per Drag&Drop erlaubt.

Testen und Fehler beheben

Testen Sie alle Funktionen Ihrer App auf allen Geräten, die unterstützt werden sollen. Versuchen Sie bei der Verwendung gezielt Fehler oder Probleme in den Programmabläufen zu finden.
Lassen Sie auch Ihre Familie und Freunde Ihre App testen. Das bringt einen anderen Blickwickel! Identifizierte Fehler können Sie dann direkt beheben.

4.2.1 Projektidee: Share-It – Dein Portal zum Tauschen

Was kostet es, ein Loch in eine Wand zu bohren? Kauft man sich dazu eine eigene Bohrmaschine und verwendet sie sehr selten, ist der Preis für ein gebohrtes Loch sehr hoch. Mietet man sich dagegen die Bohrmaschine von einem Nachbarn, kann dies auch gegen eine kleinere Gebühr erfolgen. Aber wer in meiner Umgebung hat welches Werkzeug? Wer vermietet es? Was haben die Menschen in meiner Umgebung noch, das ich brauchen könnte? Antworten auf diese Fragen kann die App Share-It geben. Hier können Werkzeuge, Fahrzeuge, Haushaltsgeräte und viele weitere Gegenstände zur zeitweisen Verwendung angeboten und gesucht werden. Das schont nicht nur den Geldbeutel, sondern auch die Umwelt.

Login und Registrierung:

Um auf dem Marktplatz Gegenstände suchen und anbieten zu können, muss man sich durch Registrierung zuerst ein Konto erstellen und sich dann anmelden.

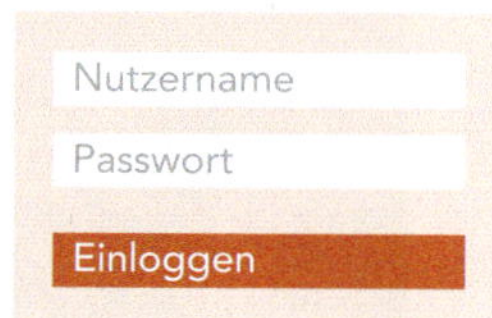

Überlegen Sie sich dabei, welche Daten benötigt werden und welche Formate die Eingaben benötigen. Achten Sie auch darauf, Benutzernamen und E-Mail-Adressen nicht mehrfach zuzulassen.

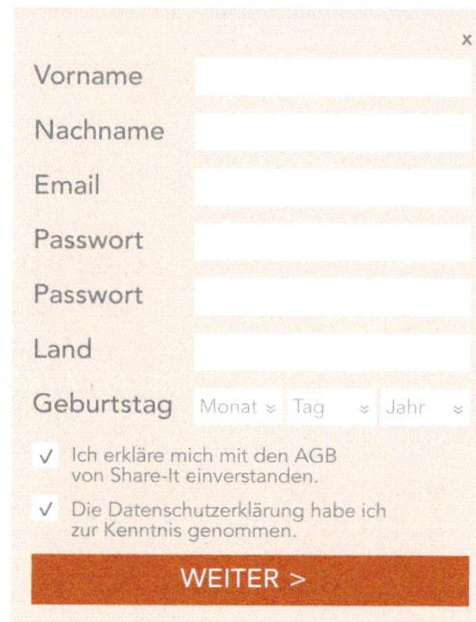

Gegenstände anbieten:

Um eigene Gegenstände auf Share-It anzubieten muss eine Bezeichnung sowie ein Preis eingegeben und eine Kategorie ausgewählt werden. Optional können weitere Informationen, wie beispielsweise ein Bild oder eine genauere Beschreibung, hinzugefügt werden.

Suchen nach Bezeichnung und Kategorie:

Um benötigte Gegenstände in Ihrer Umgebung zu finden, kann mithilfe der Bezeichnung und einer Kategorie gezielt im Umkreis einer Adresse gesucht werden.

Suche im Umkreis:

Um die Gegenstände zu finden, die in Ihrer Umgebung angeboten werden, kann die Bezeichnung und die Kategorie leergelassen werden.

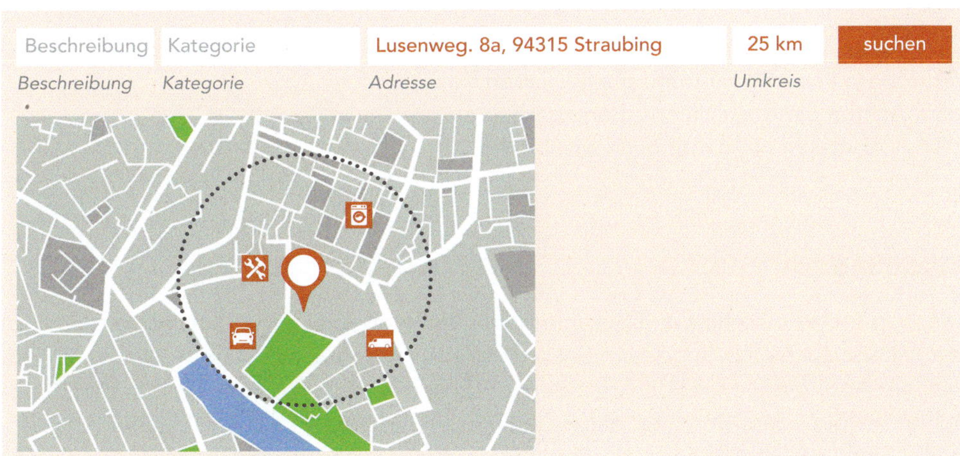

Datenhaltung:

Die Informationen zu den einzelnen Anzeigen werden in der Regel zentral auf einem Server in einer Datenbank abgespeichert. Bei der Verwendung der App werden nur die Daten heruntergeladen, die benötigt werden.
Um sich bei der Implementierung der App zuerst auf die oben beschriebenen, wesentlichen Funktionen zu konzentrieren, können Sie benötigte Test-Datensätze lokal in der App abspeichern. Einige App-Editoren bieten dazu auch eigene Datenbanken an, um notwendige Informationen und Bilder strukturiert abzulegen.

4.2.2 Projektidee: Travelino – Das virtuelle Reiseerlebnis

Ferne Länder kennenlernen, fremde Kulturen erfahren und neue Eindrücke gewinnen. Das alles ist für viele Menschen aus unterschiedlichen Gründen nicht einfach umsetzbar. Aber wie kann man auch vom heimischen Sofa den Blick in die Ferne schweifen lassen? Natürlich mit Travelino, der innovativen App für virtuelle Reiseerlebnisse. Travelino bietet ein multimediales virtuelles Reiseerlebnis über das Smartphone. Neben den klassischen Sehenswürdigkeiten gibt Travelino auch Einblicke in die Lebenswelt der Einheimischen, kulturelle Besonderheiten und bietet Erlebnisse, die man persönlich vor Ort nicht so erleben könnte.

Folgende Funktionalitäten sollte die App bieten:

Login und Registrierung:

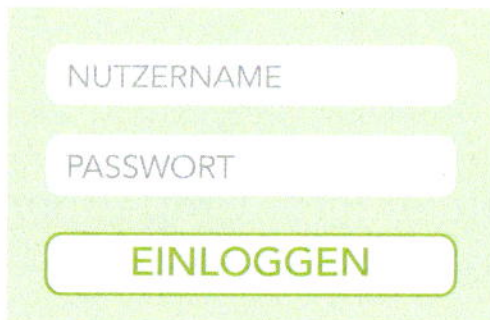

Um das Angebot von Travelino nutzen zu können, muss man sich durch Registrierung zuerst ein Konto erstellen und sich dann anmelden.
Überlegen Sie sich dabei, welche Daten benötigt werden und welche Formate die Eingaben benötigen. Achten Sie auch darauf, Benutzernamen und E-Mail-Adressen nicht mehrfach zuzulassen.

Bezahlmodell:

Die App bietet verschiedene Bezahlmodelle an. Neben einem All-inclusive-Abo können Inhalte auch einzeln oder im Set, z. B. alle Angebote einer Stadt, gekauft werden. Weitere Abomodelle sind denkbar. Bei der Umsetzung der App muss daher darauf geachtet werden, dass Benutzer das Bezahlmodell auswählen und auch später noch ändern können. Anschließend können sie nur auf die Inhalte zugreifen, die für sie freigeschaltet sind oder bereits erworben wurden.

Mögliche Kategorien für Inhalte:

Unter anderem können Inhalte der folgenden Kategorien in der App angeboten werden:

DIGITALE STADTRUNDGÄNGE

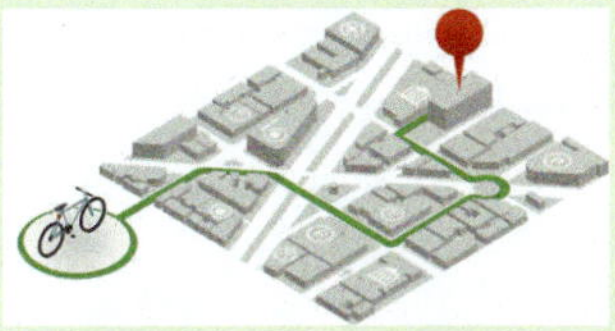

BILDER VON SEHENSWÜRDIGKEITEN

VIDEOS VON BESONDEREN ATTRAKTIONEN

DIGITALE CHECKLISTEN

HINWEISE ZU ÖFFENTLICHEN VERKEHRSMITTELN

Inhalte suchen und auswählen:

Inhalte sollen über eine Suchmaske gefunden werden können. Dazu können unter anderem Suchkriterien nach folgender Art verwendet werden.

ORT | KATEGORIE WÄHLEN | ERSTELLDATUM | SUCHEN

> Stadtrundgang
> Sehenswürdigkeit
> ...

Die Suchergebnisse können dann nach den entsprechenden Suchkriterien (z. B. dem Erstelldatum) sortiert werden.

ORT	KATEGORIE	BESCHREIBUNG	ERSTELLDATUM	AUTOR
Regensburg	> Stadtrundgang	Das Erlebnis für Nachteulen: Regensburg bei Nacht. Hier erfahren Sie ...	27.05.2022	Bernd
Regensburg	> Sehenswürdigkeit	Der Regensburger Dom ist das Wahrzeichen ...	14.03.2017	Trip24
...	> ...	...	...	...

4.3 Verschiedene Zukunftsszenarien entwickeln

Orakel von Delphi

Schon im antiken Griechenland gab das Orakel von Delphi seinen Besuchern Ratschläge für die Zukunft. Es wurde von politischen Akteuren sowie von Einzelpersonen aufgesucht, um herauszufinden, welche Auswirkungen ihre zukünftigen Handlungen haben würden. Wie werden heute, mehr als 2500 Jahre nach dem Orakel von Delphi, Aussagen über die Zukunft getroffen? Sie erarbeiten sich hier, wie die Szenario-Technik für einen Zukunftstrend angewendet werden kann. Verwenden Sie dazu auch die in den vorherigen Kapiteln gewonnenen Kompetenzen und berücksichtigen Sie die Vorgaben zur Projektarbeit. Sie können einen eigenen Trend vorschlagen oder aus den Entwicklungen auswählen, die auf den folgenden Materialseiten genannt werden (z. B. ein modernes Logistikkonzept oder ein informationstechnologischer Trend).

Themenbereich analysieren (ca. 2 Std.) → Einflussfaktoren beschreiben (ca. 1 Std.) → Zusammenhänge darstellen (ca. 1 Std.) → Szenarien entwickeln (ca. 4 Std.) → Strategien erörtern (ca. 2 Std.)

Themenbereich bzw. Trend analysieren

- Recherchieren und analysieren Sie den aktuellen Zustand des relevanten Themenbereichs (z. B. Einsatzbereiche der KI) mit sachlicher und zeitlicher Eingrenzung, um diesen möglichst genau zu beschreiben.
- Halten Sie den Status quo in einem zu jederzeit einsehbaren Dokument fest.
- Legen Sie für die Szenarien einen Zeithorizont fest (z. B. 5, 10, 20 Jahre).

Einflussfaktoren beschreiben

- Ermitteln Sie, auch durch entsprechende (Internet-)Recherchen, wichtige Faktoren (z. B. Wirtschaftsstruktur, Infrastruktur, Innovationen, Einkommen, Demographie, Umwelteinflüsse), die unmittelbar auf den gewählten Themenbereich einwirken.
- Bestimmen Sie quantitative (z. B. Breitbandausbau, Stromversorgung, Patentanmeldungen, Pro-Kopf-Einkommen) und qualitative (z. B. politische Stabilität, Ausgrenzung in der Gesellschaft) Kenngrößen, um die Entwicklung der Einflussfaktoren mehrperspektivisch (Haushalte, Unternehmen, Staat) zu beschreiben.

Zusammenhänge darstellen

- Bestimmen und beschreiben Sie gegenseitige Abhängigkeiten und Zusammenhänge der Einflussbereiche bzw. deren Kenngrößen (z. B. je besser der Breitbandausbau, desto mehr vernetzte Geräte). Die Faktoren können sich gegenseitig verstärken oder abschwächen; die Kombination der Kenngrößen ist logisch zu wählen.
- Halten Sie Ihre Ergebnisse als Schaubild strukturiert und übersichtlich (z. B. digital oder auf Plakat bzw. Pinnwand) fest.

Szenarien entwickeln

- Entwerfen Sie Zukunftsbilder auf Grundlage der Vernetzungen und Wechselwirkungen von Einflussfaktoren, z. B. Positiv- (Best-Case) und Negativszenario (Worst-Case) sowie ein wahrscheinliches Trendszenario.
- Für das positive Extrem-Szenario („Wunsch-Szenario") und das negative Extrem-Szenario („Horror-Szenario") gilt, dass deren Realisierung zwar unwahrscheinlich, aber nicht unmöglich ist. Für das Trend-Szenario wird die gegenwärtige Situation in Zukunft fortgeschrieben. Es wird unterstellt, dass letzteres eine höhere Wahrscheinlichkeit hat als die beiden Extremszenarien. Im Modell öffnet sich der Trichter umso weiter, je weiter man sich auf der Zeitachse von heute entfernt. Somit kann das positive Szenario schon nach wenigen Jahren unerreichbar werden.
- Verwenden Sie für die Zukunftsbilder den Szenario-Trichter als Grundlage für die Präsentation und passen ihn auf Ihr konkretes Szenario an: Hilfreich für die Darstellung der Szenarien ist neben der verbalen Beschreibung auch eine grafische Veranschaulichung.

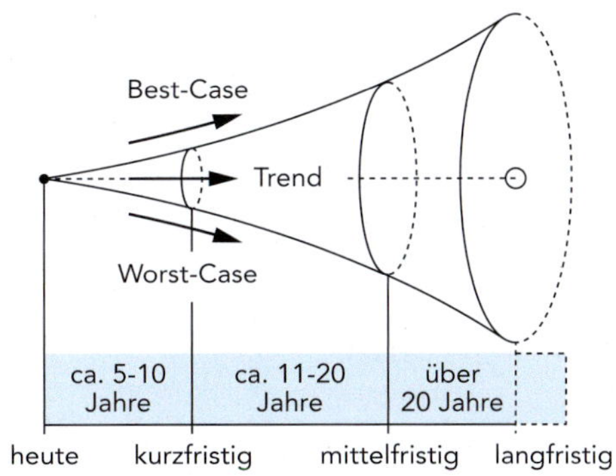

Strategien und Maßnahmen erörtern und reflektieren

- Leiten Sie mehrperspektivische Konsequenzen (für Haushalte, Unternehmen, Staat) aus den entworfenen Szenarien ab.
- Schlagen Sie mögliche Reaktionsstrategien zur Förderung positiver Entwicklungen bzw. Verhinderung negativer Entwicklungen vor.
- Diskutieren Sie in der Gruppe die Umsetzbarkeit zukunftsorientierter Maßnahmen.

4.3.1 Entwicklungen moderner Logistikkonzepte

Die Logistikbranche ist auf vielfältige Lösungen für immer neue Herausforderungen – seien es Handelskonflikte, Wirtschaftskrisen oder Pandemien – angewiesen, um wirtschaften zu können. Welche informationstechnologischen Entwicklungen treiben die Branche an und welche Logistikkonzepte können sich daraus entwickeln?

M1 Keywords zu Entwicklungen und Logistikkonzepten der Zukunft

Künstliche Intelligenz und autonome Logistik:	**Logistik 4.0 – Nutzung innovativer Technologien für Lieferketten:**
Lager-Roboter, selbstfahrende Lieferfahrzeuge und Gabelstapler	vernetzte Warenhäuser, intelligente Lieferlösungen, smarte Kühlschränke
Digitale Vernetzung der Supply Chain:	**Multichannel-Logistik:**
Spediteure als strategische Partner, Integration in die Lieferkette von Kunden, Kostenvorteile	Verzögerungsrisiken mindern, Logistikprozesse stabiler gestalten

M2 Logistikkonzept eines Gefahrguttransports

Fahrzeugrechner
- enthält Software zur Routenplanung und Schnittstellen
- registriert Stoff- und Verpackungsdaten des Gefahrguts bei der Beladung
- gibt Fehlerbericht, wenn gemäß Gefahrgut-Datenbank gegen Beförderungsvorschriften verstoßen wird

WLAN

Sensor RFID-Tag am Gefahrgutbehälter
- speichert verpackungsrelevante Daten
- kommuniziert per WLAN mit Fahrzeugrechner
- übermittelt aktuelle Messwerte u. a. für Neigung, Luftfeuchte, Temperatur
- Alarmmeldung u. a. bei Überschreitung der Grenzwerte

Internet

Datenbank Gefahrgut
- überprüft Zusammenladeverbote
- überprüft Mengenbegrenzungen
- informiert über Tunnelbeschränkungscodes (für Routenplanung)
- erstellt elektronisches Beförderungspapier

Nach: Czichos, Horst: Transport von Gefahrgut mit IT-Unterstützung. In: Mechatronik, 2015, S. 154

4.3.2 Entwicklungen der Informationstechnologie

Neben den bereits bekannten Entwicklungen Künstliche Intelligenz, cyberphysische Systeme, Blockchain oder Natural Language Processing entstehen immer neue IT-Trends, die das Ergebnis verschiedener Megatrends sind. Solche Megatrends sind große Treiber des gesellschaftlichen und wirtschaftlichen Wandels. Auf welche Trends muss man sich einstellen?

M1 Ausgewählte Megatrends und deren Ausprägungen

Einzelne „Stationen" einer Megatrend-Linie verdeutlichen unterschiedliche Dimensionen, Facetten und Trendaspekte dieser informationstechnologischen Entwicklungen.
Zukunftsinstitut: Die Megatrend-Map. In: www.zukunftsinstitut.de

4.4 Einen Vortrag oder Projekttag für Unterstufenschüler planen und durchführen

Sie entwickeln im Team einen Projekttag oder einen Vortrag für eine Klasse der Unterstufe an Ihrer Schule. Dabei achten Sie einerseits auf eine altersgerechte und motivierende Umsetzung des Themas, andererseits auf fachliche Korrektheit und gymnasialen Anspruch.

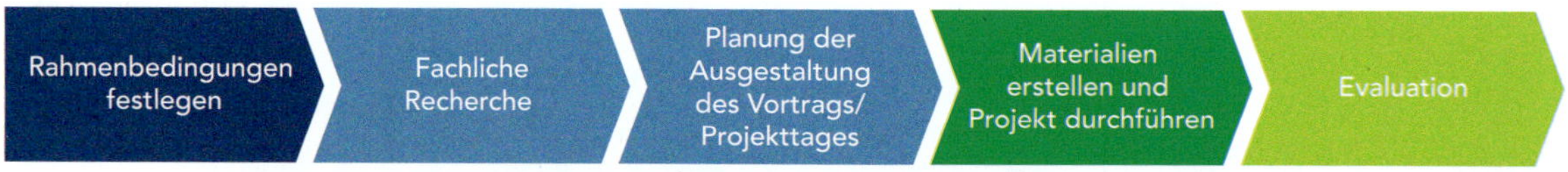

Im Team Rahmenbedingungen festlegen

- Identifizieren Sie Ihre Zielgruppe. Für welche Jahrgangsstufe wollen Sie Ihre Aktion planen? Wie alt sind die Kinder? Gibt es eine spezielle Klasse, die in Frage kommt?
- Formulieren Sie das Thema Ihres Vortrags bzw. Projekttages. Achten Sie darauf, dass die Formulierung Interesse weckt und altersgerecht ist.
- Formulieren Sie den gewünschten Kompetenzzuwachs durch den Vortrag/ Projekttag bei der Zielgruppe: Was sollen die Lernenden nach Ihrem Vortrag können? Achten Sie bei der Formulierung darauf, dass die Lernenden nicht nur neues Wissen erwerben, sondern dieses auch anwenden können.
- Setzen Sie in Absprache mit einer Lehrkraft der ausgewählten Klasse sowie Ihren Lehrkräften einen Termin für die Durchführung fest.

Fachliche Recherche

- Recherchieren Sie arbeitsteilig nach geeigneten Quellen für Ihr Thema. Achten Sie dabei auf seriöse Quellen mit fachkundigen Autoren. Notieren Sie wichtige Erkenntnisse immer zusammen mit der Quellenangabe in einem elektronischen Dokument.
- Strukturieren Sie im Team Ihre Erkenntnisse mit Blick auf Ihren formulierten Kompetenzzuwachs: Welche Informationen sind hilfreich? Welche Informationen brauche ich nicht?

Planung der Ausgestaltung des Vortrags/Projekttages

- Arbeiten Sie die für Ihre Altersgruppe wichtigen Inhalte heraus und vereinfachen Sie diese altersangemessen: Sind die Zusammenhänge nachvollziehbar? Sind die Inhalte zu komplex? Welches Vorwissen haben die Lernenden?
- Wählen Sie geeignete Methoden (Vortrag, Gruppenarbeit, ...) und Medien (Präsentation, Plakate, Arbeitsblätter, ...) zum Erreichen Ihres formulierten Ziels aus.
- Legen Sie den organisatorischen Ablauf fest: Fixieren Sie den zeitlichen Ablauf, verteilen Sie Zuständigkeiten, planen Sie Pausen. Achten Sie auf eine abwechslungsreiche Ausgestaltung der Einheit.
- Planen Sie ein Feedback sowie einen Kompetenzcheck ein.

Materialien erstellen und Projektdurchführung

- Erstellen Sie arbeitsteilig die Materialien. Legen Sie dazu ein gemeinsames Layout (Farben, Hintergründe, Schriftgröße, ...) fest. Achten Sie bei der Aufteilung auf einen realistischen Zeitplan und Ihre allgemeine Projektplanung.
- Sichten Sie im Anschluss Ihre Materialien gemeinsam und verbessern Sie diese.
- Führen Sie Ihren Vortrag/Projekttag am geplanten Termin durch. Erinnern Sie rechtzeitig die Klasse vorher an den Termin und geben Sie ggf. Hinweise auf mitzubringende Materialien.

Evaluation

- Evaluieren Sie Ihre Durchführung mithilfe eines Feedbacks der Klasse (z. B. Online-Fragebogen) sowie einer Reflektion innerhalb Ihres Teams. Gleichen Sie dabei kritisch Ihre Zielformulierung mit dem erreichten Ist-Zustand ab.

Wo gibt es gutes Material?

Neben den Materialien aus dem Wirtschaftsinformatik-Unterricht der 9. Jahrgangsstufe finden Sie auf den folgenden Seiten qualitativ hochwertige Informationen:

Klicksafe.de / Bundesamt für Sicherheit in der Informationstechnik (BSI)

Mediencode 82110-33

Bundesamt für Sicherheit in der Informationstechnik (BSI)/ Bundeszentrale für politische Bildung

Mediencode 82110-34

4.4.1 Sicher im Internet unterwegs

Leider tappen viele Kinder und Jugendliche regelmäßig in Fallen, die das Internet bereithält. In diesem Projekt treten Sie an, um dagegen bereits in den unteren Jahrgangsstufen Ihrer Schule vorzugehen. Sie zeigen den Lernenden an alltagsnahen Beispielen und Fällen, welche Gefahren vom Netz ausgehen können und wie man sich vor diesen Fallen schützt, um sich sicher im Internet zu bewegen – sowohl daheim am Rechner als auch mit dem Handy. Nachfolgend finden Sie Anregungen und Stichwörter, die Ihnen den Einstieg in die Recherche und die inhaltliche Planung erleichtern können.

In welche Fallen kann man tappen?

- Cybermobbing
- Chatten mit Unbekannten
- Fotos ohne Erlaubnis des Urhebers oder aller abgebildeten Personen hochladen
- Videos mit urheberrechtlich geschützter Musik hochladen
- Zuviel Informationen von sich preisgeben
- Sicherheitseinstellungen nicht eingestellt
- In-App-Käufe
- Phishing-Versuche
- Versehentlicher Download von Schadsoftware
- Fake-Gewinnspiele
- …

Wie kann man sich schützen?

- Sicherheitseinstellungen: Handy, Apps, …
- Ansprechpartner haben
- Denken vor klicken und posten
- Datensparsamkeit
- Netiquette
- …

Wie plane ich einen guten Projekttag/eine gute Unterrichtsstunde?

- Schüleraktivität
- Präsentation
- Flip-Chart
- Arbeitsblätter
- Rollenspiel
- Methodenwechsel
- Gruppenarbeit
- Diskussionen
- Alltagsbezug und Lebensnähe
- …

4.4.2 Geheime Nachrichten – Verschlüsselung von Botschaften

Verborgene Botschaften finden, Detektiv spielen, mit der besten Freundin geheime Nachrichten austauschen, die keiner lesen kann – diese Welt klingt für alle Unterstufenschülerinnen und -schüler spannend. In diesem Projekt entführen Sie die Lernenden spielerisch in die Welt der geheimen Botschaften – angefangen von einfachen Verschlüsselungsverfahren bis hin zum Entschlüsseln unbekannter Botschaften – je nach dem kalkulierten Zeitplan. Dabei legen Sie einen Grundstein für das Verständnis und die Notwendigkeit von Kryptologie, der Wissenschaft vom Ver- und Entschlüsseln von Informationen. Nachfolgend finden Sie Anregungen und Stichwörter, die Ihnen den Einstieg in die Recherche und die inhaltliche Planung erleichtern können.

Was ist spannend?

- Geheimtexte entschlüsseln
- Eigene Botschaften verschlüsseln
- Geheimschriften selbst entwickeln
- Selbst eine Skytale bauen
- Nach versteckten Botschaften in einem Text-Dokument suchen
- ...

Welche Verschlüsselungsverfahren bieten sich an?

- Cäsar-Verschlüsselung
- Symbolbasierte Verschlüsselungen
- Geheimschrift der Tempelritter
- Vigenère
- Skytale
- Tricks, um Botschaften in elektronischen Dokumenten zu verstecken (z. B. unter Bildern, Schriftfarbe Weiß, sehr kleine Schriftgröße, Textfelder im Hintergrund)
- ...

Wie plane ich einen guten Projekttag/eine gute Unterrichtsstunde?

- Schüleraktivität
- Präsentation
- Flip-Chart
- Arbeitsblätter
- Methodenwechsel
- Gruppenarbeit
- Diskussionen
- Alltagsbezug und Lebensnähe
- ...

Erläuterungen zu den Operatoren

Operator	Bedeutung/Erwartung
abgrenzen	unterschiedliche Sachverhalte begründet voneinander trennen
ableiten	auf der Grundlage wesentlicher Merkmale sachgerechte Schlüsse ziehen
abwägen	nach bestimmten Kriterien Gemeinsamkeiten und/oder Unterschiede ermitteln, einander gegenüberstellen und vergleichen
analysieren/untersuchen	wichtige Bestandteile oder Eigenschaften von Sachverhalten und Problemstellungen systematisch, gezielt und wertfrei herausarbeiten
anwenden	erworbenes Wissen sowie Fähigkeiten auf eine neue Aufgaben- bzw. Problemstellung beziehen
auf etwas schließen	auf der Grundlage wesentlicher Merkmale sachgerechte Schlüsse ziehen
aufstellen	Sachverhalte zu einem bestimmten Zweck ordnen, formieren
aufzeigen	einen (Gesamt-)Zusammenhang in eigenen Worten wiedergeben
auswählen	zutreffende Informationen aus mehreren Alternativen herausfinden
auswerten	Aussagen, Daten oder Einzelergebnisse in einen Zusammenhang stellen und gegebenenfalls zu einer abschließenden Gesamtaussage zusammenführen
begründen	hinsichtlich Ursachen und Auswirkungen nachvollziehbare Zusammenhänge herstellen
belegen	etwas durch ein Dokument, eine Berechnung, ein Gesetz oder Ähnliches nachweisen bzw. beweisen
berechnen	Ergebnisse durch Rechenoperationen ermitteln
beschreiben	einen Sachverhalt in eigenen Worten unter Berücksichtigung der Fachsprache sprachlich angemessen wiedergeben
bestimmen	etwas ermitteln, klären, definieren oder festlegen
beurteilen/bewerten	zu einem Sachverhalt oder einer Aussage ein selbstständiges Urteil unter Verwendung von Fachwissen und Fachmethoden formulieren und begründen
charakterisieren	Sachverhalte in ihren Eigenarten erkennen und beschreiben
darstellen	einen Zusammenhang oder einen Sachverhalt strukturiert wiedergeben
definieren	die Bedeutung eines Begriffs unter Angabe unveränderlicher Merkmale präzise bestimmen
diskutieren	einen Sachverhalt untersuchen und das Für und Wider abwägen, um zu einem Ergebnis zu kommen
dokumentieren	einen Sachverhalt/eine Problemlösung mit angemessenen Mitteln darstellen
durchführen	eine vorgegebene oder eigene Anleitung umsetzen
einordnen	Sachverhalte begründet in einen Zusammenhang stellen
einschätzen	etwas in bestimmter Weise beurteilen
entscheiden	bei Alternativen sich begründet auf eine Möglichkeit festlegen

entwerfen/gestalten	ein eigenes Produkt (Text, Plakat, Flyer, Struktur, Dokument, ...) nach bestimmten Kriterien erstellen
entwickeln	zu einem Sachverhalt/einer Problemstellung ein konkretes Lösungskonzept begründet erstellen
erklären/erläutern	Informationen und Sachverhalte so darstellen, dass Bedingungen, Ursachen, Folgen und Gesetzmäßigkeiten verständlich werden
ermitteln	Zusammenhänge oder Lösungswege aufzeigen, um daraus ein Ergebnis zu gewinnen
erstellen	Sachverhalte übersichtlich und fachgerecht erstellen
erweitern	einen Sachverhalt/eine vorgegebene Problemlösung in geübtem Zusammenhang einfach ergänzen
formulieren	etwas in eine angemessene sprachliche Form bringen
herausarbeiten	aus Materialien bestimmte Sachverhalte bzw. Positionen ermitteln und darstellen – auch wenn sie nicht explizit genannt werden
identifizieren	Sachverhalte und ihre Beziehungen in einen bekannten Sachzusammenhang bringen
implementieren	Software/Hardware in ein bestehendes (Computer)System einbinden
interpretieren	Sinnzusammenhänge aus Materialien erschließen
konkretisieren	etwas im Einzelnen ausführen, näher bestimmen, verdeutlichen
nachvollziehen	Sachverhalte in ihrer Vielschichtigkeit verstehen bzw. Positionen, Perspektiven oder kontroverse Aspekte aus einem gegebenen Kontext erschließen und darstellen
nachweisen	Aussagen oder Sachverhalte durch Berechnungen, Herleitungen beziehungsweise logische Begründungen bestätigen
nennen	Informationen, Begriffe, Merkmale, … ohne Erklärung wiedergeben
prüfen/überprüfen/testen	Fragestellungen, Sachverhalte oder Probleme nach fachlich üblichen Kriterien beurteilen
recherchieren	aus Quellen geeignete Informationen auswählen
reflektieren	anhand von Kriterien eine Aussage über die Richtigkeit, Wahrscheinlichkeit bzw. Angemessenheit treffen
sammeln	zu einer neuen Fragestellung Ideen zusammentragen
skizzieren	die wesentlichen Eigenschaften eines Sachverhalts darstellen
Stellung nehmen	ausgehend vom Sachurteil, unter Einbeziehung individueller Wertmaßstäbe, zu einem begründeten Werturteil kommen
systematisieren	Informationen ordnen sowie Zusammenhänge aufdecken und darstellen
übersetzen	einen Sachverhalt in eine andere Darstellungsform bringen
übertragen	das Gelernte auf eine neue Situation (z. B. veränderte Fragestellung, abgewandelte Verfahrensweise) anwenden
unterscheiden	anhand von Kriterien Sachverhalte voneinander abgrenzen

untersuchen	auf der Grundlage einer gezielten Fragestellung zu einem Sachverhalt Antworten finden und diese darstellen
vergleichen	Gemeinsamkeiten, Ähnlichkeiten und Unterschiede ermitteln und gegenüberstellen
verfassen	eine/n Sachverhalt/Entscheidung/Problemstellung strukturiert und fachsprachlich zutreffend darstellen
vervollständigen	geeignete Begriffe und/oder Zahlen in Belege, Texte, Grafiken, Tabellen, usw. sinnvoll ergänzen
verwenden	auswählen, anordnen, verarbeiten und darstellen bekannter Sachverhalte zur Bearbeitung neuer Frage- und Problemstellungen unter vorgegebenen Gesichtspunkten
wiedergeben	bekannte Sachverhalte aus einem abgegrenzten Gebiet im gelernten Zusammenhang darstellen
widerlegen	Argumente anführen, dass Daten, eine Behauptung, ein Konzept oder eine Position nicht korrekt sind
zerlegen	einen (anspruchsvollen) Sachverhalt in geeignete Teile/Teilprobleme gliedern
zuordnen	Sachverhalte begründet in einen vorgegebenen Zusammenhang stellen
zusammenfassen	den inhaltlichen Kern kurz und übersichtlich wiedergeben

Nach: Einheitliche Prüfungsanforderungen in der Abiturprüfung – Informatik (Beschluss der Kultusministerkonferenz vom 01.12.1989 i.d.F. vom 05.02.2004);
sowie nach: Einheitliche Prüfungsanforderungen in der Abiturprüfung – Wirtschaft (Beschluss der Kultusministerkonferenz vom 01.12.1989 i.d.F. vom 16.11.2006);
sowie nach: Einheitliche Prüfungsanforderungen in der Abiturprüfung – Recht (Beschluss der Kultusministerkonferenz vom 01.12.1989 i.d.F. vom 16.11.2006);
angepasst durch Redaktion

Glossar

Ablauforganisation
Beschreibt dynamische Prozesse im Unternehmen, die oft über Abteilungsgrenzen hinausgehen und daher meist quer zur Aufbauorganisation verlaufen.

Algorithmik
Der Fachbereich der Informatik, der sich mit der Erstellung und Anwendung von Algorithmen beschäftigt.

Algorithmus
Eine ausführbare Folge von Anweisungen, welche zur Lösung eines bestimmten Problems aus Eingabewerten einen Ausgabewert erstellt.

Aufbauorganisation
Umfasst die hierarchische Struktur des Unternehmens, z. B. gegliedert nach betrieblichen Aufgaben (Beschaffung, Produktion, Absatz).

Automatisierung
Standardisierte Produktionsprozesse können auch automatisiert werden. Dabei kommen u. a. neben robotergestützten Fertigungsstraßen (wie z. B. in der Automobilproduktion) auch flexible Fertigungssysteme in Frage.

Automatisiertes Lagersystem
Lagersystem, bei dem Lagerprozesse durch die Verwendung von automatisierten Systemen reibungslos ablaufen sollen.

Barcode
Eine elektronisch lesbare Schrift, die aus verschieden breiten, parallelen Strichen und Lücken besteht. Wird auch als Strichcode bezeichnet.

Baukastenprinzip/Modulare Bauweise
Aus einem festen „Baukasten" mit festen Modulen werden viele verschiedene Produktvariationen hergestellt.

Bedingte Anweisung
Ein Programmabschnitt wird dabei nur ausgeführt, wenn eine bestimmte Bedingung erfüllt ist.

Beschaffungslogistik
Betrachtet den Weg der Roh-, Hilfs- und Betriebsstoffe sowie Fertigwaren vom Lieferanten bis hin zum Wareneingang beim Käufer.

Blockchain
Durch Eigenschaften wie Dezentralität, Zuverlässigkeit und Fälschungssicherheit können Werte, Rechte und Schuldverhältnisse an materiellen und immateriellen Gütern durch Token (Einheiten, die zu einer Transaktion berechtigen) repräsentiert werden.

Chaotische Lagerhaltung
Verfahren zur Lagerhaltung, bei dem Artikeln keine festen Lagerplätze zugeordnet sind, sondern diese bei beliebigen freien Plätzen eingelagert werden.

Cyberphysische Systeme
Wenn zwischen digitalen Systemen und der physischen Welt eine Verbindung hergestellt wird, spricht man von einem cyberphysischen System (CPS).

Datenbrille
Auch „Smartglasses". In eine Brille integrierte Computer, die Informationen in das Sichtfeld des Benutzers einblenden.

Datenstruktur
Möglichkeit zur Organisation und Speicherung gleichartiger Daten.

Distributionslogistik
Planung, Steuerung und Kontrolle aller Prozesse der Distributionspolitik, die notwendig sind, um Güter vom Unternehmen zum Kunden zu überführen.

E-Commerce
elektronischer Handel über Plattformen im Internet

Einzelbeschaffung
Waren/Materialien werden nur dann beschafft, wenn man die Ware bzw. das Material benötigt (z. B. auch bei sehr kleinen Losgrößen).

Einzelfertigung
Es wird ein einziges Produkt hergestellt, meist direkt auf Kundenwunsch, wie z. B. ein spezieller Einbauschrank.

Elektronische Unterstützungssysteme
Systeme, welche die Bedienung z. B. in einem Fahrzeug erleichtern, verbessern und oder sicherer machen.

Engineering
Arbeitsgebiet, das sich mit der Gestaltung, Planung und Optimierung von Leistungserstellungsprozessen mit ingenieurwissenschaftlichen Methoden beschäftigt.

Enterprise Ressource Planning System (ERP-System)
eine unternehmensübergreifende Software, mit der die Kernprozesse informationstechnologisch unterstützt abgewickelt werden.

Ereignis
Spezifisches Symbol in einer EPK. Beschreibt einen eingetretenen betrieblichen Zustand, der meist eine Handlung (Funktion) auslöst.

Ereignisgesteuerte Prozesskette (EPK)
Methode zur Darstellung und Analyse von Prozessen. Dabei lösen sich Ereignisse und Funktionen im Wechsel ab.

Erweiterte ereignisgesteuerte Prozesskette (eEPK)
Eine erweiterte ereignisgesteuerte Prozesskette ist eine erweiterte Darstellung einer EPK, die um Informationsobjekte (wie z.B. Dateien, Datenbanken) und Organisationseinheiten ergänzt ist.

Europalette
Eine von der Größe her vereinheitlichte Flachpalette zum Transport von Waren.

Fahrerloses Transportsystem (FTS)
Ein fahrerloses Transportfahrzeug für den Materialtransport im Unternehmen, das automatisch gesteuert wird und mittels Sensoren berührungslos seinen Weg findet.

Fertigungsbreite
Gibt die Anzahl der gefertigten Produktvarianten oder Modelle an.

Fertigungstiefe
Bezeichnet den Eigenanteil an der Fertigung, also welche Produktionsschritte von einem Unternehmen selbst durchgeführt werden.

Funktion
Spezifisches Symbol in einer EPK. Beschreibt eine Tätigkeit, die infolge eines auslösenden Ereignisses begonnen wird.

Industrie 4.0
Mit dem Einzug moderner Informations- und Kommunikationstechnologien (IuK) in der industriellen Produktion wird davon ausgegangen, dass die 4. Industrielle Revolution begonnen hat, was durch den Begriff Industrie 4.0 charakterisiert wird.

Internet of things (IoT)
dt. Internet der Dinge. Bezeichnung von Systemen, die reale Gegenstände über das Internet miteinander vernetzen und zusammenarbeiten lassen

Just-in-time
Materialien/Waren kommen zu dem Zeitpunkt in das Unternehmen, zu dem diese gebraucht werden (auch bedarfssynchrone Beschaffung/Produktion). Es findet (de facto) keine Lagerhaltung statt.

Just-in-sequence
Materialien/Waren werden Just-in-time geliefert, aber zusätzlich auch noch in der richtigen Reihenfolge, in der sie verwendet werden.

Kleinladungsträger
Eine standardisierte Transport- und Lagerkiste, meist aus Kunststoff.

Klassische Lagerhaltung
Jedes Material/Ware hat einen festen Platz/Bereich, in dem es eingelagert wird.

Kommissionierung
Zusammenstellen von Waren für einen Auftrag

Konnektor
Spezifisches Symbol in einer EPK. Wird auch als Operator bezeichnet und stellt eine logische Verknüpfung zwischen Ereignissen und Funktionen her.

Kontrollfluss
Spezifisches Symbol in einer EPK. Bildet den Ablauf eines Prozesses durch die verschiedenen Elemente einer EPK ab.

Künstliche Intelligenz
Die Nachbildung menschlicher Wahrnehmung und menschlichen Handelns durch Maschinen kann als künstliche Intelligenz (KI) beschrieben werden.

Logistik
Logistik umfasst alle Aufgaben zur integrierten Planung, Koordination, Durchführung und Kontrolle der Güterflüsse sowie der güterbezogenen Informationen im und zwischen Unternehmen.

Logistikdienstleister
Unternehmen, die Dienstleistungen zur Logistik anbieten. Diese Dienstleistungen beschränken sich meist nicht nur auf den Warentransport, sondern auch z. B. auf das Austausch- und Retouren-Management, Kommissionierung und Verpackung.

Mass customization
Kundenindividuelle Massenfertigung. Der Kunde kann aus einer Vielzahl von Produktvarianten sein individuelles Modell zusammenstellen, bei der Produktion werden aber durch standardisierte Teile und verschiedene Module die Vorteile einer Massenproduktion genutzt

Massenfertigung
Eine hohe Stückzahl des gleichen Produkts wird hergestellt.

Methode
In der objektorientierten Programmierung Unterprogramme, die den Objekten weitere Fähigkeiten verleihen.

Modell
Abstrakte oder vereinfachte Darstellung eines Bereichs der Wirklichkeit.

Natural Language Processing
Durch den Einsatz von Algorithmen bei der natürlichen Sprachverarbeitung – englisch Natural Language Processing (NLP) – kann Computern die Sprache beigebracht werden.

Normen
Sie bezeichnen konkrete Handlungsvorschriften.

Objekt
Ein konkretes Exemplar einer Sache oder eines Gegenstands, das näher beschrieben werden kann.

Organigramm
Graphische Darstellungsform, um hierarchische Strukturen und die Aufgabenverteilung eines Unternehmens übersichtlich abzubilden.

Platooning
Ein Assistenzsystem für den Straßenverkehr, bei dem sich mehrere Fahrzeuge mithilfe eines technischen Steuerungssystems in sehr geringem Abstand hintereinander anordnen, wobei nur das erste Fahrzeug durch einen Fahrer aktiv gelenkt werden muss.

Produktionslogistik
Planung, Steuerung sowie Durchführung des Transportes und die Lagerung von Roh-, Hilfs- und Betriebsstoffen innerhalb des Produktionsablaufs eines Unternehmens.

Produktlebenszyklus
Unterteilt die Lebensdauer eines Produkts von der Einführung bis zum Marktaustritt in mehrere Phasen

Programm
Die maschinenausführbare Darstellung eines Problemlöseverfahrens.

Programmierbereich
Fläche in einer Software, in die das Programm eingegeben werden kann.

Schwarmintelligenz
Kollektive Intelligenz, bei der Gruppen von Individuen durch Zusammenarbeit intelligente Entscheidungen treffen können.

Sicherheitsbestand
Materialmenge (Puffer), welche die Lieferfähigkeit und/oder Produktion bei vorherrschenden Unsicherheiten bzw. Risiken aufrechterhalten kann.

Smart Factory
Intelligente Fabrik, hochvernetzte und selbstorganisierende Produktionsumgebung

Suchalgorithmus
Bei Suchmaschinen ein Programm, das mittels vorgegebener Suchkriterien bestimmte Webseiten finden kann.

Supply Chain
Lieferkette vom Lieferanten über den Produzenten bis hin zum Endkunden

Standardisierung
Vereinheitlichung von Bauteilen, Fertigungsverfahren, Maßeinheiten, Prozessen, Strukturen, Typen oder Gütern und Dienstleistungen.

Steuergrößen eines Geschäftsprozesses
Größen, anhand derer man Anforderungen an einen Geschäftsprozess ableiten kann. Mögliche Steuergrößen sind Qualität (Ziel: möglichst hoch), Zeit (Ziel: möglichst gering) und Kosten (Ziel: möglichst gering). Allerdings handelt es sich bei diesen Größen um ein „magisches Dreieck", denn die einzelnen Steuergrößen beeinflussen sich gegenseitig.

Synergie (wirtschaftliche)
Durch die koordinierte Zusammenarbeit verschiedener Wirtschaftssubjekte, Unternehmen oder Unternehmensteile wird deren jeweilige Produktivität oder Effizienz positiv gesteigert („1 + 1 = 3").

Transportmedium
Meist ein technisches Hilfsmittel zum Transport (z. B. LKW, Flugzeug, Bahn, FTS)

Variable
Eine Aufbewahrungsmöglichkeit für Werte, die im Programmablauf verwendet werden.

Variantenfertigung
Von einem Produkt werden mehrere Varianten hergestellt (z. B. verschiedene Farben Ausführungen, Ausstattung).

Vorratsbeschaffung
Waren/Materialien werden in ausreichender Stückzahl im Voraus beschafft und im eigenen Lager bereitgehalten.

Warenwirtschaftssystem
Software, welche die Warenströme der Prozesse eines Unternehmens organisiert und verwaltet

Werte
Sie stellen eine allgemeine Zielorientierung für das Handeln dar (z. B. Gerechtigkeit, Verantwortung, Solidarität, Freiheit).

Register

Register